원효의 伸

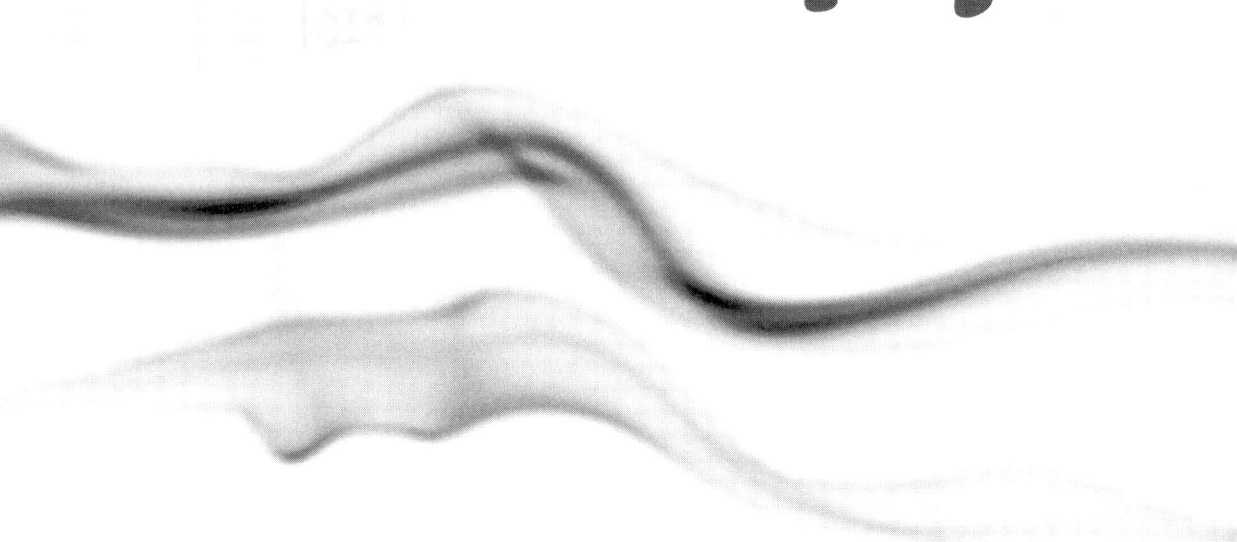

목 차

I. 육효점 치기 전에 알아 둘 일
1. 육효점을 잘 보는 비법 ·· 11
2. 공망 통변법 ·· 14
3. 19금 점사 통변법 ··· 16
4. 질병 판별 통변법 ··· 18
5. 급소 통변법 ·· 19

II. 육효의 기초 이론
1. 팔괘 암기하기 ·· 21
2. 내괘 외괘의 뜻 ·· 22
3. 납갑과 납지를 암기합시다. ································· 23
4. 오행소속궁 찾기 ··· 30
5. 육친돌리기 ·· 37
6. 용신잡기 ·· 38
7. 동변효 해석하기 ··· 42
8. 귀신의 정황 판별법 ··· 45
9. 조심 사항 ·· 47
10. 천금부 중요 사항 ··· 49
11. 18문답 헤드라인 ·· 55

III. 각종 점사 공식 정리

1. 신수점 ··· 63
2. 재물점 ··· 65
3. 혼인점 ··· 67
4. 질병점 ··· 69
5. 기타 점 (심리, 송사, 승부, 실물, 기다리는 사람, 꿈 해몽 등) ············ 71

IV. 실관사례 모음

1. 궁합(혼인, 배필, 애정, 연인, 19금) 점사 ································ 74
2. 재물 점사 ·· 145
3. 신수 점사 ·· 203
4. 질병, 수명, 건강 점사 ··· 240
5. 학업, 시험 점사 ··· 279
6. 취직, 승진 점사 ··· 296
7. 1:1 심리(요청, 직원) 점사 ·· 309
8. 우려(무탈) 점사 ··· 348
9. 실물(분실) 점사 ··· 371
10. 기타 (승부, 연락, 이동, 꿈) ·· 385

실관후기 ·· 461

추 천 사

겸사 이시송 박사는 공주대학교 대학원 동양학과에서 『춘향전에 나타난 육효점에 관한 연구』로 석사학위를 받은 후 다시 동대학원에서 『점복에서 파생된 어휘의 함의 연구』라는 논문으로 박사학위를 받은 바 있다.

제도권에서 내공을 쌓고 현장 강호에서 실증한 학자답게 오행의 역(易)인 육효점에서 타인의 추종을 불허하는 막강한 실력자이고 태도와 의리성이 좋아서 필자가 아끼는 후배중의 한 사람이기도 하다.

지난번 펴낸 그의 저서『육효박사』231개의 점괘는 상담하면서 실제로 득괘한 것으로 진정성이 묻어나와 독자층으로부터 열렬한 성원이 있었다.
그리하여 다시 그 후속편으로 역시 싱싱한 생활의 현장 상담의 결정체 240여개의 점괘를 해석한 『육효의 신(伸)』을 출간하게 된 것이다.

이번에는 초학자도 이해할 수 있게 〈기초편〉도 친절히 해설하여 넣었으니 금상첨화(錦上添花)라 하겠다.
역학 특히 점학(占學)을 공부하려는 분들은 반드시 보아야 할 보전이니 열공하시어 득리(得理)하시길 기원 드린다.

2017년 6월
고려기문학회 회장 **류 래 웅**

『육효의 신』 발간 축하멘트 모음

육효점은 단순히 기계적으로 풀어가는 것이 아니라 일차적으로 신명과의 소통을 전제로 한 것이니, 심신을 정갈히 하고 양심에 어긋나거나 점사 결과에 후회할 일 또는 문점 자체가 의뢰자에게 오히려 해가 될 일을 묻지 말 것이니 구업을 짓지 않도록 항상 조심해야 할 것입니다!

― 정종호(공주대학교 대학원 동양학과 겸사 논문 지도교수)

겸사 선생님, 육효의 신탄 출간을 감축드립니다. 六爻之動 三極之道也(육지동 삼극지도야) 피흉추길의 길을 향한 길을 향한 육효점의 발전을 고대합니다.

― 문선우(목원대학교 대학원 부동산학과 박사)

겸사 선생님의 학업에 대한 열정과 다양한 상담을 통한 축적된 육효실관사례 분석을 통해 육효학의 새바람이 불기를 기원합니다!! 다시 한 번 축하드립니다.

― 주은화(동국대학교 대학원 박사과정)

선생님 감사합니다. 육효의 신탄 출간을 진심으로 축하드립니다. 영원히 힘든 우리 삶의 나침판이 되어 주시길 빕니다. 항상 고맙습니다.

― 김성우(대전 독자)

겸사 선생님, 선배님! 이 박사님! 육효의 신탄 발간을 축하드립니다. 선배님의 책은 누구나 읽어도 재밌고 쉽게 육효의 매력에 빠질 것입니다.

― 김세현(공주대학교 대학원 동양학과 박사과정, 논산경찰서)

책 쓰시느라 고생 많이 하셨습니다. 진심으로 축하드립니다. 육효박사 책으로 선생님과 인연이 되어 선생님의 지도 덕에 큰 용기를 얻었습니다. 2탄 진심으로 축하드립니다.

― 한상진(가평에서 동인 드림)

처음 육효박사를 보면서 내게 많은 배움과 길잡이가 되었는데, 이제 2탄을 출간하셨으니, 좀 더 다양한 실전사례를 접하는 배움의 장이 될 듯합니다. 이 책이 육효를 공부하고 연구하는 모든 분들께 보다 많은 도움으로 다가갈 수 있지 않나 생각합니다. 고생하셨습니다. 그리고 축하드립니다.

― 문상남(충남)

육효에 새롭게 눈을 뜨게 해준 겸사 선생님 육효박사2탄 발간을 축하드립니다. 항상 겸손하시고 동치미 같이 맑고 시원한 느낌에 반합니다. 바쁜 와중에도 항상 연구하시고 정진하는 열정은 누구나 본받아야 할 것 같습니다. 다시 한 번 축하드립니다.

– 우중야(충남)

현대 사회에서 살아가노라면 크고 작은 결정을 시시각각으로 하여야 하는데 합리적 자료에 입각한 결정을 하였다고 하더라도 일의 성사여부가 불확실 할 때 진인사대천명 자세로 육효점을 활용해보면 육효가 얼마나 유용한지 알 수 있을 것이다.

– 황재성(행정학 박사)

선생님~ 축하드립니다. 겸사 선생님께 육효를 배우며 느낀 점이 있습니다. 이해하기 쉽고 간결하게 볼 수 있는 방법을 가르쳐 주셨습니다. 점치는 자 그 점괘를 숭상한다고 했는데 덕분에 육효점을 치고 잘 활용하고 있습니다. 육효공부를 시작하는 분들은 망설이지 마시고 『육효박사』 시리즈를 선택하세요~ 선생님 고생 많이 하셨습니다.

– 장준녕(영화배우)

제가 읽은 육효박사 책은 자연스레 점사내용으로 빠져들게 하면서 일의 기미를 간파하는 정확한 통변과 함께 육효 이론까지 숙지하게 하는 감동의 책이었습니다. 2탄을 고대하던 중이었는데 드디어 출간되네요! 선생님 너무 감사하고 축하드립니다.

– (포항 독자 일주 드림)

占은 결코 미신이 아니라는 것을 열심히 설파하고 계시는 겸사 이시송 박사님의 실전사례집 출간을 진심으로 축하드리며, 앞날에 무궁한 발전이 있기를 기원합니다.

– 이기선(원광대학교 동양학대학원 외래교수)

존경하는 겸사 선생님! 『육효의 신』 권이 출간되심을 진심으로 경축 드립니다. 그동안 많은 분들께서 『육효의 신』 권이 탄생되기만을 학수고대했던 것으로 아는데, 드디어 세상의 빛을 보게 되었으니 제자의 한 사람으로써 대단히 기쁘게 생각하며, 아울러 이러한 귀서를 다시 한 번 세상 밖으로 내보내주시니 겸사 선생님께 무한한 존경과 감사를 드립니다.

– 나성운(파란낙엽, 서천에서 드림)

선생님 뵈온지 만 3년이 되어갑니다. 늘 한결같으시고 어려움 속에서 더욱 빛을 발하는 존재의 고마움 정말 많은 것이 느껴집니다. 두 번째 육효박사 출간을 축하드리고, 극심한 치통의 고통 속에 집필하시느라 고생 많으셨습니다. 무엇보다 중요한 게 건강인 듯합니다. 선생님 스스로에게 심신의 치유를 선물해주세요. 감사합니다.

– 임상준(도현아빠, 투 선생)

스승님의 [육효박사2탄] 출간을 축하드립니다. 역학에 대해 아무것도 모르던 제가 단순하고 명확한 스승님의 육효 명강의를 들은게 엊그제 같네요. [육효박사]와 [육효점 실관사례집]을 통해 이론을 실관에 적용하는 법을 배워 저의 상담에 그대로 적용하고 있습니다. 아낌없이 주시는 스승님께 머리 숙여 다시 한 번 더 감사드립니다.

- 안서영(청주)

육효에 쉽게 다가갈 수 있는 길을 제시해 주시는 겸사선생님, 구수한 말투와 열정이 담긴 육효의 신탄을 진심을 담아 축하드립니다.

- 김대환(서울)

겸사샘의 육효는 핵심은 정확하면서 쉽고 간략한 실전 육효의 진수라 할 수 있습니다. 이번 육효의 신은 실전사례를 통해서 많은 분들이 실생활에서 육효를 적용할 수 있는 기회가 됐으면 합니다. 출간을 진심으로 축하드립니다.

- 봉원룡(충남)

"내면의 깊은 곳에 숨겨진 새로운 영적 약속인 육효학의 카르마를 정확하고 깊이 있게 풀어주시는 겸사 선생님의 귀한 책 육효박사에 이어 2탄, 출간을 축하드리며 많은 인연들에게 핵심서가 될 것을 믿어 의심치 않습니다."

- 김희선(청안작명철학원장)

자연의 이치에 순응하여 지혜롭게 통변해주시는 겸사 선생님 출간을 축하드리고, 독자여러분들과 겸사 제자 선생님들도 청출어람 하시길...

- 김수년(국학박사, 겸사 부군)

제 동생이 초보 때 내가 신발 신고 나가면서 상담하러 온 사람들에게 "재 하나도 안 맞유" 하면서 외출하곤 했는데 그런 지가 10년이 지났다고 합니다. 책을 2탄 낸다고 하네요. 축하합니다.

- 이시종(서산 셋째오빠)

몇 몇 문제를 동생에게 몇 번 물은 적이 있는데 도움이 된 적이 있습니다. 점친다고 하여 처음엔 이상한 생각이 들었지만 동생이 열심히 공부하고 노력하는 것을 보면서 좋은 학문이라고 봅니다. 모두 점 잘 치시고 많은 사람들을 살리시기 바랍니다.

- 이시도(대산 엘지 화학, 넷째 오빠)

겸사 선생님 육효의 신탄이 나온다고 하니 축하 축하 축하 축하 드립니다.
앞으로 우리들이 실관 했던 문제도 더 많이 내주셔요.
 - (공주대 동양학과 박사과정 윤경옥, 종로 모토 사주카페 유가, 혜올당, 이 선생) 수요일 반 일동

도(道)를 싣고 있는 것이 역(易)이요, 그것을 발휘(發揮)한 것이 점(占)이라는 말이 있습니다.
서필성심으로 점단 한 것을 이렇게 많은 사람들에게 공개해 주심에 늘 감사드립니다.
 - 이진우(서울)

육효를 공부하시는 여러 독자선생님들께

먼저 비인부전(非人不傳)이란 고인의 말을 역이용하여 중요한 내용은 감추는 역술인들이 많지만 책이면 책, 자료면 자료를 다 챙겨주시고 잘 이끌어주시는 학선 류래웅 선생님 이렇게 엉성한 저를 잘 봐주시고 책까지 내주셔서 감사드립니다.

그리고 저를 이렇게 키워주신 많은 스승님들께 감사드립니다. 또한 제 책을 보고 도움 받았다는 독자 분들께도 감사드립니다. (외국에서도 전화가 와서 놀랐답니다).

그런데 기초를 몰라서 제 책을 못 읽는다는 분들이 많으니 이번에는 기초를 앞에 설명하고 실관사례를 넣어 달라고 하셔서 제가 강의하는 노트에서 기초 몇 강 넣고 시작하려합니다. (월간 역학 17년 2월호에도 조금 설명했답니다)

육효점은 상식적인 것, 시시한 것은 점은 잘 안 맞습니다.
그러므로 절박하고, 중요한 것이 잘 맞습니다. 위급한 사항이 뭘까요? 전쟁 때 가장 잘 맞습니다. 사람의 생사가 걸린 것, 선택의 기로에서도 잘 맞습니다.
상식적인 것들은 점치지 않습니다.
하늘은 노력하는 사람을 좋아하니까 상담자들이 점으로 모든 것을 해결 보려 하면 안 됩니다. 그리고 육효점 치는 사람은 홍길동처럼 호부호형(呼父呼兄)을 못합니다.
힘든 사람에게 당신은 희망이 없다, 8개월 동안 안 좋다. 이런 식으로 대놓고 두 번 죽이면 안 됩니다. 우리에게는 언령(言靈), 구령(口靈)이 작용하기 때문에 말을 조심해야 합니다.
대개 힘든 사람들은 적선이나 기도를 하라고 하시면 됩니다.
솔직하면 안 된다고 했다고 동업자와 동업이 어떠냐고 물어서 안 좋은데 참 좋다고 하면 또 안 됩니다.

제가 실관사례에서 어떻게 풀이하는지 보시면서 선생님들이 더 좋은 멘트를 만들어서 대응하시기 바랍니다.

『육효실관사례집』은 정식 출간을 하지 않았지만 2012년도에 친 점사이며 점사공식을 수록했었고, 지난번 출간한 『육효박사』는 2013년까지의 점사인데, 본인점인가 타인점인가 1:1 심리점인가를 중점적으로 풀이했지요.

이번에 출간하는 『육효의 신』는 14, 15, 16년 점사를 여러 제자선생님들의 실관까지도 포함하여 200개 넘는 실점(實占) 사례를 넣었습니다.

점사공식을 그대로 넣을 것이니 잘 숙지하셔서 대입해 보시기 바랍니다.

그리고 급소통변 공식도 알려드렸습니다.

제가 밥 먹고 점치는 일에만 몰두 했지만 시급하고 중요한 것은 잘 맞았고 윤곽도 안 나온 문제들이나 중대하지 않은 문제들은 잘 맞지 않습니다.

공주대학교 대학원 지도교수님이셨던 정교수님은 항상 우리를 만날 때마다 혹세무민, 사심을 가지고 점단하면 안 된다고 돈이나 명예를 따라다니지 말라고 당부하시면서 노후에 고질병이나 사건사고가 모두 그 탓이라고 일침을 주시는데 여러분들도 잘 참고하시기 바랍니다.

이번에 2탄 만들면서 제자 선생님들 실관문제도 있고해서 축하멘트를 받았는데 아휴, 너무 감동적인 멘트를 많이 받았습니다.

멘트는 멘트대로 해주시고 전화로 제자 한 분이 검사 선생님과 육효박사 책의 인연을 통해서 내 인생이 바뀌었슈 선생님 저 진짜 점을 못 쳤었어요. 근데 이젠 점을 칠 수 있다고 자신의 인생이 육효를 통해 바뀐 것에 대하여 고맙다고 하시는데 저는 눈물이 핑 돌았답니다.

생업으로 하시는데 고객들이 맞춰주면 좋아한다고 이렇게 점을 치게 해주셔서 감사하다고 하는데 눈물이 쏟아질 것 같아 에헤이 뭘 그류 하면서 얼른 끊었답니다.

아이구, 제가 이런 소리 다 듣고 오히려 제가 감사합니다.

여러 독자여러분 그리고 제자 선생님들도 육효실관사례를 잘 기록했다가 책도 발간해주시고, 후학도 많이 기르시고 좋은 상담자, 좋은 선생님들이 되시고, 우리는 육효의 글로벌 리더가 됩시다.

2017년 6월 방배동 겸사 올림

Ⅰ. 육효점 치기 전에 알아둘 일

1. 육효점을 잘 보는 비법

강의 수업시간에 나이드신 제자 선생님 한분이 육효 용어 중 입묘, 합주, 합기, 암동, 삼합 등의 처리법에 대하여 물으시기에 내가 입묘 너무 신경 쓰지 마시라고 했습니다. 용신이 휴수할 때 그 용신이 월이나 일에 입묘되면 그 육친은 입묘된 일로 우울 답답한데 입묘가 안 되어도 월과 일에서 휴수하다는 것이 나오면 그게 문제인데 꼭 입묘를 꼭 찍어서 말할 필요는 없다고 했습니다.

입묘로 변효가 된다면 일진이나 월에서 생조하면 안 들어가며, 1회성 질문이라면 그 동효만 봐야지 변효 볼 필요 없다고 했습니다.
집나간 사람이 암동이 되면, 올 사람 같으면 명동하던지 나를 극하던지 해야 옵니다.
암동은 너도 모르고 나도 모르게 작용되니 암동 받은 글자는 그냥 맘이 흔들리던지 몰래 와 보던지인데 질문자는 결국 오는가? 안 오는가? 인데 암동 통변이 뭘 중요하냐고 하였습니다.
하여간 신(神)의 비밀은 월파 · 공망 · 고 · 복신에 나타나 있기에 굵직굵직한 것을 보아야 한다고 말했습니다. 육효 공부가 어느 정도 수준에 오르면 꼭 이 분처럼 뭔가 더 깊이 연구하려고 용어에 관심을 갖게 됩니다. 그런데 육효의 진정한 고수는 단순하게 보는 것입니다.

질문자가 심각하면 하늘이 이것저것 확실하게 알려줍니다.
예) 조심해야 할 상대라면, 상대방에게 공망으로 표현되어 너 이래도 그 사람 믿을래? 하고 보여주며, 이달 안에 계약점이라면 응이 월파로 보여줘서 이달은 안 되어 하고 알려주고 요청점사라면 상대가 극하면 안 들어주는 것이고 연락이 오냐고 하면 부동하면 되는 것이며, 승진 되냐고 하면 관이 동하면 동할 것이고 합격 하냐고 하면 부가 왕성하고 동효들이 방해 안하면 되는 것입니다.

늘 제가 당부하는 것은 너무 힘주어 잘해주려고 사심 들어가면 점이 오히려 안 맞으니 힘 빼고 늘 하던 대로 점치기(목욕재계 금지 등) 입니다.

천금부(千金賦)에서 아무리 복잡한 괘도 하나로 관통할 수 있다고 했듯이 육효점은 그 핵심을 잘 보면 다 풀립니다.

예를 들어 시험 보려고 한다는 사람이 세효에 재효를 잡으면 이미 이 점사는 그냥 끝난 것인데 잘 봐주려고 왕상 한지 합이 있는지 월파는 있는지 등 이런 것 더 보려고 할 것이 없습니다.

이런 것을 제가 하도 강조하니까 세뇌가 된 것 같긴 하지만 우리 저 제자 선생님처럼 과욕금지입니다.

다시 강조하면 늘 하던 대로 점치기, 심층 분석 과욕금지, 그러나 단순하게 보라고 너무 정직하게 지르기 없기 또는 1:1 점이라면 통관이 뭔지, 극하는 게 뭔지 세효를 살릴 방법을 제시해 주기입니다.

육효점은 단순하게 보다보면 점치는 사람의 질문의 요지가 보이고, 이것이 숙달되다보면 심층 분석 안하려고 해도 훤히 그 사정이 보이게 되는데 인위적으로 막 뒤지다 보면 이것저것 다 놓칩니다.

육효 2대 학습텍스트는 『복서정종』, 『야학노인점복전서』 입니다.

청나라 때 나온 것인데, 왕홍서는 유백온의 『황금책』을 거의 다 인용하였고, 뒤편의 18문답에 본인의 실점사례를 넣어서 그동안 이론만 있던 것을 활용하게 했으니 무척 고맙다고 할 것입니다.

그런데 회두극 편에서 용신 세효가 회두극을 맞으니 모두 죽거나 도둑맞거나 부정적 해석이 많습니다. 그래서 원론만 고집하는 사람들은 회두극을 맞으면 이거 죽는 것 아닌가? 하고 읽는 사람으로 하여금 겁먹게 했습니다. 그런데 세효 회두극을 여러 번 경험해보면 심리적으로 갈등하는 것을 나타내고, 애초의 마음을 접겠다는 결과가 됩니다.

왕홍서나 야학의 책은 육효의 귀중한 이론과 실관의 가치가 있지만 몇 가지 정도는 현대적 해석에 맞게 해석해야 할 것들이 있습니다.

그리고 왕홍서가 유백온의 천금부를 직해 한 부분 중 여러 신살이 많지만 어찌 오행의 생극제화만 하리오? 하고 강조하여 적었음에도 불고하고 각종의 신살을 너무 대입하는 사람들이 있습니다.

제 책에선 용신을 잡고, 그 용신의 상황에 따라 답을 해도 적중률이 높았기에 육수(六獸 : 청룡, 주작, 구진, 등사, 백호, 현무)나 신살은 거의 배제하였답니다. 제가 점단하고 틀린 것도 공부차원에서 넣었으니 여러분들이 잘 참작하셔서 활용하시기 바랍니다.

많은 용어들 중에서 삼합이론, 삼형, 육해, 합기, 합주 등은 이론은 있지만 실제로 육효에서는 동효에 답이 많습니다.

사주 명리학에서도 궁합이론은 있지만 실제로 배필은 인연 따라 만나지는 이치와 같이 육효도 이론은 있지만 실제 활용에선 이론은 있지만 그 이론을 꼭 적용하지 않을 때가 있다는 것을 아시기 바랍니다.

2. 공망 통변법

공망의 표기법은 오른쪽 일진 옆에 괄호로 기입하고 괘에선 " ° " 이렇게 표기했습니다.

공망이 중요한 열쇠인데 용신과 상관없을 때는 통변하지 않습니다. 우리가 봐야 하는 글자가 공망에 해당할 때만 중요하니까 그렇게 아시기 바랍니다.

1) 공망의 순수한 공식 : 비어 있다, 준비 안 됨, 의심, 헤어진 상태, 진실 아님
   - 어쨌든 흠이 있다는 뜻입니다.

2) 질병점에서 관의 공망은 병명을 찾을 수 없다. 근병에 용신이 공망이면 금방 낫는다로 봅니다. 아무리 관이 왕해도 용신이 공망이면 근병점 금방 낫습니다.

3) 남녀 애정점에서 공망이면 헤어졌다. 안 만나고 있다의 뜻과 둘 다 공망이면 믿지 못할 약속으로 결국 헤어진다고 봅니다.

4) 기다리는 점에서 세가 공망이면 반드시 온다. 용신이 공망이면 안온다로 봅니다.

5) 재물점에서 재효 공망은 - 못 받은 돈 있다. 안 나가는 부동산 있다는 뜻을 가졌습니다.

6) 재판점사에서 세효 공망은 나 빨리 그 재판 없애고 싶어요 응이 공망이면 응이 빨리 없애고 싶어요의 마음을 읽을 수 있습니다.

7) 문서와 관련하여 부가 공망이면 - 문서 잘 못 꾸몄다. 빠뜨린 문서가 있거나 문서 준비 안 되었다는 뜻입니다.

8) 건강점에서 재효 공망 – 음식 못 먹고 있어요라는 뜻과 재효가 휴수해도 같은 이치입니다.

9) 신수점에서 세효 공망 – 나 비밀 있어요. 나 당신 속이고 있어요 라는 뜻이 있습니다.

10) 네가 잘못했거나 내가 잘못이 있는가의 판단에서 세효 공망은 우리 측에 흠이 있다는 의미입니다.

11) 동업점에서 응효 공망 – 응효가 세효를 속이고 있다는 정보가 있으니 권하면 안 됩니다.

12) 공부점에서 부효 공망 – 학원 쉬고 있거나, 그만 두었다는 뜻이 있습니다.

13) 남편 신수점에서 관효 공망 – 남편 출장 갔어요 지금 집에 없어요로 응하는데
    • 손효 공망 – 자손이 유학 혹은 군대 갔다는 뜻으로 통변합니다.
    • 재효 공망 – 우리 부인 집에 없다는 뜻을 포함하고 있습니다.

14) 본인이 무엇인가 시도하려 할 때 세효 공망 – 본인이 게을러서 안 하겠다는 의미를 가지고 있습니다. 이를 가리켜 간보기 점사라 할 수 있습니다.

3. 19금 점사 통변법

1) 연인 관계... 핵심은 우리가 보고자 하는 용신이 6합인 것에 있습니다. 6합 중에서도 극합은 금방 헤어지고, 진합은 오래간다는 의미가 있지만 상담할 때는 곧 헤어진다고 하셔야 할 것입니다. 극합에선 누가 들이 댔는지 봅니다. 묘술(卯戌)합이면 묘(卯木)이 극했으니 들이 댔다는 표현이 억지스럽지 않고 상담자는 금방 알아듣습니다. 진합에선 누가 더 좋아하는지를 봅니다. 인해(寅亥)라면 해수가 인목을 더 좋아합니다. 6합은 반드시 대응효로 6합이 아닌, 월일 비신 중에서도 그 용신이 6합이면 그 글자와 정분을 나누고 있다는 것을 알려줍니다. 복신과 6합이라면 애정지사에 걸린 것을 아무도 모릅니다. 보고자하는 용신이 일진과 6합이면 요즘 나온 사람을 말해줍니다. 오행으로 토(진술축미)는 예전에 알았지만 요즘 눈 맞음을 알려줍니다. 그러나 점을 물은 사람이 묻지도 않았는데 6합이 보인다고 대놓고 말하기 없기 입니다.

2) 파워(속궁합) ... 세 응 중 왕상하면 힘 센 사람, 휴수하면 약골인데, 여자의 점에서 세효에 관효를 잡으면 그 만족도가 좋습니다.

3) 남녀 애정점에서 즉 세응으로 볼 때, 응의 대상이 우릴 동하지 않고 정하면서 극하더라도 이 사람이 더 적극적인 것이며 연애라면 좋지만 함께 살면 관리 구속하는 것이니 참조하시기 바랍니다.

4) 그가 무척 날 좋아하냐고 묻는데 응이 휴수하면 관심 없다 입니다. 의지 없음을 나타내주기 때문에 괜히 희망 주지 말아야 합니다. 왕상해도 공망이면 진실이 아니다. 로 응한 것이니 더 지켜보라고 합니다. 그가(응)이 휴수하고 공망이면 그는 나를 이미 정리한지 오래라고 보면 됩니다.

5) 그가 언제 연락 오냐고 묻는다면 부가 동해야 연락 온다는 뜻이니 부효 이외의 글자가 동하면 연락이 안 옵니다. 상대방에게는 지금은 안 온다고 하

니 담에 점치자고 하시기 바랍니다.

6) 그가 선물이나 돈을 주냐고 종종 묻는 분들이 있습니다. 세응의 심리도 보고, 관건은 손이나 재가 동하여야 됩니다.

7) 이런 일로 탄로가 나느냐고 물으면 동효가 날 극하면 들통 난다고 하시기 바랍니다.

8) 서로 관계유지가 잘 되느냐고 물을 때는 세응이 휴수하면 이미 그 휴수한 사람 쪽에서 맘이 식는 것이고, 아주 휴수한 것이 동하여 세나 응을 극하여도 잘 되지 않습니다.

9) 애정점에 상담자가 질문자에게 관여하게 되면 질문자에게 매일 시달리니까 애정점은 첫 점이 중요하며 이 첫 점을 딱 한 번 봐주고 과정은 당신들이 알아서 하라고 해야 합니다. 상담자의 맘이 약해져서 자꾸 점단해주게 되면 상담자나 질문자가 같이 미치게 됩니다. 같은 질문은 1후(候 : 5일)이 지나서 할 수 있습니다.

10) 동거지상은 항상 응이 2효에 있습니다. 저번에 점단하니 어떤 여자 분이 이혼 후 결혼할 남자가 언제 나오느냐고 해서 점단하니 세효에 손효 잡고 가택효에 응이 있으면서 관이 있기에 대놓고 동거 하냐고 묻지 않고 누가 들락 달락 하지요? 했더니 전 남편이라고 하였습니다.

4. 질병 판별 통변법

질병 판단할 때 괘가 나오면 인체로 보는 법이 있습니다.
6개 효(爻)에 관(官)이 있으면 그 위치가 아픈 것입니다.

- 초효 관 – 발
- 2효 관 – 종아리
- 3효 관 – 거시기, 혹은 꿀벅지
- 4효 – 허리
- 5효 – 어깨 혹은 목
- 상효 – 머리

다음은 괘별로 관이 위치하는 곳을 보면 아래와 같습니다. 꼭 암기하시기 바랍니다.
설괘전에서 따온 것을 육효점에서도 응용합니다.

건괘 : 머리	간괘 : 팔, 손
곤괘 : 배	태괘 : 입, 이빨, 턱
진괘 : 발	이괘 : 눈
손괘 : 정강이	감괘 : 귀, 이명

다음은 소강절의 『진본 황극책수 조수』에 나온 것이니 참조하시기 바랍니다.
관이 어디 효에 붙는가를 잘 보시고, 위와 중첩된 것은 생략합니다.

- 5효 : 심폐 중 심장
- 4효 : 비장 또는 폐
- 3효 : 간과 신장

5. 급소 통변법

1) 부동산 언제 나가는지, 팔리는지를 묻는 다면, 64괘 중 체(體)나 궁(宮)만 나오면 손이나 재효 오는 달, 즉 재를 강화 시키는 손과 재가 오는 달 나간다고 합니다. 점치는 이 달에 재가 와 있다면 이 달에 나간다고 하시면 됩니다.

2) 직장은 (재 관이 오는 달)을 찍어줍니다.

3) 좋은 배필이 오는 달은 남자라면 손이나 재달, 여자라면 재나 관이 오는 달에 나온다고 하면 됩니다.

4) 남자 측에서 좋은 배필인가를 궁합 본다면 세효에 형효만 잡지 말자를 떠올리시고 그 외에는 통과입니다. 여자라면 손효 잡지 않으면 이혼 위기 없습니다.

5) 안하겠다는 공식을 잘 암기해서 급소 통변으로 돌려도 됩니다. 안 하겠다 공식은 4개 ①세효 휴수 의지 없음으로 안합니다. ②세효 공망 게으르거나 준비 부족으로 안함/ 대개 간보기 용입니다. ③세효 회두극 갈등하다가 안합니다. (①~③번은 본인점에 해당) ④변효로 6충은 안하거나 해도 오래 못함을 암시하며 거의 안합니다.

6) 1회성 승부점은 굳이 월일을 대입하지 않습니다. 세효 응효의 오행의 생극에만 초점을 두고 길흉은 동효로 판별합니다.

Ⅱ. 육효의 기초 이론

1. 팔괘 암기하기 (기초 안 되신 분만 보셔요)

- 팔괘를 소성괘라고 하고 소성괘가 두 개 모이면 대성괘라 한다.

일건천	팔곤지	사진뢰	오손풍	육감수	삼이화	칠간산	이태택
☰	☷	☳	☴	☵	☲	☶	☱
건삼련	곤삼절	진하련	손하절	감중련	이허중	간상련	태상절

1乾 天	2兌 澤	3離 火	4震 雷	5巽 風	6坎 水	7艮 山	8坤 地
아버지	소녀	중녀	장남	장녀	중남	소남	어머니
강건	기쁨	밝음	동함	공손	험난	그침	순함

2. 내괘 외괘의 뜻

- 내괘 : 하괘 라고도 함, 안, 내부, 내 마음을 뜻합니다.
- 외괘 : 상괘 라고도 함. 밖, 외부의 뜻을 가집니다.

- 초효 : 지하 방바닥
- 2효 : 안방 거실 ....가택효, 이곳에 응이 있으면 동거지상(식구가 늘었나요? 물으면 좋음) 관이 있으면 병자가 있거나 각 오행의 귀신 있음, 동하면 이사를 했거나 할 예정입니다.
- 3효 : 내부 출입문 쪽 (문 쪽, 가끔 장롱 문에도 응함)
- 4효 : 외부 대문
- 5효 : 도로 .... 식구 효, 왕의 자리
- 상효 : 다리 위, 지방, 외국

- 초효 2효 .... 땅의 괘(地)
- 3효 4효 ....인, 사람의 괘 (人)
- 5효 상효 .... 하늘의 괘 (天)
- 다시 돌아와 4효 - 유혼괘 용신이 여기 있음 얼빠짐 넋 나감 산송장, 식물인간 혹은 질문자의 집에 신불(神佛)을 모시고 있기도 합니다.
- 3효 귀혼 .... 용신이 휴수하여 여기 있음 죽었을 수도 있음 4효 3효는 귀신의 괘(神)라고 합니다.

3. 납갑 납지를 암기합니다.

• 납갑은 – 태양 日, 천간
• 납지는 – 달, 지지를 의미합니다.

지지에서 양은 순행 – 자인진 오신술 혹은 인진오 신술자, 진오신 술자인
음은 역행 – 미사묘 축해유, 사묘축 해유미, 축해유 미사묘, 묘축해 술유신
.... .이것만 알면 납갑 납지는 끝이 납니다.

지지에서 양간은 순행한다. 子 丑 寅 卯 辰 巳 午 未 申 酉 戌 亥
지지에서 음간은 역행한다. 子 丑 寅 卯 辰 巳 午 未 申 酉 戌 亥

건금은 아버지 – 甲과 壬을 수납한다. 곤토는 어머니 – 乙과 癸를 수납한다.
　　　　　　　甲子부터 올라간다　　　　　　　　乙未부터 올라간다.

戌 ―
申 ―
午 ―
辰 ―
寅 ―
子 ―

(건금갑자 자인진 오신술) 이렇게 암기해서 부친다.

진목은 장남 – 庚을 수납한다.　　　손목은 장녀 – 辛을 수납한다.
　　　　　庚子부터 올라간다.　　　　　　　辛丑부터 올라간다.
(진목경자 초효 자인진 오신술)　　(손목신축 축해유 미사묘)

감수는 중남 - 戊를 수납한다.   　　이화는 중녀 - 己를 수납한다.
　　　　戊寅부터 올라간다.　　　　　　　　己卯부터 올라간다.
(감수무인- 인진오 신술자)　　　　　(이화기묘 - 묘축해 미사묘)

간토는 소남 - 丙을 수납한다.　　　태금은 소녀 - 丁을 수납한다.
　　　　丙辰부터 올라간다.　　　　　　　　丁巳부터 올라간다.
(간토는 병진이 초효부터니까
간토병진 진오신 술자인)　　　　　　(태금 정사 - 사묘축 해유미)

※ 납갑 납지 암기하기

건금갑자 - 자인진 오신술　　　　태금정사 - 사묘축 해유미
이화기묘 - 묘축해 유미사　　　　진목경자 - 자인진 오신술
손목신축 - 축해유 미사묘　　　　감수무인 - 인진오 신술자
간토병진 - 진오신 술자인　　　　곤토을미 - 미사묘 축해유

8궁 기본괘 (수괘,팔순)	건(乾宮)	곤(坤宮)	진(震宮)	손(巽宮)	감(坎宮)	이(離宮)	간(艮宮)	태(兌宮)
상효	壬戌	癸酉	庚戌	辛卯	戊子	己巳	丙寅	丁未
오효	壬申	癸亥	庚申	辛巳	戊戌	己未	丙子	丁酉
사효	壬午	癸丑	庚午	辛未	戊申	己酉	丙戌	丁亥
삼효	甲辰	乙卯	庚辰	辛酉	戊午	己亥	丙申	丁丑
이효	甲寅	乙巳	庚寅	辛亥	戊辰	己丑	丙午	丁卯
초효	甲子	乙未	庚子	辛丑	戊寅	己卯	丙辰	丁巳

이게 다 암기되어야 합니다. 이게 다 암기되면 64괘 오행소속궁을 보기로 합니다.

◆ 건금궁에 속한 괘
- 건위천 – 대표이사, 머리괘 (首卦) 상하 같은 괘는 항상 상효에 세가 붙습니다.
- 천풍구 – 초효 세입니다
- 천산돈 – 이효 세가 됩니다.
- 천지비 – 3효 세입니다.
- 풍지관 – 4효가 세가 됩니다.
- 산지박 – 5효가 세효입니다.
- 다시 내려와서 유혼 화지진 – 4효가 세효가 됩니다.
- 귀혼 화천대유 – 3효가 세효입니다.

◆ 곤토궁에 속한 괘
- 곤위지 – 세효가 상효에 붙습니다.
- 지뢰복 – 초효에 세효가 됩니다.
- 지택림 – 이효에 〃
- 지천태 – 삼효에 〃
- 뢰천대장 – 사효에 〃
- 택천쾌 – 5효에 〃
- 유혼 –수천수 : 5효까지 올라갔다가 상효로 가지 않고 다시 4효로 내려와서 4효에 〃
- 귀혼 –수지비 : 3효에 세효가 됩니다.

◆ 진목궁에 속한 괘 - 세효에 재를 많이 임하게 됩니다. 목에 재는 진술축미가 4개가 되어서 그러합니다.
- 진위뢰 – 상효에 세효가 임하게 됩니다.
- 뢰지예 – 초효에 〃

- 뢰수해 - 이효에　〃
- 뢰풍항 - 삼효에　〃
- 지풍승 - 사효에　〃
- 수풍정(井) - 오효에　〃
- 유혼 - 택풍대과 : 4효에　〃
- 귀혼 - 택뢰수 : 3효에　〃

◆ 손목궁에 속한 괘 - 목체이기 때문에 세효에 재가 많으며 괘명이 유난히 깁니다.
- 손위풍 - 상효에 세효가 붙는다. 6 1 2 3 4 5 4 3 효로 암기하시면 됩니다.
- 풍천소축 - 1
- 풍화가인 - 2
- 풍뢰익 - 3
- 천뢰무망 - 4
- 화뢰서합 - 5
- 유혼 산뢰이 - 4
- 귀혼 산풍고 - 3

◆ 감수궁에 속한 괘 - 유난히 관귀가 많습니다 - 진술축미가 관이 되기 때문입니다.
- 감위수 - 6
- 수택절 - 1
- 수뢰둔 - 2
- 수화기제 - 3
- 택화혁 - 4
- 뢰화풍 - 5
- 유혼 지화명이 - 4
- 귀혼 지수사 - 3

◆ 이화궁에 속한 괘 - 토가 두 개임으로 임신했을 때 아기 둘 쌍둥이가 됩니다.
- 이위화 - 6
- 화산려(여) - 1
- 화풍정(鼎) - 2
- 화수미제 - 3
- 산수몽 - 4
- 풍수환 - 5
- 유혼 천수송 - 4
- 귀혼 천화동인 - 3

◆ 간토궁에 속한 괘명
- 간위산 - 6
- 산화비 - 1
- 산천대축 - 2
- 산택손 - 3
- 화택규 - 4
- 천택리 - 5
- 유혼 풍택중부 - 4
- 귀혼 풍산점 - 3

◆ 태금궁에 속한 괘명
- 태위택 - 6
- 택수곤 - 1
- 택지췌 - 2
- 택산함 - 3
- 수산건 - 4
- 지산겸 - 5
- 유혼 뢰산소과 - 4
- 귀혼 뢰택귀매 - 3

〈세응표〉

세위 / 8궁	건궁(金)	태궁(金)	이궁(火)	진궁(木)	손궁(木)	감궁(水)	간궁(土)	곤궁(土)
상효 世	건 건위천	태 태위택	이 이위화	진 진위뢰	손 손위풍	감 감위수	간 간위산	곤 곤위지
초효 世	구 천풍구	곤 택수곤	여 火山旅	예 뇌지예	소축 풍천소축	절 수택절	비 산화비	복 지뢰복
2효 世	돈 천산돈	췌 택지췌	정 화풍정	해 뇌수해	가인 풍화가인	둔 수뢰둔	대축 산천대축	림 지택림
3효 世	비 천지비	함 택산함	미제 화수미제	항 뇌풍항	익 풍뢰익	기제 수화기제	손 산택손	태 지천태
4효 世	관 풍지관	건 수산건	몽 산수몽	승 지풍승	무망 천뢰무망	혁 택화혁	규 화택규	대장 뇌천대장
5효 世	박 산지박	겸 지산겸	환 풍수환	정 수풍정	서합 화뢰서합	풍 뇌화풍	리 천택리	쾌 택천쾌
4세(유혼)	진 화지진	소과 뇌산소과	송 천수송	대과 택풍대과	이 산뢰이	명이 지화명이	중부 풍택중부	수 수천수
3세(귀혼)	대유 화천대유	귀매 뇌택귀매	동인 천화동인	수 택뢰수	고 산풍고	사 지수사	점 풍산점	비 수지비

끝 괘명을 암기할 때 이렇게 노래를 하면서 외웁니다.

• 건괘 : 건 구. 돈. 비는 관. 박. 진. 대유
         6 1 2 3   4 5 4 3효
• 태괘 : 태 곤. 췌. 함은 건. 겸. 소과. 귀매
• 이괘 : 이 여. 정. 미제는 몽. 환. 송. 동인.
• 진괘 : 진 예. 해. 항은 승. 정. 대과. 수

- 손괘 : 손 소축. 가인. 익은 무망. 서합. 이. 고
- 감괘 : 감 절. 둔. 기제는 혁. 풍. 명이. 사
- 간괘 : 간 비. 대축 손. 규. 리. 중부. 점
- 곤괘 : 곤 복. 임. 태는 대장. 쾌. 수. 비

※ 세를 찾는 방법은 어떤 괘가 나오면 상괘의 괘를 쭉 붙여 보고, 없으면 하괘에서 괘를 쭉 기입해서 없으면 하괘를 양이면 음으로 음이면 양으로 모두 바꾸어서 그 괘에 괘를 쭉 올려보면 반드시 있습니다. 이건 꼭 참조하시기 바랍니다.

※ 극약 처방으로는 요즘은 도사폰이나 하늘도마뱀 육효 어플 다운 받으시면 괘를 입력하면 괘가 뜨니까 납갑 납지 괘에 기입하시지 못하는 분은 그렇게 보시기 바랍니다. 그런데 이 어플에 맛을 들이면 평생 못 끊으니까 원리를 이해해서 천천히 암기해보시기 바랍니다.

4. 오행소속궁 찾기 - 끝 글자만 써주세요.

3효 세 (귀혼)		수		사			비
4효 세 (유혼)	소과		이			중부	
5효 세					환		쾌
4효 세	관			혁		규	
3효 세	비		항	익	미제		
2효 세		췌			둔	대축	
초효 세		곤	예	소축		여	복
	乾金궁	兌金궁	震木궁	巽木궁	坎水궁	離火궁	艮土궁	坤土궁

이게 되어야 괘를 만들고 납갑 납지를 붙이고, 세응을 찾습니다.

◆ 기본 용어 익히기, 팔신, 팔효 등
1. 육친의 기본 통변
- 형제의 의미 : 돈을 쓰는 글자, 형제, 동료, 동업, 라이벌, 적선, 하여간 동하면 돈 나간다 입니다.
- 자손 : 편안함 복덕의 신, 자손, 임신여부, 제자, 후배, 가축
  질병을 때리니 약, 의사, 귀신을 때리니 제사, 기도, 굿, 부적 등이 됩니다.
- 부모 : 맘속에 비가 내림, 우울, 마음의 병, 부모, 웃어른, 선생, 비, 사는 집 장소, 문서, 편지 소식, 학교(공부, 시험, 면접, 점수, 성적), 편안함을 극하니 우울 , 걱정, 도장 등이 됩니다.
- 재 : 재물, 돈, 선물, 음식, 처, 첩, 기쁨, 육체를 뜻합니다.
- 관 : 막히고 체하다, 불안 걱정 스트레스, 도둑, 질병, 관재송사, 시체 등입니다.
- 좋은 의미의 관 : 남편, 직장, 명예, 승진, 귀인, 단체, 엄격함, 법 등의 의미 입니다. 관동하면 돈 나간다는 것을 꼭 암기하시기 바랍니다.

◆ 세효에 임할 때 통변
- 형제에 임할 때 : 동업지상, 경쟁지상, 돈 많이 썼어요, 빈주먹 월일 강하면 통과합니다. 왜? 그러하냐면 월일 대입하여 용신이 강하면 모두 이겨내기 때문입니다. 강하면 돈은 들어와도 남는 것이 없지만 쓸 돈은 된다고 통변합니다.
- 자손 붙을 때 : 여자가 물으면 휴수하면 나 자손 걱정 있어요, 혹은 관을 때리니 직장 싫어요, 남편 싫어요. 재물점에선 나 돈을 원해요라는 뜻이 있습니다.
- 부모 붙을 때 : 나 우울해요. 왜? 비신이 휴수한 것 때문(재, 손, 관)입니다.
- 재 임하면 : 휴수하면 나 밥 못먹고 있어요. 돈 고파요. 강하면 돈 많음으로 봅니다.
- 관 붙을 때 : 나 아파요, 스트레스, 막히고 체했어요. 강하면 통과합니다.

◆ 세효란 무엇이고 응효란 무엇인가? 이것들 좀 잘 암기하셔요.
- 세효란 나, 우리측, 우리편

- 응효란 상대, 상대측, 상대편을 뜻합니다.
- 세효가 월일에 휴수할 때 통변법 : 자신감 부족, 의지력 부족, 면역력 약화, 방전을 의미합니다.
- 세효가 월일에 극을 받으면 : 참 힘드시네요라고 하면 상대방이 마음을 알아줘서 웁니다. 세효의 왕쇠는 항상 월과 일을 참조합니다. 항상 월과 일은 그 사람을 판단하는 열쇠이며, 환경과 인품이 결정 납니다.
- 월도 왕(王), 일도 왕(王) : 세효를 월일 중에 하나라도 인성이나 비겁이면 왕상하다고 판정하니 하나가 극하고 하나가 생하면 강하다고 봅니다. 월 30일만 왕 노릇하고 패스패스 합니다.

일진은 긴 점에선 영원히 그 점이 끝날 때까지 머물고 있습니다.

하루하루 점은 하루만 왕(王) 노릇합니다. 그래서 점단에선 기간을 항상 묻고 점치시기 바랍니다. 긴 점사에선 일진이 월보다 더 길게 가니까 물어본 점사의 기간까지 일진이 가니까 중요합니다.

- 세효가 동하면 내가 움직인다, 내 맘이 바뀐다. 내가 갈등 한다로 통변합니다. 응이 동하면 응이 움직인다, 응의 맘이 바뀐다. 응이 갈등한다로 봅니다.

자손점에서 자손이 동하면 – 똑같습니다.

형제 부모 부인 남편 점에서도 똑같이 통변합니다.

1) 육친관계

육친관계 잘 안되시는 분은 잘 암기하시기 바랍니다. 육효는 항상 이것 싸움입니다.
- 나를 생해주는 것을 – 부모라고 하여 父라 표기합니다.
- 내가 생해주는 것을 – 자손이라 하여 孫이라 씁니다.
- 나를 극하는 것을 – 관이라 하여 官이라 합니다.
- 내가 극하는 것을 – 재라 하여 財라고 합니다.
- 나와 같은 글자를 – 비화라고도 하고 형제라 하여 兄이라 표기합니다.

2) 팔신 – 육효에는 팔신(八神)이 있습니다.

- 용신(用神) – 점사에서 목적이 되는 육친 7개 (자부재관형제 세응)입니다. 일

이 수월하게 잘 풀리려면 자신의 점사에서 용신이 세효에 임하면 되고, 재를 원하면 - 세효에 재 잡으면 좋습니다.
시험, 공부를 원하면 - 세효에 부 잡으면 길합니다.
명예, 직장, 남편감, 남친 원하면 - 세효에 관잡으면 좋고, 아기를 원하거나 아프지 않으려면 - 세효에 손잡으면 관을 극하기에 좋습니다.

- 원신(元神) - 용신을 생조하는 육친 글자입니다. 부모가 용신이라면 - 관효가 원신입니다. 목이 용신이라면 - 수가 원신 사주에서 희신이라고 보면 됩니다.
- 기신(忌神) - 용신을 깨는 육친 글자 입니다. (아래는 본인점에만 해당)

  재를 원한다면 - 세효에 재를 깨는 형효 잡으면 됨 이게 기신입니다.

  시험에 꼭 합격해야 해요 - 세효에 재를 잡자 부를 깨니까 이게 기신이 임하는 것입니다. 벌써 이 글자 하나로도 합격 못 하는 것이 보입니다.

  저 이남자랑 결혼해도 돼요- 세효에 손효 잡으면 깨집니다.

  저 아기 낳고 싶어요 - 세효에 부효 잡으면 임신이 안 됩니다.
- 구신(仇神) - 기신을 돕는 글자입니다. 크게 중요하지 않습니다.

  재를 원하는데 세효에 형효 잡았고 부까지 동하여 형효를 도와주는 격이 됨으로 기신이 火인데 木이 동하여 도와주는 현상이 됩니다.
- 진신(進神) - 용신이 진신되면 기쁨 2배 , 기신이 진신 되면 안 좋습니다. 재물운을 물었는데 재가 인목이라면 변효가 묘목 되는 현상으로 財寅 - ✗ - (財卯) 재효가 인목인데 변화하여 묘목이 되었습니다. 또 寅月 이면 이 달에 일이 이루어집니다. 이런 현상을 승세이진(乘勢以進)이라 하여 왕상한 진신은 기세를 타고 나아간다는 뜻입니다.

용신이 진신되면 지갑 다 털고 가라고 하시면 좋습니다.

기신이 진신되면 - 혼자만 알고 그냥 통변 하시지 말기입니다.(귀싸대기 맞음)

그러나 財寅 - X - (財卯) 戌월 이라면 - 해자(亥子), 인묘(寅卯)에 나타날 수 있습니다. 이러한 현상을 대시이진(待時以進)이라 하는데 휴수한 진신은 때를 기다렸다가 나아감 이라는 뜻입니다. 그냥 인목이 동했다로만 보시기 바랍니다. 기다렸다가 일어나는 것은 잘 보지 못했습니다.

- 퇴신(退身) - 말 그대로 물러나는 것입니다 財卯 - X - (財寅) 寅월 용신이 퇴신되면 - 아깝습니다. 길게 못 가기 때문입니다. 기신이 퇴신되면 - 좋습니다. 나쁜 것이 물러가기 때문입니다. 그런데 여기에도 예외 있습니다. 왕상자 잠시 불퇴라는 말이 있습니다. 財卯 - X - (財寅) 寅月 ...이렇게 월이 협조하면 묘월까지 퇴신 안 되고, 당연히 일진이 생조하면 퇴신 안 됩니다.

財卯 - X - (財寅) 巳月 辰 日 이라면 이것이 진정한 퇴신입니다.

◆ **진신과 퇴신은 - 같은 오행만 해당합니다. 목은 목, 토는 토, 금은 금에서만 일어납니다.**

- 복신(伏神) - 6개의 납지에, 월, 일, 변효에도 없을 때만 찾습니다. - 복신은 항상 흠이 있다고 봅니다.

예) 여자를 원해요 재효 복신 - 그 여자 흠 있습니다. (뚱뚱하던지, 돌싱, 혹은 미혼모 등)

그 돈 받나요? 물었을 때 재효 복신 - 그 사람 돈에 흠이 있으니 결국 휴수하면 없다는 뜻도 됩니다. 복신이면서 왕상하면 치 될 때 받습니다. 아파트 잘 팔리나요?를 물었을 때 재가 복신이면 가격 다 못 받는다고 통변할 수 있습니다.

복신 찾는 방법 - 본궁의 납지를 그대로 부여합니다.

복신은 아무 때나 못 씁니다 - 비신을 충해주거나 치 될 때만 씁니다.
  예) 申(子 - 복신) 신금 밑에 복신은 저 신금을 충하는 寅일, 寅월 혹은 子날 子월 ...치솟아 오르는 날이라 암기하시기 바랍니다.
- 비신(飛神) - 육효마다 붙은 납지, 혹은 복신을 숨기고 있는 효를 비신이라 합니다.

〈팔효(八爻)〉

- 세효(世爻) - 자기, 우리 측, 우리 편 이럴 때만 세효가 중요합니다. 우리 아들 언제 여자 나와요? 물으면 세효를 뚫어지게 보면 안됩니다. 아들의 의지와 재효를 봐야 합니다. - 세병에 걸리지 말자입니다. 우리 남편 무사할까요?를 물으면 관효를 뚫어지게 봐야합니다.
- 응효(應爻) - 상대방, 상대측 용신을 정하기 애매한 사람일 때 응효로도 봅니다.
  - 1:1 심리점에선 세효와 응효를 똑 같이 봐줍니다.
  혼인, 동업, 저 사람과 나, 부부심리, 집주인과 나 심리, 등은 모두 세응입니다.
- 동효(動爻) - 움직인 효, 발동한 효 입니다. 항상 길흉은 동효에 있다를 암기하시기 바랍니다.
  그 용신이 동하면 참 좋습니다. 승진, 시험점에서 용신이 휴수해도 동하면 됩니다.
- 변효(變爻) - 동효가 변화한 효로 변효는 미래입니다 변효는 동효만 생극할 수 있고 비신에 있는 글자들은 생극 못합니다. 변효는 어떤 때는 잘 안 봅니다. 왜냐하면 월이나 일에서 계속 동효를 생조하면 그 달이 끝날 때까지 힘을 받습니다. 물론 일진이 생조하면 변효는 의미가 없습니다. 강력하기 때문입니다.

- 정효(靜爻) - 동하지 않고 가만히 있는 효이며, 이들은 동하지 않으면 활동 못합니다.
- 정효(正爻) - 그냥 6개효 비신의 효를 말합니다.
- 간효(間爻) - 세효와 응효 사이의 효, 세효 응효 빼고 동한 효를 의미합니다.
- 대효(對爻) - 서로 짝하는 효로 내괘 1 2 3, 외괘 1 2 3 짝꿍 입니다. 심리 점사에선 동하여 변효와 짝꿍효끼리 6충인가 6합인가 봐주면 됩니다.

  예) 午 - -   世
   　子 ― / (未) 應

이럴 땐 世 午화를 子수가 먼저 때리고 미토로 변하였으니 오화가 미토를 화생토 한다고 봅니다. 세응 즉 대응효에서 변화하면 원래 변효는 비신을 극하지 못하지만 심리는 안 보이니까 위에선 미토로 변화한 응이 우리와 6합이 됩니다. 더 깊이 들어가면 6합 중이라도 우리는 응을 화생토로 응이 요구하는 것을 다 들어 줄거야 하는 심리가 보이고, 우리가 미토를 좋아합니다.

5. 육친 돌리기

● **재효가 동하면** (관)은 생조받고, (부)는 극을 받으며, (손)의 힘은 빠진다. 재는 더 왕상해집니다. 재생관이니 남편이 힘 빠지면 음식, 용돈으로 부인이 관을 잘해줘야 합니다. 재가 부를 극하니 시험점에서 재동하면 꽝이고, 어른이나 선생님 죽이려면 재극인하면 됩니다.

● **관효가 동하면** (부)는 생조받고, (형제)는 극을 받으며, (재효)의 힘은 빠지게 됩니다. 그러므로 관이 동하면 돈을 빼먹게 되어 재물운이 안 좋습니다.

● **형효가 동하면** (손)은 생조받고, (재)는 극을 받으며, (부)의 힘은 빠집니다. 그러므로 자손이 잘 되려면 돈쓰는 글자인 형효를 움직이니 적선이 좋습니다. 재는 돈과 여자, 부인임으로 돈쓰면 여자나 부인을 꼼짝 못하게 합니다. 부의 힘을 빼니 시험점에서 형동은 라이벌이 내 점수 다 빼가서 낙방하거나 점수가 안 좋습니다.

● **손효가 동하면** (재)는 생조받고, (관)은 극을 받으며, (형)의 힘은 빠집니다. 그러므로 손동하면 돈을 가져오고, 귀신이나 질병 깹니다. 남편의 점사에선 동하면 안 됩니다.

● **부효가 동하면** (형)은 생조받고, (손)은 극을 받으며, (재)에게는 극당하며, (관)의 힘은 빠지게 됩니다. 자손점사에선 부효가 동하면 부모에게 꾸중 듣다 라는 뜻도 되고, 자손의 안위점에선 문제가 되며, 잉태점에선 낙태가 될 수 있습니다.

6. 용신잡기

★ **용신 찾기** – 항상 점치러 온 사람, 묻는 사람의 핵심이 뭔가를 보고 주 용신, 부차적 용신을 찾습니다.

제 동업자가 부산에 출장 가있는데 폭설이 온다고 해서 걱정됩니다. 전화도 안 되고 그 동업자가 무탈할까요? 용신은? (형효, 혹은 저는 응효라고 보겠습니다. 라고 고하면 응효로 보면 됩니다)

동업자가 저를 어찌 생각하나요? 용신은 (세 응입니다
동업자가 가정적으로 힘이 든다고 합니다. 동업자가 김씨에게 돈을 꿔 주어서 돈을 못 받고 있는데 돈을 언제 쯤 받을까요? 용신은 (동업자 세, 김씨 응의 심리 파악 후 돈 들어오는 공식에 대입합니다. 비신에 재가 왕하면 돈 있다는 뜻입니다)

제 오빠가 총각인데 배필감이 언제 나오나요? 용신은? (형효가 휴수하면 의지 없음 이 되고, 월일 왕상 체크 후 재를 봅니다. 재오는 달 혹은, 재가 오는 달을 찍습니다)

저희 언니가 취업준비를 하고 있는데 좋은 직장이 언제 나오나요? (관, 재는 급료 입니다)

제 친구 어머니가 언제 미국에서 나오실까요? (부가 동하던지, 재가 동하여 부를 극해야 이동 됩니다)

이번 시험에서 제 라이벌(경쟁자)이 저보다 시험을 잘 볼까요? (세가 응을 극하면 우리가 이깁니다. 승부점으로 보시는 게 제일 편합니다)

저희 형이 교통사고수가 있다던데 형이 이번 달 안전할까요? (형효가 동효 관

효에 극받지 않으면 무탈합니다)

제 친구가 병원에 입원했는데 죽진 않겠지요? (동효가 형효를 극하지 않으면 안전 합니다)

저희 형이 회사에서 잘릴까요? (위와 같습니다)

오빠와 언니가 동업을 한다는데 서로 뜻이 잘 맞을까요? (오빠 측에 선다면 오빠가 세, 언니가 응이 되니 서로 생극관계 봅니다)

제 남편이 다음 달 승진수가 있나요? (관이 왕하면 됩니다. 손동하면 안됩니다. 관이 약해도 동하면 됩니다)

제 단짝 친구 철수 아들이 아픈데 괜찮을까요? (동효가 손효 극하지 않으면 안전합니다)

제 형수님이 자궁암에 걸렸는데 괜찮을까요? (동효가 재효를 극하지 않으면 안전 합니다)

제 처가 수술을 받는다고 하는데 어떤가요? (위와 같습니다)

제 남편의 월급이 아직 안 들어오는데 언제쯤 들어올까요? (재 왕하면 분위기 됨, 재가 휴수하면 강할 때 들어옵니다)

제 자식 놈이 이번 승진에서 좋은 결과가 있을까요? (관효를 보고, 왕상하면 됩니다. 그러나 손동하면 안됩니다. 관동해도 됩니다)

저는 언제 승진하나요? (세효에 손효를 잡거나 손동하면 안되고, 관효가 왕상하거나 약해도 관동하면 가능합니다)

제 병이 언제 낫나요? (일단 세 왕상해야 하며, 관은 병, 손효는 의사 약 이것들이 관계 봅니다)

저는 언제쯤 공부가 잘 될까요? (세효 재 잡지 말고, 재 동하지 말고 부가 왕상해야 되는데 부가 약하면 부가 강해지는 달에 됩니다)

저는 언제쯤 돈이 풀리나요? (손이 오거나 재가 오는 달을 찍습니다)

저는 언제쯤 직장에 취직되나요? (관이 왕할 때 직장오고 급료는 재가 되니 두 개를 봐서 알려줍니다)

저는 언제쯤 좋은 남자가 나타날까요? (세효 손효는 남자 거부, 손효 동해도 거부하는 것이 됩니다. 관이 왕할 때, 물론 그 남자의 재정상태는 재효입니다)

저는 언제쯤 귀인이 나타날까요? (관이 왕할 때 입니다. 이런 걸 촌스럽게 묻는 사람도 있는데 고법에서 귀인은 관이라고 합니다)

제가 남편 몰래 계를 들었는데 들통이 안 날까요? (동효로부터 세효 극받지 않으면 됩니다)

제가 아내 몰래 여자를 만나는데 들키지 않을까요? (위와 같습니다)

모 시청에서 허가가 나올까요?(관동할 것, 관 왕상할 것, 그런데 이렇게 지정해서 점치면 응의 사정도 헤아려 보면 됩니다)

국민은행에서 대출이 나올까요? (재물 들어오는 공식에 맞추어 봅니다. 손동 재동이 가장 확실하지만 응도 우리를 어떻게 보고 있는지 보시기 바랍니다)

어머니가 형네 집에서 저희 집으로 올 수 있나요? (어머니가 이동해야 움직이니까 부가 동하거나 재가 동해서 엄마를 극해줘야 이동됩니다)

아버지가 폐암 3기라는데 내년까지 버틸 수 있나요? (동효가 부효 때리지 말고, 부가 스스로 동하여 변효 재로 회두극 당하지 않아야 합니다. 부변손도 돌아가십니다. 또한 원신 관이 동하면 그 관을 충하는 달에 돌아가십니다)

시집간 제 딸이 1년 되도록 임신 소식이 없는데 언제 임신이 될까요? (손이 왕할 때, 부동하면 꽝입니다)

아버지 묘소를 이장했는데 그 터가 저에게 나쁘진 않나요? (동효가 나 때리지 말고, 재효도 보고 전체적으로 봅니다)

아들이 학교 가기 싫다는데 학교 생활이 어떤가요? (손이 왕상하면 다 이겨내는데 부가 동하면 아이 그 문제 즉 선생님이 괴롭히던지 손이 왕상할 때 적응한다고 하면 됩니다)

7. 동변효 해석하기

항상 동위시(動爲始) 변위종(變爲終)원칙으로 '동효는 처음이고 변효는 마지막 결과이다'를 넣어서 짧은 글을 지으면 됩니다.

- 형변재 : 형은 돈쓰는 문제이니 먼저 돈 쓰고, 다시 회수하였다. 형이 돈 주었다. 등 앞에 동효가 먼저 일어난 일이고 뒤에는 결과를 말하면 됩니다.
- 형변형 (진신) : 돈이 두 배 나간다 혹은 나갔다로 봅니다.
- 형변형 (퇴신) : 돈 나가는 것이 줄어들다. 오히려 돈이 굳는다로 통변합니다.
- 형변부 : 돈썼다 부모에게, 돈 내라고 학교에서 전화 왔다. 혹은 돈 썼다 수업료로 등 으로 볼 수 있습니다.
- 형변관 : 먼저 돈 냈다 벌금으로도 되고, 형제가 관재 걸렸다. 형제가 아프다 등입니다.
- 형변손 : 형제에게 아이가 생기다 혹은 돈 쓰고 재물을 만드는 엄마가 되었으니 형변재와 같은 의미가 됩니다.
- 손변형 : 회두생이 됩니다. 손이 동하면 돈 들어오다. 기도했다. 푸닥거리 했다로 볼수 있습니다.
- 손변손 (진신) : 횡재수, 재물의 이익이 많음으로 볼 수 있고, 자손의 기쁨이 있었다로도 보고, 약발이 잘 든다로도 봅니다.
- 손변손 (퇴신) : 1회성만 좋았다. 좋은 일이 감소됨으로 봅니다.
- 손변부 : 손의 회두극, 자손에게 연락 왔다도 되고, 자손이 공부하러 갔다. 병자라면 자손이 죽다. 낙태됨, 자손에게는 좋지 않지만 상황에 따라 통변하시고, 피임 시술하다도 됩니다.
- 손변관 : 나았다가 또 아팠다가를 반복, 자손이 죽었다도 됩니다. 세효가 이러하면 직장을 관둘까 말까, 이혼할까 말까의 갈등도 됩니다.
- 손변재 : 재물의 기쁨, 손동 재동 모두 돈 됩니다. 자손이 돈 주었다도 되지요. 기도했더니 돈 되었다도 되고, 굿했더니 돈 되었다도 됩니다. 손동은 병을 깨고, 귀신을 쫓기도 합니다.

- 재변형 : 먼저 돈이 들어오고 썼다. 쓴다. 되도록 나간다는 것은 말 안 해도 됩니다.
- 재변손 : 재의 회두생. 먼저 재가 동하는 것은 일단 들어옴을 염두에 두어야 합니다.
- 재변관 : 돈이 먼저 들어오고 관공서로 빠진다. 돈이 들어왔다. 관청(은행적금, 보험금). 돈이 들어왔다 남편에게서 등으로 통변합니다.
- 재변재 (진신) : 지갑 다 털고 가라고 합니다. 재의 기쁨 두 배를 봅니다.
- 재변재 (퇴신) : 돈이 1회성으로 들어오고 물러남을 뜻합니다.
- 재변부 : 돈 들어왔다 학교에서(장학금), 돈 들어오고 문서가 팔렸다 (집 나감), 돈 들어왔다 부모에게서 등을 의미합니다.
- 관변형 : 관이 동한다는 자체가 돈의 힘을 뺍니다. 그러므로 돈 관계에선 돈 나갑니다. 남편에게 돈 나갔다, 관공서가서 벌금 물었다. 승진 명예는 관동하면 약해도 됩니다. 그 상황에 맞게 통변하면 됩니다.
- 관변손 : 속 썩이던 일이 편안해졌다. 귀신을 퇴치했다(부적, 기도, 푸닥거리). 질병을 고쳤다. 남편과 이혼할까 고민하였다. 직장을 깼다 등을 의미합니다.
- 관변부 : 감투 쓰고 임명장 받았다. 관공서에서 연락 오다. 남편에게 연락오다. 관공서에서 돈 내라고 문서 왔다. 등을 그 상황에서 말해줍니다.
- 관변재 : 관청에서 일감 따왔다, 관공서에서 돈 나왔다. 감투와 함께 상금 받았다. 관공서(은행적금, 보험금) 나왔다도 됩니다.
- 관변관 (진신) : 명예, 남편 관련된 것은 기쁨 2배, 돈 나가는 것은 두 배입니다.
- 관변관 (퇴신) : 근심이 물러나다. 돈 나가는 게 줄어들다. 병이 퇴보하다도 됩니다.
- 부변형 : 학교에 수업료 냈다. 부모에게 돈 나갔다. 집수리로 돈 나갔다. 등을 의미합니다.
- 부변재 : 학교에서 장학금 나왔다. 부모가 돈 줬다. 부모가 돌아가시고 돈 나왔다. 부의 회두극이니 부모점에선 돌아가심, 다침 등을 말해줍니다.

- 부변관 : 문서 받고 승진했다. 연락 왔다 회사에서, 부모 땜에 관공서로 돈 나감, 부모가 아프다. 고치고 돈 나갔다. 고치고 승인 받았다고도 봅니다.
- 부변손 : 연락 왔다 자녀에게, 고생하던 것이 해결되다. 부모가 숨을 안 쉬셔서 편안해지셨다 (돌아가시게 됨) 등을 의미합니다.
- 부변부 (진신) : 공부점, 시험점에선 장원급제 기쁨 2배이며 문서가 움직이다는 뜻도 됩니다.
- 부변부 (퇴신) : 근심하던 것이 없어지다. 공부가 잘되다 그만 두다, 비가 오다 그치다로 봅니다.

동한 것의 통변을 꼭 저 기준에 맞추지 마시고 그 상황 상황에 따라 통변하셔요.

어떤 때는 동효만 볼 때가 있고, 어떤 땐 변효가 중요할 때가 있답니다.

제가 예로 들은 것은 대개 동한 것은 먼저 이런 일을 하고 변한 것은 이렇게 된다로 봤습니다.

퇴신도 왕상 (일진에서 생조)하면 퇴신 안 되며, 동한 효가 일진서 힘 받으면 변효 안 봅니다. 항상 동한 효를 길게 힘주나, 짧게 생조 하는지를 감안하여 통변합니다.

8. 귀신의 정황 판별법

제가 귀신점에 대한 소논문 쓰다가 팔괘로 귀신의 정황을 아는 법을 정리하면 다음과 같습니다.

『복서정종』과 『야학노인점복전서』를 뒤져서 짜 맞추었습니다.

괘로 그 해당 귀신을 찾고 보내는 방법을 보면 다음과 같습니다.

- 건금궁 관 : 병기(창칼)로 죽은 귀신 … 북두칠성에게 기도
- 태금궁 : 구설로 죽은 귀신 (태괘는 입) … 북두칠성에게 기도
- 감수궁 : 북쪽에서 죽음 혹은 물로 죽음 …. 하백신(물, 수신에게)기도
- 이화궁 : 남쪽에서 죽음, 혹은 불로 죽음 … 조왕신에게 기도
- 진목, 손목 : 목매달아 죽음, 나무와 관련, 성황나무 훼손하여 벌 받음 … 기도
- 간토, 곤토 : 묘지, 토지, 동티(동토), 성황당 훼손 , 토지신과 관련하여 죽음 …기도
- 월일 : 햇 귀신

귀신들의 정황은 오행으로 육수로 찾고 괘신 팔괘로 찾고 효로 찾기도 하는데 제가 이것을 대입해보니 잘 맞습니다.

곤위지 2효동 일 때, 부효가 동하였고 3효가 묘목 관귀지만 팔괘로는 곤토라서 아버지가 어떻게 돌아가셨냐고 물으니 70대 후반에 논일하시다가 돌아가셨다고 합니다.

택풍대과 3효동 일 때, 내 친구가 구설로 인해 대상포진과 이명이 있다고 해서 3효동이 마침 유금 관귀인데 풍이니 손목궁 목매달아 죽었거나 나무로 인해 죽은 사람이 있냐고 했더니 작은 아버지가 미류나무에 올라가다가 떨어져 죽으셨다고 했습니다.

택풍대과에 태괘에 유금 5효 금관귀는 구설로 인해 맘 상해서 죽은 사람은 누구냐고 하니 친동생이 40초에 구설로 인해 고민하다가 암으로 죽었다고 하였습니다.

귀신의 전송방법은 『복서정종』에서는 그냥 기도하라고 했고, 『야학노인점복전서』에선 미음 죽, 노란 종이돈, 향, 초, 음료 등을 준비해서 오행의 방위로 향해 기도하고 전송하면 여러 번 편안했던 것을 증험했다고 합니다.

　이렇게 귀신은 조촐하고 소박한 제물에 싹 물러가시는데 우리나라에선 퇴마니 굿이니 몇 천 혹은 몇 백을 달라고 한답니다.
　『야학노인 점복전서』의 야학은 저렇게 소박한 제물로 감동시켰으니 여러 선생님들도 참조하시어서 혹세무민 욕 안 먹게 노력하시기 바랍니다.
　은나라 때 제사에 쓰는 제물을 희생이라고 하는데 희생을 쓰는 것은 자기도 가장 소중한 것을 바치는 풍습에서 나온 것이니 맨입으로 처방하지 말아야 합니다.
　그렇다고 너무 방대하게 하지 않아도 잘 물러간답니다.

9. 조심 사항

　육효점은 어느 정도 윤곽이 나온 것, 사람이 발로 뛰고 노력이 들어간 것에 잘 응합니다.
　예) 경매 참가하기 전 아파트이건 토지이건 직접 가서 보고 오기를 권합니다.
　이사 갈 집, 가게 터도 몇 십 개 혹은 몇 개 돌아보고 리스트 뽑아오기를 권합니다.
　내일 이 여자 선 보러 갈 건데 좋은지 물으면 먼저 보고 와서 보셔요 라고 합니다.
　각종 시험들 (이번 시험 합격할까요?, 수능 잘 볼까요?) 등은 되도록 안 쳐줍니다.
　- 어차피 시험 치겠다고 한 것 결과 모르고 하라고 합니다. 시험점에서 안 좋다고하면 안 할 것도 아니기 때문입니다.

　육효점 점단으로 적절치 않은 점사들은 대상이 나와 있지 않은 점사들입니다. 막연히 저는 분식집 하면 잘 되나요? 커피숍, 식당 등 하여간 무경험은 권하지 못한다고 하실 것 주역점사로 길흉만 보셔요. 육효점은 당장 가게보고 온 것이 잘 나옵니다.
　제가 분식집 하면 잘 되나요? 하고 묻는 것은 마치 내가 아무 김씨만 잘 만나면 좋은가요? 묻는 격입니다.

　육효로 택일은 의미 없습니다. 흉가 잡아 놓고 날짜만 잘 잡으면 흉이 감소되지 않습니다. 이는 곧 서로 헤어지는 궁합 커플인데 택일만 잘 하면 되냐는 이치입니다.
　본체가 중요함을 아시고 그래도 택일 해달라고 하면 상식선에서 사람들이 편한 날 후보 몇 개 잡아오라고 하고 주역점사로 길흉 점단하면 좋습니다.

　육효로 너무 먼 이야기 잘 안 나오는데 암 수술 재발 걱정 하는 사람들은 당신이 몇 살까지 살고 싶은지 알려달라고 하고 동효로부터 극 안 받으면 그 때까지 산다고 하시면 좋습니다.

전문적인 질병점은 병원 가보라고 하셔요. 병원서는 뭐라 하든가요? 라고 물어보시고 점단하시면 됩니다.

성형수술에 대하여 물어도 의사들이 더 잘 아니까 육효로 이런 데 시달리지 마시기 바랍니다.

주식점사는 한 두 번은 맞는데 9번 맞춰주고 한 번 틀리면 우리 죽이려고 하니 하늘이 안 알려준다고 하고 점단 해주지 마시기 바랍니다.

이미 시험 봐놓고 결과 기다리는 점사 절대 쳐주지 않습니다. 하늘이 이미 곧 결과 나오는 것은 안 알려준다고 하시면 됩니다. 내일 시험 보러 가는데 합격하느냐고 물어도 말해주지 않습니다.

똑 같은 점사는 1후(5일)지나서 점단하시기 바랍니다. (애정심리 등)

☆ **육효 점사는 크게 몇 가지인가요? 3가지입니다.**
- 내 얘기 물어보면 세효가 중요합니다. 반드시 보고 접근합니다.
- 나와 상대방의 심리는? 세응으로 나눠 봅니다.
- 내 얘기 아니고 우리 아들 우리 남편 우리 부인 등의 타인점은 그 용신을 봅니다.

10. 천금부 중요 사항

 천금부(千金賦)는 소강절의 『황금책수조수』에 섭렵부에 반이 있고, 『역은』이라는 책에 유백온선생총단에 반이 있습니다. 유백온이 둘을 편집하여 『황금책』에 실었고 왕홍서는 『복서정종』에 유백온의 글을 실었습니다. 중요한 것 별표라고 제가 강의하면서 죽어라 이것만은 암기하라는 것들만 올리겠습니다. 여러분들은 『복서정종』의 것을 다 보시고 증보된 야학 것도 보셔요.

動靜陰陽 反覆遷變 (동정음양 반복천변)
 모든 것은 음양이고 태극처럼 계속하여 음양운동을 한다는 뜻입니다. 그러므로 태극의 모양처럼, 혹은 달처럼 인생도 좋았다가 나빴다 가를 반복 운동한다는 뜻이니 이 글 하나로도 점 다 쳤습니다. 이 단어는 늘 암기하여 적절히 쓰시기 바랍니다.

雖萬象之紛紜 須一理而融貫 (수만상지분운 수일리이융관)
 비록 괘가 만상으로 분운(紛紜 : 어지러움)하다 해도 결국은 한 가지 이치로서 꿸 수 있다는 것, 심각하고 진지한 점괘라면 힌트를 많이 줌으로 성패를 쉽게 볼 수 있습니다. 단순하게 보라는 글입니다. 본인점이라면 세에 뭐가 임했나 하나로도 답이 나오고, 동해서 6충인가 6합인가로도 답이 보입니다. (소설 쓰지 말고 단순하게 그 핵심만 보라는 얘기입니다)

日辰爲六爻之主宰 喜其滅項以興劉 (일진위육효 지주재 희기멸항이흥유)
 일진은 육효를 주재하니 악한 항우를 유방이 멸하고 일어남이다. 라는 뜻이 있습니다.
 일진의 권한은 암동, 충산(의미 없음), 복신 생조, 등의 권력이 있어 다른 효도 상처를 낼 수는 있으나 직접 죽이지는 못합니다. 그러나 간접적으로 사고, 질병에선 힘 떨어지게 하여 간접적으로 죽일 수 있습니다. 또한 월령보다도 장기점사에선 강하고 최고의 힘을 가지고 있는 막강한 것이다. 라는 뜻입니다. 일진은 점치는 기간 내내 따라 다님을 꼭 염두에 두시기 바랍니다.

月建乃萬卦之是剛 豈可助桀而爲虐 (월건내 만괘지시강 기가조걸이위학)

월건은 만괘의 제강이니 어찌 악한 것을 도와 못된 짓을 더하게 하리요?

월건 역시나 육효를 다 주관합니다. 괘 중에서 기신이 용신을 극할 때 월령이 기신을 극해주면 그 기신의 힘이 포악하지 못하고, 용신을 월건이 생조해 주면 좋다고 봅니다. 그래도 동효가 용신을 극하는 것은 월건이 어찌지는 못합니다.

월건은 30일만 작용만 그 달이 지나면 왕권을 담달에 넘겨줍니다.

조걸위학 : 하나라 폭군 걸을 부추켜 포악하게 함

世爲己 應爲人 大宜契合 動爲始 變爲終 最怕交爭
(세위기 응위인 대의계합 동위시 변위종 최파교쟁)

세는 자기이고 응은 타인이니 마땅히 서로 계합이 좋고 동은 시작이요 변은 마침이다 라는 뜻입니다. 큰 두려움은 교쟁 하는 것이다. 계합 : 부절을 맞추는 것 일치 함 부합 : 계합법의 준말

◆ 세위기 응위인 과 동위시 변위종만 잘 암기

세는 우리, 본인이고 응은 타인을 말하며, 동한효는 처음이고 변효는 마지막이며 결과라는 것이 동위시 변위종의 뜻입니다. 동변효 이야기 입니다.

應爲遭傷不利他人之事 世爻受制豈宜自己之謀
(응위조상불리타인지사 세효수제기의자기지모)

응위조상은 응효가 월과 일로부터 극해서 상처를 받으면 이고, 불리타인지사란 상대방의 일 때문에 이룰 수가 없다는 뜻입니다.

세효수제란 이번에는 세효가 월과 일로부터 제극을 받으면의 뜻이다. 기의자기지모란 나의 일 때문에 이룰 수가 없다는 얘기입니다.

그러므로 서로 도모하는 일 (동업, 결혼, 연애 등)은 나만 환경이 좋아도 안 되고 상대방만 좋아도 안 되니까 둘 다 생을 하나라도 받아야 이룰 수 있다는 뜻으

로 별표 몇 개인지만 봐도 그 중요성을 알아주시기 바랍니다.

世應俱空 人無准實(信) (세응구공 인무준실(신))

세와 응이 둘 다 공망이면 모두 실하지 못하다. 믿지 못 할 약속입니다. 공망 공식

준비 안 됨/ 진실 아님/ 비어 있음/ 헤어진 상태임을 말합니다. 『진본 황극책수 조수』에는 인무준실이 아닌 인무준신(信)으로 되어 있습니다.

內外競發 事必翻騰 (내외경발 사필번등)

내외효가 3개 이상 발동하면 모든 일이 지체되거나 반복, 변동된다는 의미로 척전(擲錢 : 동전점)이나 여러 개 산대로 뽑아야 이런 괘를 만납니다.

世或交重 兩目顧瞻於馬首 應如發動 一心似托於猿攀
(세혹교중 양목고첨어마수 응여발동 일심사탁어원반)

이글은 세가 동하거나 응이 동하면 변화한다는 뜻입니다.

세가 발동하면 마치 말이 머리를 좌우로 돌려 양 눈을 두리번거리는 모습처럼 내 마음이 바뀌고, 응이 발동하면 원숭이가 이리 저리 돌아다니는데 한마음으로 그것을 의지하는 것과 같이 상대방 맘이 바뀌는 것을 말합니다. 둘 다 바뀌어 나와 합인가. 나를 극하는 가 잘 보시면 상대방의 심리가 보입니다.

無故勿空 (무고물공)

공망된 효에 아무 탈이 없으면 공망으로 논하지 말라는 뜻인데, 왕상하면 긴 점에선 지금 순 공망(旬公亡) 중에만 문제가 있을 뿐 이것이 지나면 괜찮다는 뜻입니다. 그러나 둘이 도모하는 점에선 세 응 중 하나라도 공망이면 무고물공으로 보지 마시고 진실이 아닌 사람이라고 알려주셔야 합니다.

別衰旺以明剋合 辯動情以定刑沖 (별쇠왕이명극합 변동정이정형충)

쇠왕함을 분별하여 극인지 합인지 판별하고 구별하라 동효인지 정효인지 그래

야 형충이 정해진다는 것입니다. 자수 동하여 변효 축이 합이라면 자수도 왕해야 되고 축토도 왕해야 진짜 합이고 하나만 강하면 그냥 회두극으로 보라는 뜻입니다.

힘없는 동효라도 정효를 극할 수 있지만, 아무리 왕한 정효라 할지라도 쇠한 효를 충거할 수 없다는 뜻은 동효는 아주 미약해도 가서 일을 저지르고, 정효로 가만히 있는 효는 아무리 왕해도 그저 정효일 뿐입니다. (단 남녀 애정에선 힘없어도 육합 된 것은 육합임, 나머지는 구별하여서 합인지 아닌지 봐야 합니다)

伏居空地 事與心違 (복거공지 사여심위)

복신이 용신이면서 공망에 임하면 일이 마음과 같이 이뤄지지 않습니다.

(세효가 뭔가를 한다고 하는데 세효가 공망이어도 안 합니다, 꼭 복신만 그런 게 아님을 아시기 바랍니다)

日傷爻眞罹其禍　爻傷日徒受其名 (일상효진리기화　효상일도수기명)

일진에 상한 효는 그 화가 작지 않고 효에 일이 상함은 한낮 이름뿐이다. 월과 일은 육효의 모든 비신을 참견할 수 있고, 비신들은 월과 일을 못 극한다는 말입니다.

◆ 월과 일은 모든 비신을 생극할 수 있지만 6개의 비신은 월일을 생극하지 못한다는 뜻입니다.

動逢沖而事散 (동봉충이사산) (동봉충이 안 사산됨)

동한 효를 충하면 일이 흩어져 이뤄지지 않는다는 뜻이지만 동효는 산이 되지 않습니다. 동효가 사산되면 동하지 않아야 마땅합니다. 월일이 아무리 동효 때려도 동효는 동효입니다. (경험 많이 해봐서 압니다. 여러분들도 동한 글자를 월일이 때려도 일 저지르는 것을 경험해 보시기 바랍니다)

子雖福德多反無功 (자수복덕다반무공)

손은 복덕이나 많이 나타나면 오히려 공이 없다는 말입니다. 병점에서 말하는 것으로 손이 약이 되는데 손이 중첩되면 약을 이약 저 약 쓰는 것입니다. 남편 건강점에 손효 많아도 약 너무 과다복용입니다. 약이 많으면 병 잡다가 남편 잡습니다.

是故吉凶神煞之多端 何如生剋制化之一理
(시고길흉신살지다단 하여생극제화지일리)

이러한 까닭으로 신살 흉신이 많지만 어찌 생극제화의 한 이치와 같을 수 있겠는가?라는 뜻입니다.

(유백온이 자신도 여러 살을 응용해 봤는데 신살 보다는 어찌 생극제화의 한 이치와 어찌 같겠는가 하고 충격 고백 글입니다. 이렇게 천금부에 신살 보다는 생극제화의 이치가 더 좋다고 했건만 신살만 고집하는 사람 꼭 있음을 봅니다)

筮必誠心(서필성심)

점치는 자 반드시 정성스런 마음으로 쳐라는 뜻인데 너무 힘들어가도 안됩니다. 무심하게 치시기 바랍니다.

水木順宜尋根 動爻何妨空破 (수목순의심근 동효하방공파)

수목(용신)은 생을 받을 수 있는 뿌리(원신)이 필요한데 원신이 상처를 받으면 뿌리와 잎이 없는 것과 같으니 화토금도 이와 같이 살피고 다음 글은 동효에게 어찌 공망이나 파(破)가 방해되겠는가라는 말입니다. 앞에서 동봉충이 안 사산 되는 이치가 여기 있습니다.

◆ 이 글은 야학노인이 증보한 천금부 중에서 동효하방공파 부분이 중요하여 쓴 글임 소강출판사 『야학노인 점복전서』에서 더 보기로 함

* 천하의 이치는 동(動)에서 나오는데 작용이 있으면 동한다. (181쪽)
  - 그러므로 동효를 일진이나 월에서 충 한다고 작용이 없다고 하면 안 됩니다.

*서필성심 – 천하의 일은 마음을 따라서 발생하지 않는 것이 없으니, 마음을 움직여서 신(神)을 구하려면 반드시 한 가지 마음으로 정성을 다해야 한다.

* 한 생각으로 정성을 다하면 천지를 감동시켜 통하게 할 수 있고, 한 생각으로 단지 한 가지 일에만 점친다면 아침에 점치거나 밤에 점쳐도 괜찮지만 마음에 두세 가지 일을 품으면 고요한 밤에 신에게 구하여도 역시 반드시 착오가 있다. (176)

* 상대방이 정성스런 마음을 갖추고 특별히 신에게 묻고 싶을 때 나에게 먼저 점치라고 사양하지만 신은 아마 사양하지 않을 것이고, 내가 경건한 마음을 일으키면 일찍이 벌써 생각을 일으켰기 때문에 다른 사람에게 먼저 점치도록 사양할지라도 신은 반드시 나에 대한 일로 응한다.

*내가 점칠 때는 반드시 바르게 알리고, 결코 자신을 속이지 말라.

* 이것을 점쳤는데 저것으로 응하는 경우도 있으니 반드시 자세하게 관찰하라 – 괘 내에서 종종 묻는 것은 응하지 않고 도리어 묻지 않는 일에 응하는 경우가 있는 것은 대체로 신은 일찍이 작은 일을 버리고 큰일을 알려주고, 작게 길한 것은 버리고 크게 흉한 것을 알려주고, 이것을 버리고 저것으로 응하고, 저것을 버리고 이것으로 응하고, 다른 사람에 대한 것은 버리고, 나에 대한 것으로 응하는데 그 이유는 무엇인가? 그것은 바로 아침저녁으로 화복이 임하기 때문이고, 기미가 한 번 동하면 괘에 따라 나타날 따름이다.

그러므로 말한다. "그 신의 징조를 알아라." 이것을 말하는 것이다. 182쪽

11. 18문답 헤드라인 (요약분)

18문답은 원래 이름이 소강절의 『진본황극책수조수』속에서는 「천금부 18문답」으로 헤드라인만 있습니다.
즉 질문과 답만 있는 곳에 왕홍서가 실점사례를 넣어서 우리는 그 풀이 법을 보고 아 이렇게 푸는 구나를 알 수 있습니다. 그런데 왕홍서가 육하원칙을 좀 넣어서 정보를 우리에게 많이 주면 교감이 잘 되어 잘 이해가 가는데 자기만 아는 점사가 많아서 우리는 연령대가 어떤지 근병인지 구병인지를 몰라 아쉽습니다. 그래서 책으로 여러분들이 보시고 저는 헤드라인만 펴옵니다.

제1문 삼전(年)월(月) 일(日)의 지지(支地)가 용신을 극할 때 하나는 극하고 하나는 생할 때 이를 탐생망극이라 하는가? 점치는 날이 2017년 11월 3일이라면 정유(丁酉)년 경술(庚戌)월 갑오(甲午)일이 되는데 유(酉)년 술(戌)월 오(午)일을 의미합니다.
이 삼전 중에서 월과 일이 있는데 하나는 용신을 극하고, 하나는 용신을 생하면 왕상한 것인지, 휴수한 것인지 물었고 답문은 하나라도 생 받으면 왕상한 것이 된다는 말을 했습니다.

제2문 어떠한 것을 회두극이라 하며, 극하는 것에 길흉이 있는가?라고 질문합니다.
회두극(回頭克)이란 동효(動爻)와 변효(變爻)와의 관계입니다. 동효는 움직인 효이며, 변효는 변화한 효로서 동효는 오로지 비신(飛神)만 생극제화(生剋製靴)를 할 수 있고, 변효는 생극제화를 할 수 없습니다. 변효는 단지 동효만을 생극제화를 할 수 있는데 변효가 동효를 극하는 것입니다. 동효가 신금(申金)일 때 변효는 오화(午火)가 되는 현상처럼 변효인 오화(午火)가 신금(申金)효를 극하는 이치입니다.
세효의 회두극은 갈등하다가 안하겠다는 의미도 있으니 이것을 다른 육친에도 활용하시기 바랍니다.

제3문 용신을 생하는 것을 원신이라 한다. 원신은 본래 길한 것으로 간주하지만 길한 속에도 흉이 있는가? 답하기를 원신이 동하여 용신을 생해주고 용신이 나타나서 왕상한 경우는 그 길함을 더욱 배가시킨다.

용신이 휴수할 땐 얼른 원신을 보는 습관을 길러야 좋습니다.

세효에 관효 잡고 휴수할 땐 얼른 원신 재를 보면 재가 약하다면 돈 병이되는 이치

위독한 사람 돌아가실 때도 원신이 동하였다면 원신 충할 때 돌아가십니다.

제4문 삼합(三合)으로 국(局)을 이루었을 때에는 어떻게 단(斷)을 하는가? 답하기를 원신국이나 용신국으로 이루어지면 길하지만 기신국이나 구신국으로 이루어지면 흉하다. 삼합이란 사주용어에서 쓰이는 삼합의 용어와 일치합니다. 신자진(申子辰), 인오술(寅午戌), 해묘미(亥卯未), 사유축(巳酉丑)을 말하며, 천금부에서는 삼합은 왕지(旺地)와 함께 한 글자가 동하고 다른 글자를 기다리는 것을 허일대용이라고 합니다. 너무 삼합에 끌려 다니면 육효 못 봅니다. 그냥 정공법으로 풀기 바랍니다.

제5문 반음괘(反吟卦)의 흉한 경우에도 경(輕)하고 중(重)한 차별이 있는가? 답하기를 반음괘가 되었더라도 용신에 변고가 없고, 내괘의 충극의 사정만 있을 경우 일의 진행 과정에 비록 반복(왔다가 갔다가)되는 것은 있을지라도 일은 결국 성취되게 되는데 다만 해로운 것은 용신이 직접 충국(본인점이라면 세가 직접 걸림)이 되는 것이니 모든 일에 크게 흉하다고 했습니다. 반음은 손목궁(巽木宮)이 곤토궁(坤土宮)으로 변화할 때 생기는 현상으로 동효는 반드시 두 개가 있어야 발생합니다. 해수(亥水)가 동하여 사화(巳火)로 변화되는 현상인데 점단의 유효기간 즉 1년이 넘어야 해결된다고 보면 됩니다. 괘의 반음 화괘라면 수괘, 금괘라면 화괘 등인데 너무 신경 쓰지 마시길 바랍니다.

제6문 복음(伏吟)괘의 흉한 경우에도 경(輕)하고 중(重)한 것이 있는가? 답하기를 복음이 되면 우울하고, 신음하는 형상이라고 했습니다. 내괘가 복음이면 내부

가 외괘가 복음이면 외부가 불리합니다. 건금궁(乾金宮)과 진목궁(震木宮)에서만 일어나며, 납지가 둘 다 같기 때문입니다. 신금(申金)이 동하여 신금으로, 술토(戌土)가 변화하여 술토로 되는 현상인데 이 또한 두 개가 동해야 일어납니다. 통변은 이러지도 저러지도 못하고 길게 한숨짓는 상인데 충(沖) 해줘야 풀립니다. 이것은 반음과 달리 유효기간이 정해져 있으니 반음보다 훨씬 낫습니다.

제7문 효가 공망을 만나 도저공(到底空)이라고 단하고자 하는데 도리어 전실이 되어 응하고, 효가 공망을 만나도 불공이라고 단하고자 하는데 도리어 도저공이 되는 것은 어찌된 일인가? 답하기를 생을 받지 못하고 극만 있을 때에는 끝내 공망이 되고, 생은 있으나 극이 없으면 공망의 사정이 풀어질 때 쓰이게 된다고 되어 있습니다.

공망은 10일에 해당합니다. 순(旬)은 10일 말해서 순공망이라고 합니다. 점치는 날을 기준으로 합니다. 공망에 해당하면 비어있다는 뜻도 되고 준비가 안 되고, 헤어진 상태이며, 거짓이란 뜻인데 10일 동안만 흠이 있게 됩니다. 이곳에서 도저공이란 뜻은 월(月)과 일(日)이 극(剋)을 하면 공망의 기간이 풀어져도 쓸 수가 없다는 뜻입니다.

천금부(千金賦)에 대왕비공(帶旺匪空)이란 말이 있는데 월과 일에서 생조하는 공망은 공망이 아니라는 뜻으로 10일만 지나면 얼마든지 쓸 수 있다는 글인데 도저공은 너무나 공망된 글자가 월과 일로부터 제극(制剋)을 받아서 쓸 수 없다는 뜻입니다.

예전에 아들이 고등학생인데 오토바이만 탄다고 언제 사람 되느냐고 물었는데 신유 공망 중이었는데 아들이 신금 공망이고 오월 오일이었습니다. 도저공으로 공망이 풀려도 그 습관이 향상되지 않는 것이 됩니다.

제8문 월파(月破)된 효는 바야흐로 결정되어 무용이 되면 파의 결과가 나타난다. 불파라 하더라도 도저파가 되면 무용이니 어떤 경우인가? 답하기를 신의 기밀은 파된 효에 나타나고 화(禍)와 복(福)의 기틀은 동한 효에 달려 있다고 했습니다. 동하여 생은 있고, 극이 없는 파효는 전실(塡實 : 메꿔짐)이나 합파하여야 유용하고, 정하여 극이 있고 생이 없는 파효는 도저파로써 무용이라고 되어 있습니다.

　월파란 말 그대로 월(月)에서 용신되는 글자를 깨트려서 그 달에 이룰 수 없다는 뜻이다. 그냥 이 말만 암기하시기 바랍니다. 일단은 그 달이 지나야 그 월파 맞은 글자는 좀 나아집니다. 신의 비밀은 월파에 나타나고, 화복의 기틀은 동효에 있다는 것을 암기하시기 바랍니다.

　제9문 용신이 나타나 있지 않아 복신(伏神)이 어느 효 밑에 있는지, 나올 수 있는지 없는지 살필 때 어떻게 논해야 하는가? 답하기를 복신이란 비신에 없는 글자로 뭔가 흠이 있을 때 일어나는 현상입니다. 복신은 그 비신(飛神)에 의해 생극제화 당할 수 있고, 월과 일이 생극제화(生剋製靴) 할 수 있다고 했습니다. 복신은 엎드려 숨어있음으로 아무 때나 쓸 수 없고, 반드시 비신을 6충으로 깨뜨려 주거나, 치(値) 되어야 쓸 수 있습니다. 우리가 보고자 하는 글자가 복신이면서 생조를 받고 있으면 희망이 있지만 힘도 없으면 문제가 있습니다.

　제10문 진신(進神)과 퇴신(退神)은 동효와 변효의 관계이다. 길흉화복에 따르는 희기의 분별을 어떻게 논할 것인가? 답하기를 길신은 진신 되는 것이 좋고, 기신은 퇴신으로 되는 것이 좋다. 너무 길어서 생략합니다. 좋은 글자는 진신 되면서 월일에서 힘있으면 좋은 일이 발생한 것이 되었습니다. 나쁜 글자는 월일에서 생조 안 받아 금방 퇴신 되면 오히려 길함으로 바뀌는 것입니다.

　제11문 충이 되었다가 합을 만난 것과 합이 되었다 충을 만난 것은 어떻게 길흉을 결단하는가? 답하기를 합이란 만나서 모여진다는 뜻이고, 충이란 흩어진다는 뜻이라고 했습니다. 앞에 글은 충중봉합을 말하고, 뒤에는 합처봉충을 말합니다.

　제12문 사생묘절(死生墓絕)의 길흉은 어떻게 단하는가? 답하기를 사생묘절에는 세 가지가 있으니 일진, 비신효, 동해서 변효가 생묘절에 해당하고, 기신이 장생이면 화가 오는 것이 적지 않고, 용신이 묘절이 된다하더라도 구함이 흉이 되지 않는다고 했습니다.

   일진에 대하여는 무시하시고 물론 묘고는 슬쩍 보실 것, 월에서 생조할 땐 일진에 입묘 안되니 통과 사(死)와 묘(墓), 절(絶)은 긴 점사에서 길흉을 나타내줍니다. 복잡하니까 간단히 보려면 월일에 용신을 대입해서 왕상한 것을 파악하고, 휴수한 것은 모두 문제가 됩니다. 동효가 힘없는데 변효가 회두생하는데 그 변효가 월일에서 힘을 주면 탐생망극으로 변효를 생하고 변효는 동효를 생조하니까 그 흐름을 관찰하시기 바랍니다.

   제13문 육충과 육합은 어떻게 단정하는가? 답하기를 사람들에게 나쁜 것은 충되는 것이 좋고, 좋아하는 것은 합이 되는 것이 좋지만 오직 병점에서는 근병과 구병으로 구별해서 적용해야 한다고 되어 있습니다. 근병은 충즉유, 구병은 충즉사입니다. 육합은 이와 반대입니다. 일진과 육합, 육충을 너무 깊숙이 들어가지 마시고 사안에 따라서 크게 봐야합니다. 특히 6합은 다 묶이는 현상도 됩니다.

   그런데 동효가 변화하여 6충을 만들면 어떤 점사는 오래유지 못한다. 시도가 되지 않는다는 뜻도 있지만, 계속 변덕 부리는 결과도 있습니다. 실관사례에서 확인하시기 바랍니다.

   제14문 삼형(三刑)과 육해(六害)를 범하면 꼭 흉한가? 답하길 인사신의 세 개가 완전하면 형이되고 대저 삼형이 되었더라도 용신이 휴수되고 타효에 극을 받고 삼형까지 겹치면 흉재가 일어나지만 괘내에 삼형이 전부 있더라도 동하지 아니했거나 동했더라도 용신을 손상시키지 않고 생부를 해주면 삼형에 대한 흉한 증험이 나타나지 않는다고 했습니다. 육해는 소강절도 그 동안 여러 차례 시험을 해봤으나 그에 대한 증험은 전혀 없기에 기록으로 남기지 않는다고 했습니다. (그러니까 삼형 육해에 제발 신경 쓰지 마시기 바랍니다. 동효끼리 생극을 보시고 탐생망극으로 넘겨서 오행의 생극으로 보셔야 합니다.

   제15문 독정(獨靜)이 된 경우와 독발(獨發)이 된 경우는 어떠한 응험이 있는가? 답하기를 그러나 독정 독발은 일의 성패에 따른 늦고 빠름을 관찰하는데 지나지 않는다고 했고, 길과 흉에 관해서는 용신의 사정으로 추측함이 마땅하다고 되어 있습니다. 만일 용신의 사정을 참작하지 않고 사건을 해결하려 한다면 그것은 잘못되고 틀린 것이다라고 되어 있습니다. 너무 고법에 대하여 이런 이론을 융숭하게 존중하지 마시기 바랍니다.

제16문 진정괘(盡靜卦)와 진발괘(盡發卦)는 어떻게 단 하는가? 답하길 무동을 진정이라 하고 다 동한 것을 진발이라 한다고 했습니다. 무동은 변화 없음, 현재와 같다 라는 의미이고, 진발괘는 다시 치라고 하시기 바랍니다. 내외경발 사필 변등으로 맘이 심란할 때 그렇게 많이 동합니다. 무동은 변화가 없으니 한 달 정도 있다가 점치자고 해도 되고 그냥 나온 괘로 보시면 됩니다.

제17문 용신다현(用神多現)은 어떻게 용신을 결정하는가? 답하기를 내가 여러 차례 경험했는데 (생략) 소강절이 제시한 이것 즉 용신의 다자(多字)에 대한 판단 방법이 있는데 다음과 같습니다.
  ① 한가롭게 무정한 효가 아닌 지세한 것
  ② 권세가 없는 효는 두고 월건이나 일진과 동일한 효 (이건 아님 문제 있는 효)
  ③ 정한 효가 아닌 동한 효
  ④ 월파 된 효
  ⑤ 공망 효
  ⑥ 천기(天氣)는 병이 있는 곳에 나타나니 병이 있는 효

이러한 순서로 용신을 정하라는 뜻인데 문제가 많은 것, 흠이 있는 글자를 보라는 것입니다.

제18문 문복자가 정성스런 마음으로 득괘를 하고 점복자가 괘효의 내용대로 정밀하고 명확하게 해석을 했는데도 맞지 않는 경우는 무슨 이유인가? 답하기를 그 이유는 그 책임이 복자(묻는 사람)에게 있다고 했습니다. 점단하는 사람에게 있는 것이 아니며 복자가 성의는 다했으나 혹 비밀된 일도 다른 사람에게 그대로 알리

지 못할 사정이라든가? 혹 이것을 물으면서도 생각은 다른데 있으므로 (목적이 잘못 정해진 것으로) 맞지 않는 것이라고 했습니다. 그러므로 점치는 것을 본인이 괘를 만들게 하시고, 점치기 전에 형사처럼 물어서 명확한 용신을 정하여 해석하시기 바랍니다. 또한 본인, 가족 이외의 점단은 그 사람더러 직접 와서 점하라고 하시기 바랍니다.

Ⅲ. 각종 점사 공식

1. 신수점

신수점이란?
말은 신수점이고 사실은 현재 용신의 상태를 정확히 판단하는 자료입니다.
세효의 신수점과 타인의 신수점이 있습니다.
이직장이 좋을까요? 저 직장이 좋을까요? 도 신수점처럼 살피면 됩니다.
본인 신수점은 사주를 써놓고 도대체 풀이 안 될 때 사용하면 좋습니다.
지금은 재물의 시대임으로 재효는 꼭 왕상 살피시기 바랍니다.

1) 본인의 신수점은 항상 먼저 살피는 순서가 있습니다.
　① 세효- ② 세효에 임한 육친- ③ 월일 왕상 비교- ④ 동효- ⑥ 하늘의 비밀 3개 (월파 고 복신)- ⑦ 항상 휴수한 것은 문제가 있음 이 순서로 봅니다.
　휴수한 글자에 이 사람이 묻고 싶은 것이 있습니다. 문제가 나왔으면 다시 분점(分占)으로 한 질문에 한 개씩 점을 칩니다. 일사일점(一事一占)

- 세효가 뭐가 임했어도 - 월일 대입하여 왕상하면 면역력 있고, 버틸 수 있기 때문에 통변 안 합니다.
- 세효가 휴수하면 - 자신감부족, 겁먹었음, 의지 약화(없음), 방전을 뜻합니다.
- 세효를 월일이 극하면 - 환경불량, 선생님 지금 너무 힘드시네요 라고 말해줍니다.
- 세효 형효 - 약하면 돈 많이 쓰신 분, 빈주먹입니다.
- 세효 손효 - 약하면 나와 자손이 겹쳐서 이 둘 문제로 힘든 사람입니다.
- 세효 손효 - 강하면 나는 재물을 원해요, 갈망해요, 난 남편(직장)이 싫어요

를 뜻하는 데 강약을 떠나서 직장 싫어요 남편 싫어요 재물을 원해요라는 맘이 있 습니다.
- 세효 재효 – 약하면 돈이 없던지, 음식을 안 먹고 있기에 다이어트라는 의미가 있습니다.
- 세효 관효 – 점칠 때 겁먹어도 관효 붙고, 지병이 있어도 관효 붙고, 원신 재효 보니 재가 약하면 돈병일 수 있고, 여자들은 꼭 남친, 남편을 묻습니다.
- 세효 부효 – 약하던 강하던 우울 마음의 병이 있습니다.

2) 타인 신수점 / 타인 건강점/ 우려점도 같은 형식으로 본다.
올해 우리 남편은 어때요?
우리 큰 아들은 어때요?
우리 어머님 건강은 어때요?
내 친구 근황이 어때요?
오늘 오는 손님의 상태는 어떨까요? (응을 용신으로 보고 약한 것이 문제)
기타 등등은 해당 용신 왕상하고 기신만 안동하면 일단 안심입니다.
그런데 초등 중등 고등 학생들은 – 공부 부효도 봐줍니다. 직장인들은 재효도 봐줍니다.
타인 신수점에서 용신이 공망이면 – 외국 혹은 군대 혹은 출장을 뜻합니다.
타인점사의 핵심이 뭔지 찾아내어 – 그것 위주로 얘기해주면 됩니다.

3) 직장신수는 – 관효 찾고 어쩌고 하면 안 됩니다.
본인이 저 직장으로 갔을 때 어떠냐고 물어보면 세효에 손효는 편안한 것입니다.
이 점사는 재효가 왕상한지 안한지 극하는 것은 있는지 없는지 이런 것만 봐줍니다.
딸이 그 집으로 이사 갔을 때 – 이것도 신수점처럼
아들이 그 직장에 다녔을 때 – 마찬가지로 아들의 신수점이 됩니다.
내가 외국에 갔을 때 – 이런 것도 신수점처럼 봐줍니다.

2. 재물점

1) 돈 들어오는 공식 (묻는 사람의 질문이 1회성 돈인지, 긴 점사인지 잘 판단하여 통변합니다)

세효에 재 잡으면 희망용신이기에 유리 합니다 - 1회성이라면 휴수해도 돈 옵니다.

재동하라. 손동하여라 뭐변재, 뭐변손 되어라. (뭐든지 변하여의 준 말 뭐변재) 되면 돈이 들어옵니다.

월에- 재효 있으면 이달 안에 돈이 들어와 있음을 의미합니다.

일진에- 재효는 오늘 돈 들어옴, 긴 점사는 항상 돈 끊이지 않습니다. 고정된 돈입니다. 단골도 됩니다.

1회성 돈은 휴수해도 되고 긴 점사는 항상 월일에 대입하여 끊기는지 계속 되는지 대입하고 1회성이라 할지라도 재동 손동 돈 들어옵니다.

묻는 사람의 말을 잘 들어보니 반드시 들어올 돈이라면(급료 밀림 등) 재가 강할때 들어오고, 강하다면 충 해주는 날, 공망이라면 공망 치(置 : 같은 날) 되는 날에 들어옵니다.

2) 1:1 점사에선

내가 협상 시에 형이나 관이 동하면 돈이 더 나갑니다.
내가 협상 시에 재가 동하면 내 돈이 굳음, 깎을 수 있다고 봅니다.
월세 계약하러 가는데 잘 되냐고 할 때 형(관)이 동하면 - 더 달라고 하고
재가 동 하면 깎을 수 있음, 깎아집니다.
내가 5천 만원 받을 수 있냐고 했을 때 형(관)동하면 좀 깎여요 입니다.
내가 2억에 이 집을 팔수 있냐고 했을 때 형(관)동하면 좀 깎여요가 됩니다.
1억 대출을 받을 수 있을까요? 형이나 관 동하면 좀 줄어요라고 합니다.
1억 대출 받을 수 있냐고 재가 왕하게 동하면 더 받을 수 있어요라고 합니다.

3) 내가 저 사람에게 돈을 꿀 수 있냐고 하면

세응 심리 환경 파악 후 돈 들어오는 공식에 대입하시면 됩니다.

상대방이 돈이 있나 없나도 왕상을 대입하여 재 동태 파악하면 됩니다. 괘의 정보는 나는 하늘이 다 알고 있으니 괘의 정보는 모두 응의 정보가 됩니다.

4) 사업 창업 시 돈 되냐고 물으면 일진을 더 자세히 봅니다. 일진에 손, 재 좋습니다. 그 사업이 끝날 때까지 따라 가기 때문입니다.

재효가 강하다는 것은 - 창업자본 충분해요. 충분하기에 유지됨을 뜻합니다.

이 땅이 돈 되냐고 하면 - 재효 강하면 지금도 이 땅 비싼 편입니다. 그러므로 돈도 계속 되고, 오르고 있음을 의미합니다.

5) 우리 사업 언제 잘 되냐고 하면 이것도 일진에 손효나 재효가 되면 좋고, 혹은 손이 동하되 일진에서 동하면 좋습니다. 돈이 안 보이면 손이나 재 오는 달 반짝 좋습니다.

6) 사업 잘 되냐고 물었을 때 손효가 세효에 임하면 난 간절히 재를 원한다는 마음을 읽어야 합니다. 손효는 오로지 동해야만 하니 당신이 움직여 찾아 먹어야 한다고 해야 합니다. 손효는 갈망이며, 동하여만 재를 불러들일 수 있습니다. 여자들이 이남자랑 어떠하냐고 물을 때 세효에 손효 임하는 것은 사실 돈을 계산하는 것이고, 남자가 이 여자랑 어떠냐고 물었을 때 형효 임하면 사실 머릿속 계산기 때렸다는 얘기도 됩니다.

3. 혼인점

궁합(배필감)은 상대방이 있을 땐 세응으로 나눠 봅니다.
돈은 왕상 한가? 집은 준비 되었나?
직업은 괜찮은가? 두루 두루 살필 수 있습니다.

1) 남자 측에서 여자 측 보기

세효에 재효를 잡으면 일단 배우자로 맘에 들었어요. 결혼해도 불만 없이 살아요. 가 됩니다.

세효 형효 지세 : 제일 안 좋음 / 훗날 이혼 가능성 큼 재를 극하는 글자이기 때문입니다. (3번 고비만 잘 넘기면 된다고 하고 얼버무릴 수밖에 없습니다)

응이 세효를 생조하면 : 좋음 그녀가 순종하여 내 뜻에 따릅니다.

세와 응이 비화 : 괜찮음 너와 나는 같은 글자 같은 마음이라 나쁘지 않습니다.

세가 응을 극함 : 난 그녀를 맘대로 할 거에요 때릴 수도 있어요. 억압할거야, 구속하겠어 라는 뜻이 있습니다.

응이 세를 극함 : 반대 맞고 살수도 있습니다. (간효의 동효는 세와 응에게 어떤 영향을 주는지 보고, 반대자도 될 수 있으니 그래도 세응 심리가 더 중요합니다.)

2) 여자 측에서 남자 보기

세효에 관효 - 난 저 남자 맘에 들어요. 평생 불만 없어요. 라는 심리가 있어 좋습니다. 가장 좋은 글자입니다.

세효에 손효 - 난 언제든지 이혼할 각오가 되어 있어요. 아기 낳고 이혼 가능성 있습니다. (권하지 못하지만 남편을 존경해야 하는 맘을 가지라고 3번 고비 있다고 하고 내뺄 것입니다)

세효에 형효 - 나 계산 때려 봤어요. 라는 심리가 있습니다. 혹은 친구 였어요. 라는 뜻이 있습니다.

세응 관계는 남자 측에서 살펴본 대로 통변하면 됩니다.

◆ 세효 여자는 관을 잡았는데 응효 남자는 형을 잡았어요. 라고 통변하는 분들이 있는데, 세효의 기준만 잘 지키면 됩니다. 응이 뭘 잡든 생극만 볼 것이니 세효에 남자가 잡지 말 것만 신경 쓰시면 됩니다.

3) 궁합은 되었다고 하면서 둘이 언제 결혼이 될까요? 물으면,

세와 응이 월일에서 하나라도 생조 받아야 가능하고(환경)

돈의 왕상, 부의 왕상 살펴보면 됩니다. 한쪽이 휴수하면 그 쪽이 왕상 해지는 달을 찍어 주면 됩니다.

4) 나이 지긋하신 분들의 옳지 못한 질문 우리 애 언제 장가가나요?

이렇게 물으면 좋은 배필감이 언제 나오냐고 하늘에 물으면 됩니다.

자손의 의지를 재빨리 월일에 대입하여 결혼하고 하고자 하는 마음을 봅니다. 휴수하면 자손이 의지가 없다고 하면 됩니다.

재가 수두룩 나와 있어도 손효의 의지 없음은 결혼을 이루기 힘듭니다.

손효가 월일이나 비신의 효에 6합하고 있다면 어른만 모를 뿐 이 아이는 사귀고 있는 여자가 있다고 보면 됩니다.

손효도 강하고 재도 강하다면 여자가 비친다고 하고, 이 중에서 궁합 볼 여자 있으면 물어보시라고 하면 됩니다. (대개 한 둘 있으면서 엄마가 우리 떠 보려고 묻는 예가 많습니다)

4. 질병점

1) 질병점사도 본인질병과 타인 질병이 있습니다. 저 밑에 도표로 했으니 참고 하시기 바랍니다. 묻는 사람이 병원을 가서 검진을 받지도 않았는데 함부로 점단 남발하지 마시고, 제발 병원이 먼저이지 점이 우선이 아니니까 염두에 두시기 바랍니다.

가볍게 묻는 점사들 우리 아버지 올해 건강, 우리 어머니 올해 건강 그 외 내 건강, 자손이 건강한지 등 이런 점사는 가볍게 볼 수 있습니다.

그런데 심각하게 묻는 건강점사 암, 뇌종양 등 무거운 질병은 병원에선 뭐라고 하던가요? 를 먼저 묻습니다. 가볍게 볼 수 없는 점사는 관이 왕하거나 하면 반드시 전문기관을 가셔서 직접 들으시는 게 낫다고 하시기 바랍니다. 占이 전부가 아님을 아셔야 합니다.

질병점사는 항상 나이 대를 물으시고 용신 즉 누구의 건강점인지(자부재관세응) 중 잡아야 하니까 물으시고, 근병인지 구병인지 물으시고 점단해야 합니다.

본인점사는 세세히 살필 수 있지만 타인 점사는 왕상하여 이길 수 있는지와 죽는지 사는지 큰 것 만 볼 수 있습니다.

본인점사에선 세효에 관효 - 오래가는 병입니다. 강하면 통과합니다.
- 세효에 부효 - 치료거부를 나타냅니다. 부효가 동하면 수술한다, 했다로 응합니다.
- 세효에 손효 - 관을 깨는 글자임으로 잘 낫습니다. 손동하면 관을 깨니 좋습니다.
- 형효 재효 - 왕상하면 이깁니다. 관(질병)과 손효(약)를 또 봅니다.
- 타인의 질병은 - 남편의 질병점은 남편도 관, 병도 관이기 때문에 오히려 손효가 동하면 큰일입니다. 이렇게 될 관이 강하면 병도 강하고 남편도 강하니까 관이 약하고 병도 약하면 남편도 약하고 병도 약한 것입니다. 강한 것이 문제가 없습니다.

근병점사	구병점사
☛낫는 공식 임 ☞공즉생(용신이 공망이면 금방 낫는다) ☞충즉생(변효로 인해 6충 되면 금방 낫는다)	공즉사(항상 용신이 휴수할 때 죽음) 충즉사(대개 병원서 포기한 분들 2주 안에 돌아가심) 합즉생(항상 용신 왕상해야 변효로 6합 되면 산다) ☞ 구병점사는 기신 동해야 가장 확실합니다.

본인점	본인점 이외는 모두 타인점사
월일 왕상한지 봐야 합니다. 관효가 세효에 임하여도 왕상하면 이길수 있습니다. 동효가 세효 극하지 않으면 일단 안심입니다. 세효가 약하면 … 면역력 약화 세효보기가 끝나면 관효의 위치와 왕상을 보고 괘를 통해 어디가 아픈지 나옵니다. 관효 보기가 끝나면 약과 의사가 손효임으로 손효가 왕상해지는 달에 치료 된다고 혹은 좋은 의사를 만난다고 하면 됩니다.	자손 부인 형제 남편 어른(부모 장인장모 시어머니 시아버지 모두 부가 용신) 타인 점사는 꼼꼼하게 못 봅니다. 용신이 선택되면 기신만 안 동하면 일단 안심입니다. 죽느냐 사느냐 큰 것만 볼 수 있기에 자기점은 자기가 치라고 한 것이니 여기선 큰 욕심 부리시면 안되고 크게 크게 봅니다. 단 어르신들 돌아가신 공식은 부효가 약한데 관효가 동하면 원신 관효를 충할 때 돌아기신다고 잊지 마시고 부효의 건강점에서 형효가 동하면 노환이라고 생각하시면 됩니다.

5. 기타 점

1) 1:1 세응 심리 점사

세와 응이 용신임, 긴 점사인가, 짧은 점사인가를 보고 긴 점사는 월일 자세히 보고 짧은 점사 1회성 점사는 월일 굳이 안 봅니다.

심리점사는 혼인점, 동업인간관계, 저 사람이 날 어찌 보나, 송사 기타 대인관계에서 심리를 알 수 있기 때문에 다 같은 점사처럼 보면 된다. 이 점사는 상황만 잘 이해하면 쉽게 관찰 할 수 있으니 그 사람의 처한 상황을 잘 보고 풀이 합니다.

2) 송사, 승부점사

세가 응을 극하면 이기는데 동효에 따라 답이 달라집니다.
세와 응이 같은 글자는 비기거나 대등하니까 시간을 두고 다시 점단합니다.
형사송사는 감옥 가느냐 마느냐 - 세효에 손효 잡으면 감옥 안갑니다.
경매 ... 세가 응을 극하던가, 응이 세를 생하면 됩니다.
도박 ... 세가 응을 극해야 이김, 재 이런 거 안 봅니다.
요청점사 ... 응이 세를 극하지 않으면 됩니다.

3) 실물점사

90퍼센트는 재효가 용신입니다. 돈 안 되는 것은 찾지 않습니다.
세효에 재효 본인이 잘못 두었고 대개 찾습니다.
재 동해도 금방 찾습니다.
재가 왕상해야 찾는데 외괘의 재는 찾기 힘듭니다.
초효 - 바닥, 첫째 칸
이효 - 안방 거실
삼효 - 현관문 쪽, 혹은 장롱 문쪽, 세 번째 칸
오행에 따라도 잘 봅니다. 용신이 뭔지 잘 모를 때엔 하늘에게 나는 이것으로 보겠다고 고하고 점단합니다.

4) 기다리는 사람

세효 공망은 반드시 옵니다.

용극세(用剋世) 인필귀(人必歸)란 용신이 세를 극하면 그 사람은 반드시 돌아온다는 뜻입니다.

용신 공망 안 오고, 용신이 날 생조하면 늦게 오는데 금방 안 온다는 뜻이니 기대하지 않습니다.

고객이 만나자고 해 놓고 안 올 땐 용극세 인필귀를 하지 않아도 재동하면 옵니다. 영업하는 사람들에게 해당합니다.

자손이 집나갔을 때 이아이가 살아있는지 언제 올 건지 복합적으로 묻더라도 언제 오겠는가를 묻고 점단하여 두루 두루 살펴야 합니다.

전화 연락 오는가는 부가 동하면 합하는 날 응사됩니다. 부가 동하지 않으면 연락 안오는 것이 나중에 또 점치자고 하시기 바랍니다.

꿈해몽, 관털기 후 해줄 말, 돌아가신 어머니가 해주고 싶은 말 등은 어떤 땐 세효도 보지만 결국 동변효에 답이 있습니다.

5) 이동점

용신이 직접 동하던지, 동한 효가 용신을 떠 밀어 내면 이동 가능합니다.

부효가 동하면 장소이동 인데 내괘는 내부이동, 외괘에서 부가 동하면 외부이동이 됩니다. 항상 이동하는 점은 동해야 움직인다는 것을 이해해야 합니다.

6) 모든 우려점

건강점 수명점 같이 판단합니다.

관건은 동효로부터 용신이 극받지 말자입니다.

본인점사는 동효로부터 세효가 극 받지 말아야 합니다.

(본인점에서, 관 잡고 동효가 손효라면 근심이 먼지같이 흩어집니다)

IV. 실관 점사 모음

　상담할 땐 나이 직업 등을 상세하게 적어야 독자들이 교감이 잘 되어 풀 수 있는데 만약 상담했던 사람들이 이 책을 보게 되면 그래 나 죽이고 너희는 좋냐? 하고 불쾌해 할까봐 조심스럽답니다.

　그러니까 여러분들은 내가 어느 정도만 교감 사항을 드리겠습니다.
　제 책으로 여러분들에게 조금이라도 도움이 되시면 전 행복합니다.

　※ 실관 사례는 상담이라는 특수성이 있습니다. 구어체가 많습니다. 양해 바랍니다. 저의 실관사례도 있고 제자선생님들 실관사례도 많이 있습니다. 그리고 실수한 것도 있습니다.

　육효점은 어떤 땐 급소통변으로 한개만 봐도 답이 나오는 것도 있습니다.
　어떤 것은 또 깊이 들어가는 것도 있습니다.
　앞에서도 강조했지만 육효점은 일사일점(一事一占) 즉 한 사안에 한 점입니다. 욕심내서 한 괘에서 다 읽기 금지입니다. 그리고 단순하게 봐야 됩니다.

궁합(혼인, 배필), 애정(19금) 점사 실관사례

점치러 온 사람들이 재물점, 궁합점, 우려점을 잘 묻습니다. 궁합점은 반드시 대상이 있어야 점단합니다. 대상이 있다면 1:1 세응이 주인공이고 세응의 상생관계와 월일 대입 왕상 함도 봐야합니다.

결혼 언제 하느냐고 물으면 재빨리 배필감이 있냐고 묻고, 없다고 하면 남자는 재효, 여자는 관효가 왕상할 때 나옵니다. 이건 세응 아닙니다.

말은 배필감이 언제 나오냐고 물으셨는데 이미 남자는 재, 여자는 관이 있다면 사귀는 사람이 보인다고 하면 됩니다.

다음은 현재 교제가 되고 있는 사람의 심리상태를 물을 수도 있고, 속궁합을 물을 때도 있습니다.

궁합은 되었고 둘이 언제 결혼하느냐고 물으면 세응이 월과 일로부터 하나씩 생조를 받아야 분위기가 됩니다. 세는 환경이 되었고, 응이 환경이 안 되면 월은 자꾸만 변동해서 왕노릇을 하니까 그 응이 생조받는 월을 찍어 주면 됩니다.

그래서 이러한 것을 모두 모아서 이 파트에 넣었습니다.

1) 31세 아들이 만나는 여자가 있는데 궁합이 어떤지? (손위풍 초효동)

```
▶ 손木궁 (손위풍) 초효동
.........................
兄 卯 —  世
孫 巳 —              辰月
財 未 - -
官 酉 —  應
父 亥 —              午日 (자축공망)
財 丑 -//- (父 子)
```

급소 통변 : 타이틀 손위풍 괘에서 답은 끝났지요?
손위풍괘는 세효에 형효 지세 이게 급소 통변입니다.

남자 혼인점사에서 형효 잡으면 재를 파극 하기에 형효 잡으면 끝입니다.
여자 혼인점사에서는 세효에 손효 잡으면 점단은 끝났습니다.
그런데 어떤 사람들은 이상하게 통변하시는 것을 볼 수 있습니다. 선생님 저 위에서 남자는 형효 잡아서 안 되지만 응효 여자는 관효를 잡아서 좋잖아요 이렇게 말하는 사람이 있습니다.

기준점인 세효만 육친을 보라고 했는데 굳이 응효의 육친을 중시하면 안 됩니다.

소강출판사 『야학노인점복전서』에 야학은 이렇게 말합니다.
- 형제가 지세하거나 형효가 발동하면 바로 처를 상하게 하고 가로막는 신이니 결혼은 반드시 이루기 어렵고, 이미 성사되었다면 형상을 면하지 못한다.(응용편 162쪽)

여자가 세효에 손효 잡으면 야학은 이렇게 말합니다.
- 자손이 지세하거나 발동하면 자손은 바로 남편을 극하는 신이니 아직 성사하

지 못했다면 성사되지 못하고, 이미 성사되었다면 상부하고 재가하게 된다. (응용편 163쪽)

이미 남자 측에서 세효에 형효를 잡으면 재를 파극 하여서 안 됩니다. 답은 나왔는데 그럼 전달은 어떻게 하지? 하는 문제가 남습니다.

반면 응효는 진월에 생조도 받으면서 6합이 되니 양다리? 아니면 점치는 달은 시아버지, 일진은 시어머니가 되기에 시아버지가 특히 이뻐 하다도 됩니다.
응은 유금이니 예쁘고 육친이 관이니 직업도 좋고 재도 좋습니다.

이제 속궁합으로 가봅니다.
세효는 월과 일을 대입하여 보면 힘없고 반면 여자는 월에서 생조 받아 동효에 생조 받아 힘이 천하장사입니다. 또한 그 만큼 맘에 들었다는 것이기도 합니다.

결혼하면 이 아들 아마 못 견딜 것 같습니다.
아들은 그런데 이미 눈치 챈 것 같습니다. 왜? 6충으로 깨졌고 싸우면서 깨달은 것 같습니다. 월일 휴수하니 결혼의지 더더욱 없습니다.

엄마 말엔 아들이 어디서 사주를 보았더니 궁합이 좋다고 하더라고 합니다.
나는 속으로 그래? 그럼 좋게 말해주자고 생각하고
어머니 아드님이 이 여자랑 짝이 아니라고 해요.
여자는 예쁘고 직장도 좋고 다 괜찮은데 아들 짝은 아니래요.
더 두고 보시면 알겠지만 아마 안 이뤄질 거에요.

그래도 결혼한다고 하면 그러라고 하셔요. 아마 안 될 겁니다.
그렇게 말하니까 그럼 이 여자 말고 진짜 짝은 언제 나오냐고 물어서 다시 점단하니 진목괘 나오기에 여자는 계속 나온다고 하였습니다. 손목, 진목괘는 세효에 대부분 재효를 잡습니다.

2) 자신의 궁합 (풍뢰익 상효동)

위의 엄마(50대 후반) 내가 잘 맞추나 보려고 이번엔 떨어져 살고 있다는 남편과 자신이 궁합은 어떠냐고 겸사 간보는 점사 물었습니다.

```
▶ 손木궁 (풍뢰익)
..........................
兄 卯 —/ (父 子)應
孫 巳 —                    辰月
財 未 - -
財 辰 - - 世
兄 寅 - -                  午日 (자축공망)
父 子 —
```

자아 겉 궁합부터 보겠습니다.
세효 재효 월일 왕상하니 이 남자랑 살면 돈 됩니다.
(또 누가 응효가 형효 잡았다고 혼인점에 불길하다고 보나요? 그냥 세효에 육친만 봅니다. 그냥 목극토 한다고 보시기 바랍니다. 응이 형효 잡든 말든 상관없습니다. 여자는 세효에 손효만 잡지 말자 여기서 통과되면 이혼 안합니다)

남편이 나를 먼저 공격하여 내가 극받아 남편에게 지다가 변효로 나도 공격하여 내가 이기고 맨 날 그렇지요? 했더니 어머 잘 맞추신다고 함.
이런 점사는 1회성으로 보지 말고 동위시 변위종을 계속 한다로, 동변효를 연속하는 상으로 봅니다.

남편은 속 궁합적으로 체력이 약하신 분이네요?
했더니 정말 잘 맞추신다고 하십니다.
그래도 이분 꼭 붙들고 사셔야 돈 번다고 했더니 자신에게 접근하는 남자 분 5명 묻고 가심.

3) 딸의 궁합점 (감위수 상효동)

이번엔 저 지방에 계신 따님의 궁합으로 갑니다.

딸이 31세인데 경찰관과 만난다고 합니다. 이 엄마는 궁합이 별스럽지 않으면 관두려고 하는 맘에서 겸사에게 물어보십니다.

```
▶ 감水궁 (감위수)
................
兄 子 -//- (孫 卯) 世
官 戌 ―                    卯월
父 申 - -
財 午 - -     應
官 辰 ―                    亥일(진사공망)
孫 寅 - -
```

여러분은 이괘를 보시면 어떤가요? 세 우리 딸, 응 그 쪽입니다.

하필 딸 측에서 왜 손효로 바뀌냐구요. 유구무언이지만 그냥 솔직하게 말해줬답니다.

딸이 더 적극적으로 좋아할 텐데 권장할 만한 궁합은 아니라고 했습니다.

그러다가 이 점을 물어본 것은 본인이 아니니까 더 심하게 말해줬습니다.

엄마는 애정이 없어서 딴 사람 봐도 되니까 괜찮다고 하시는데 저 딸 심리가 말리긴 힘들 것 같다고 했습니다 (동효나 변효나 일진 생조받으면 말려도 소용없습니다) 왜? 여자가 속 궁합적으로도 목생화로 좋아하잖아요.

겸사네 언니 동네 언니 또래 딸 예전에 화산려괘 (세효 진토 손효) 잡아서 훗날 고비가 있을 것인데 그럴 땐 좀 떼어 놨다가 살라고 했는데 애 잘 낳고 살다가 시아버지가 2억 빚인가 져서 니들 전세금 빼서 교도소에서 나 좀 빼다오 해서 그로 인해 둘이 사네 못 사네 한다고 들었습니다.

하여간 혼인점사에 여자는 세효에 자손 잡으면 권하기 힘듭니다.

4) 현재 만나는 여자와 아들이 잘 되냐고 물으심 (화천대유 3효동)

아들(20대)가 7년간 만난 여자 끝내고 새 여자 만난다고 둘이 잘 되냐고 엄마의 질문입니다.

```
▶ 건金궁 (화천대유) 3효동
.........................
官 巳 ― 應
父 未 - -                      卯月
兄 酉 ―
父 辰 ―/ (父丑) 世
財 寅 ―                        亥日(오미공망)
孫 子 ―
```

아들이 맘에 안 든다고 헤어질 거에요. 했습니다.
급소 통변은 - 세효 월일 대입해보면 의지 없음이 보이고 게다가 퇴신 되어 그녀에 대한 마음은 자꾸만 퇴보합니다.

현재 아들은 그애는 어떻고 어떻다고 맘에 안 든다고 하지요? (부효 지세 꿀꿀한 맘 읽힙니다. 재효를 지세해야 맘에 든 것입니다)
엄마가 아들이 그러고 있다고 합니다.
저 여자측은 직장도 돈도 있고 우리를 화생토하여 여자는 우리가 맘에 듭니다.

문제는 우리 아들인데 퇴신되어 물러나려고 하고 있으니 저런 것은 금방 퇴신 되어 의지 없음 애정 없음으로 보시기 바랍니다.
그리고 세효 동효 진토 세효 아들이 바로 위에 6합의 유금 월파 맞은 여자를 토생금하려고 하나 유금 여자 또한 월일 생조 안 받아 그 여자도 안 이뤄진다고 했더니 7년 된 여자가 있다고 합니다.

5) 헤어지고 싶어요. (천풍구 초효동)

   50대 여자분이 이혼 후 새 남자분이 생기고 집에 와서 살고 있는데 남자랑 의견이 안 맞고 해서 나가라고 해도 절대 그 남자가 안 나가고해서 질문자가 부적도 부쳐보고 굿도 해보신 분인데, 어떻게 해야 이 남자가 나갈지 왕 고민이라 앞으로 그가 이동수가 있냐고 물으셨습니다.

```
▶ 건金궁 (천풍구) 초효동
  ............................
  父 戌 ―
  兄 申 ―                    巳月
  官 午 ―  應
  兄 酉 ―
  孫 亥 ―                    酉日(오미공망)
  父 丑 -//- (孫 子) 世
```

   내가 동하여 육충 만들다. 내가 움직여 육충 만들다가 보입니다.
   부변손 : 내 집 내놓고 편안해지다로 풀이합니다. (축이 자로 바뀌면 묶이지만 오미 월에 풀림)

   본인이 집 내놓고 내가 움직여야 저 응을 극할 수 있고 깨질 수 있습니다.
   미혼이든 이혼녀든 남자에게 집을 알려주면 저렇게 되는 사연이 있음으로 되도록 남자를 집에 들이지 말 것입니다.
   이 점치고 양력 5월인데 10월이 되도 안 나가고 있다고 소식을 들었습니다.
   용돈을 항상 여자가 주고 있고 남자는 그 돈 쓰고의 연속인데 그녀로서는
   환장하는 점사입니다. (결과 : 그녀는 집도 그대로이고 몇 년 지났는데도 계속 있다고 합니다. 차마 집을 못 빼겠다고 합니다)
   괘에서 말하기를 네가 집을 빼서 도망가야 끊어진다는 괘였지만 본인이 실행을 안 한 것입니다.

6) 이 친구가 왜 이러지요? (천화동인 상효동)

오늘 남자 분 40대 두 분 5시경 오셔서 쟁반 짜장, 탕수육까지 저녁 셋이 같이 먹었습니다. 공식적인 질문은 참 많이도 물어보셨는데 이들은 자주 오시는 분들입니다.

남자 분 한 분 화장실 갔을 때 그 틈을 타서 한 분이 조용히 제게 물었습니다. (옷도 단정, 품행 단정하신 분)

어려서부터 쭉 학교 같이한 동창인 여자애랑 결혼 전에도 친하게 잘 지내고 있었고 각자 결혼해서도 가끔 연락도 하고 밥도 먹었다고 합니다. 그 여친은 주말부부라고 합니다.

그런데 저번에 만났을 때 조금 이상하였다고 하는데, 그녀는 이 남자분에게 니가 나 안 만나주면 딴 사람 만나야겠다는 등 그녀가 왜 이러는지 알 수 있냐고 물었습니다.

```
▶이火궁 (천화동인)
..........................
孫 戌 ―/ (孫 未)應
財 申 ―                    亥月
兄 午 ―
官 亥 ― 世
孫 丑 ―                    未日(진사공망)
父 卯 - -
```

세효 해수 관이 임한 것은 근심 불안 걱정을 의미합니다.

응효 술토 입장에서 우리 측 손효를 토극수 할거야 (들이 댈거야 강간할 거야) 하는 마음을 읽을 수 있습니다.

내가 둘이 결혼 전엔 찐한 사이 셨냐구 물으니 몇 번 정도라고 합니다.

그럼 그 여자분은 선생님께 의지하려고 하고 자꾸 들이대는 건데요.

이 여자분 술토로서 초효에 묘목, 묘술 6합이 보입니다.

변효로서 미토 또 오화 육합 보이니 좀 애정행각이 복잡한 사람으로 양다리면서 본인에게 자꾸 들이댄다는데 어쩌실 건데요? 했더니

저도 요즘 골치 아픈 일도 많은데 그 애가 좀 그래 보였다고 합니다.

내가 그 친구는 그냥 밥이나 먹고 마시고 헤어지셔요.

무서운 부인에게 들켜서 환장하지 말고요 했더니 밥만 먹고 커피만 마시면 자신도 좋다고 합니다.

저 여자 우리가 만만하고 편한 건 좋지만 근데 너 너무 품이 넓습니다.

6합을 그리 쉽게 밥 먹듯 한다니 우린 참 순진한 것 같습니다.

7) 언제 좋은 남자를 만나나요? (천화동인 2효동)

50대 초반 혼자되신 여자 분이 전화로 상담한 내용입니다.
이 분은 지방서 미용실을 운영하고 있는데 언제 쯤 좋은 남자를 다시 만날 수 있느냐고 하십니다.

```
▶ 이火궁 (천화동인)
........................
孫 戌 ― 應
財 申 ―                    亥월
兄 午 ―
官 亥 ―世
孫 丑 -//- (父 寅)         丑일(오미공망)
父 卯 ―
```

세효 희망용신 관효 해수 월과 같은 글자이니 이달에도 만나는데 축토 손효가 일진과 병(나란)되어 토극수 하니 만나는 남자마다 깨어질 위기 입니다.
세효 희망 용신 관을 일진과 같은 자손 축토가 동하여 깨지는 게 보입니다.
내가 이분에게 자손 문제를 꺼내지 마시고 교제 먼저 하라고 하니 아이들 문제를 말하지 않을 수 가 없는데 하십니다. 자손이란 말만 안 꺼내면 남자를 깨지 않는 분입니다.
하늘도 무심하시지 괜찮은 남자들은 슬그머니 한손으로 주시고 그걸 또 한손으로 깨고 있습니다. 통관은 재효인데 아이고 머리 또 아픕니다.
아이 이야기만 안 꺼내도 남자 잘 만날 수 있건만 자손얘기만 하면 그 남자는 깨어집니다. 그럼 뭔가요? 남자들은 당신은 좋아도 아이는 싫어 입니다.
그럼 또 달리 생각하면 남편감이 아닌 자손의 책임을 지우지 않는 애인은 안전하다는 것입니다.
육효에선 이상한 방법을 고안해서 말해주네요.
남편감은 아이 때문에 이룰 수 없으니 애인으로 만족하라? 입니다.

8) 궁합이 어떤가요? (뢰지예 초효동)

30대 초반 여자 분이고 직장인입니다. 이 사람이 배필감으로 어떤지 물었습니다.

```
▶진木궁 (뢰지예)
　.....................
財 戌 - -
官 申 - -                        申월
孫 午 ―應
兄 卯 - -
孫 巳 - -                        午일(술해공망)
財 未 -//-(父 子) 世
```

뢰지예괘는 괘 자체가 6합괘로 유정한 사이 묶인 사이 합된 사이, 잠자리를 한 사이라는 것을 알려줍니다.
우리 세효 미토 동하기 전에부터 보면 재효 잡고 일진에서 생조하니 통과합니다.

응효 오화 손효의 남자는 한 살 어리다고 합니다. 그 남자는 일진과 병(나란함) 되니 좋은 사람 통과합니다.
그런데 정작 내가 변화하여 6충 만들고 있으니 이럴 때 통변은 갈등한다.

상대방은 다 괜찮구먼 본인이 갈등하고 본인이 자꾸 변덕 부리네 하면서
혹시 새로운 사람 (일진) 생겼남? 하고 물으니 아니라고 합니다.
잘 들어보니 상대에게는 큰 불만이 없는데 단지 본인이 이 직장보다는 다른 계획이 있다고 함

아하 궁합 물었는데 6충이면 뭔가를 깨다이고, 뭔가를 깨는 게 이 남자를 깨는 게 아니라 직장을 관둘까 말까였다니 난이도 높은 괘가 나왔습니다.

야학노인이 말하기를 이것을 점쳤는데 저것으로 응하는 경우도 있으니 반드시 자세하게 관찰하라. 괘 내에서 종종 묻는 것은 응하지 않고 도리어 묻지 않는 일에 응하는 경우가 있는 것은 대체로 신은 일찍이 작은 일을 버리고 큰일을 알려주고, 작게 길한 것은 버리고 크게 흉한 것을 알려주고, 이것을 버리고 저것으로 응하고, 저것을 버리고 이것으로 응하고, 다른 사람에 대한 것은 버리고, 나에 대한 것으로 응하는데 그 이유는 무엇인가? 그것은 바로 아침저녁으로 화복이 임하기 때문이고, 기미가 한 번 동하면 괘에 따라 나타날 따름이다.

그러므로 말한다. "그 신의 징조를 알아라." 이것을 말하는 것이다. 182쪽

이 혼인 점사는 본인만 바뀌지 않으면 좋은 괘이니 본인만 맘을 안 바꾸면 괜찮아요 했더니 그러냐고 알았다고 합니다.

직장에 대하여는 원래부터 자신의 꿈이 있었는데 그 일을 하고 싶다고 합니다.

주역점으로 점단해서 직장 관두어도 좋은가를 보고 그 꿈에 대하여 추구하여 가는 게 좋은가를 보니 또 길하다고 나옵니다.

(궁합은 서로 사정 다 아니까 더 급한 것에 응하였습니다)

9) 남편이 사귀는 여자가 있나요? (지풍승)

독자께서 제 책 『육효박사』를 읽고, 혹시 하여 남편이 사귀는 여자가 있냐고 점단하시고 제게 통변 부탁하셨습니다.

(이런 점은 위험 합니다 제발 멀쩡한 남편 잡지 마시고 그냥들 믿고 사시길 바랍니다)

저번에 모 관상 잘 보시는 선생님께 우리 고객 부부가 찾아 가서 상담하다가

우리 남편 바람피우나요? 하고 직설법으로 던진 부인(30대)에게 그 선생님이 하신 말씀이 : 아 아니 그럼 남자가 어떻게 꽃을 하나만 봐? 하고 오히려 부인 혼났다는 거 말씀 드렸나요?

```
▶ 진木궁 (지풍승)
..........................
官 酉 - -
父 亥 - -                          未월
財 丑 - - 世
官 酉 —
父 亥 —                           未日 (인묘공망)
財 丑 - - 應
```

위의 괘는 독자가 괘신 괘라고 합니다.
내가 하는 말 : 남편이 유금인데 괘에 진토가 없지요?
네 하십니다. 그럼 없는 것이에요.
6합이 있어야 그거에요 했더니 괜히 오해 했다고 하심

이거 내 책이 괜한 사람 엄청 잡을지도 모르겠다는 공포감이 일었습니다.
제발 긁어 부스럼 만들지 마시고, 지식은 확실히 알고 있어야 하니 다시 한 번 말씀 드립니다.
남편이 심각한 여자, 근래 들어 뽀뽀하고 손잡고 어엄 그러는 여인네는 관효가

6합이 있어야 해요. 극합은 뭐 걱정 안 해도 되구요 1회성이니까요.
　생합 오미 인해 진유 이게 의심사항입니다.

　근데 둘 중에 공망이면 이미 헤어진 상태니까 괜히 아는 척 하다가 귀뺨 맞지 마시길 바랍니다.
　하여간 내 책으로 가정파탄 나는 거 아닌가? 괜히 우려스럽습니다.
　육효를 배우신 선생님들도 고객이 심심풀이로 우리 남편 애인 있나요? 이런 거 물어봐서 눈에 확 띈다고 그거 또 그대로 얘기 하지 마셔요.
　그냥 인기만 많을 뿐이라고 하시기 바랍니다.

　이미 알고 와서 물으면 금방 끝날 사이라고 하셔야 안정되십니다.
　사랑은 말리면 말릴수록 더 불붙으니까 모르는 척 해야 금방 끝납니다.

10) 아들이 만나는 여자와 어찌 될건지 물음 (풍뢰익 상효동)

어머니가 젤 궁금한 것은 이것이 입니다.
아들은 좋은 직장에 다니고 있고, 거기서 만난 여자를
지금 사귀는데 둘이 어때요? 하고 물으십니다.

```
▶ 손木궁 (풍뢰익)
..........................
兄 卯 —/ (父子)應
孫 巳 —                    子月
財 未 - -
財 辰 - - 世
兄 寅 - -                  卯日 (술해공망)
父 子 —
```

  겉 궁합과 함께 현재 상태가 나옵니다.
  남자 측에 세효 재효 좋은데 월일 휴수하니 의지 별로 없습니다. 방전으로 지쳤다고도 볼 수 있습니다.
  남자가 이러하니 여자 응효가 부셔버린다고 목극토 하다가 훗날 자수로 힘 빠지니 시간은 많이 걸려도 우리 측에게 항복 할 것 같습니다.

  내가 지금 이여자분이 아들을 굉장히 괴롭히는 것 같지만 시간이 걸려서 그렇지 아드님께 오랜 시간이 지나면 나중에 잡힌다고 말하니까 지금 아들 아버지 쪽에서 그 여자애 너무 드세다고 반대가 심하다고 합니다.
  내가 아들은 그래도 그 여자랑 못사는 궁합이 아니고 나중엔 별 불만 없다고
  지금 여자가 우리 측을 단속하고 추궁하고 관리 들어간 것 같지만 그건 시간이 해결해 준다고 하였습니다.

어머니는 내심으로 겸사가 반대하여서 안 된다고 하면 사내 연애라 직장 관두고 공부시키려 했고 내가 괜찮은 궁합이라고 하면 아버지가 반대해도 아들 편에 서려고 왔다고 하십니다.

저 응효 묘목이 자수로 변화하지 않았다면 우리 측이 맨 날 맞고 살 지경인데 자수로 변화하니 회두생의 개념보다는 동위시 변위종으로 봐야 할 듯합니다.

1회성 점사라면, 즉 이달 한 달 볼 거라면 여자의 기세에 감당 못하는데 축월만 되어도 자수 힘 빠지고 묘목은 일진이 계속 거드니 쉽사리 힘 빠지지 않는데 그래도 몇 년이 가면 괜찮기에 이리 말하였습니다.

아들의 입장에서는 세효 재효가 임하여 자신은 맘에 들었어요.
다만 저 여자아이가 지금 무섭게 통제하고 자기도 지치고 하니 직장까지 들썩인 것입니다.

내가 그 여자아이가 저러다가 제풀에 지칠 거에요 했더니 아들과 내가 똑같이 말했다고 저앤 늘 저러다 만다고 했다고 합니다.

하여간 못사는 궁합은 아니고 시간만 보내면 여자는 변화한다고 그러니 시키려면 시키시고 말리면 마시라고 하니 엄마는 계속 아들의 아버지가 저런 애는 안된다고 했다고 하십니다.

(결과 : 1년 후 오셔선 다른 여자와 결혼하려고 한다고 하셨습니다. 남자의 의지 없음은 결국 안 되었음을 알려줍니다)

11) 이혼한 남편과 같이 사는 여자와의 사이가 어떤가요? (천지비 초효동)

40대 중반 여자 분이 남편이 바람피워서 이혼했고 아들 하나를 키우고 있는데 혼자 키우기 무척 힘들다고 하기에 양육비는 받느냐고 하니 받는데 턱없이 부족하다고 합니다. 그러게 이혼을 왜 했냐고 하니 허수아비로 살기 싫어서 그랬고 하십니다. (여자가 직업이 없으면 이혼 권하지 마시기입니다)

남편은 그 바람피운 여자랑 같이 살고 있다고 합니다. 그런데 아무래도 그 여자는 남의 가정을 깨었고 행실이 좀 수상하다고 둘이 잘 살겠느냐고 점검해달라고 합니다.
　오지랖 점사이지만 그냥 점쳐줍니다.

```
▶ 건金궁 (천지비) 초효동
............................
父 戌 ― 應
兄 申 ―                      卯月
官 午 ―
財 卯 - - 世
官 巳 - -                    卯日(진사공망)
父 未 -//- (孫 子)
```

이 괘를 보고 내가 왜 행실이 수상하다고 생각했냐고 하니 그녀에 대하여 알아보려고 꽃 배달을 시켜 봤다고 합니다.
　그녀는 업체명이며 허가 받은 업체냐 기타 등등
　꽃다발 혹은 화분 등을 한두 번 받아본 사람이 아니고 또 뭐라 뭐라 했는데 하여간 의심스럽다고 합니다.

저 괘에서 세효 우리 남편은 문제가 없습니다. 재 잡아서 부인에게 불만이 없고 환경 인품 왕상한데 응효는 우리에게 목극토로 순종적입니다. 그런데 가만히 그녀를 들여다 보면 그녀가 문제입니다.

세효와 6합, 월, 일 육합

겸사 선생이 술토가 힘이 있어야 진정한 6합이라고 했잖아요 하고 의심하시는 분 남녀 관계는 힘없어도 6합 맞습니다. 단 극합이니 금방 깨지기도 합니다.

그리고 부효가 동하여 6충을 만드니 곧 들통 날 것 같습니다.

질문자 부인에게 내가 이 두 분이 혹시 깨어지면 다시 합할 맘이 있냐고 하니 그건 또 아니라고 합니다.

남편은 이 여자 분과 불만 없이 잘 산다고 말했습니다.

12) 이 남자 만나고 산부인과 다녀요. (천택리 4효동)

　50대 정말 요즘 보기 드문 조신한 이혼녀 분, 스포츠 의류 판매를 하신다고 합니다. 몇 년 전부터 이혼한 남친(동창)과 사귀는데 남자는 좋은 직장 다닌다고 합니다. 그런데 누구에게도 말 못할 말이지만 이상한 증상이 있어서 산부인과에 가봤더니 성관계의 과격함 혹은 찜질방이나 공공장소에서 옮겨올 수 있는 병이라고 하였다고 합니다. 또 그런데 이 여자 분은 시간 없어서 그런 곳은 안 간다고 합니다.
　이 남친은 다신 결혼은 안한다 하지만 너와는 살고 싶다. 앞 뒤 말이 전혀 맞지 않는 말만 한다고 합니다. 혹시나 해서 이 여자 분이 남친에게 병원 좀 가보라고 하니 남자 분은 펄쩍 뛰었다고 합니다.
　내가 듣다가 그냥 이 분 계속 만나도 이런 병 없는지 하늘에 물어보라 하였습니다.

```
▶ 간土궁 (천택리)
  ..........................
  兄 戌 —
  孫 申 — 世            卯月
  父 午 —/ (兄 丑)
  兄 丑 - -
  官 卯° — 應          午日(인묘공망)
  父 巳 —
```

　우리 측 세효 손효를 잡았으니 나 병 없어요.
　응효 그 남자는 관을 잡았고, 공망으로 병명 없다고 보지 말고 그냥 얘가 흠이 있다 (거짓말이다)고 보자구요.
　이 남자는 월령과 같아서 원래부터 있던 병으로 보입니다.
　겸사가 보기에 응효 너 의심스럽군 저 상효하고 묘술 합하다가
　지금은 안 만나고 있고 이걸 확 그냥 일러바쳐 말어 하고 갈등합니다.

그래도 동효에 답이 있으니 동효를 봅니다.

오화가 동하네요. 그 오화는 저 일진에 병(幷 나란할 병) 되어 그 기세 완전 셉니다.

결론은 그가 병이 있든 없던 나는 오화가 날 극하니 관은 묘목이지만 세효 입장에서 오화를 보면 오화가 관이 됩니다. 그렇다면 계속 산부인과 가야한다고 말합니다.

그럼 그 남자가 범인이라는 셈입니다. 이 여자분 정신교육 30분시켰습니다. (결과 : 2년이 지났어도 계속 만나고 있다고 합니다. 항상 점 보러 다른 분과 함께 와서 이 병에 대해선 못 물었습니다)

13) 바람난 제부 (무서운 육효점 : 택화혁 2효동)

점치러 온 사람은 언니이고 점단의 주인공은 제부입니다.
점치러 온 언니의 여동생이 원래부터 남편과 사이가 안 좋았는데 이혼하겠다고 하는데 제부가 여자가 있는지 휴대폰을 싹 바꾸고 집나가서 안온다고 합니다.

내가 아기도 있다면서 왜 이혼하느냐고 한 번만 참으라고 하라고 하니 생활비도 안준다고 합니다. 그래서 이혼할건데 연락도 안 되고 여동생 돌아버리고 있다고 합니다.

상식적으로 바람났을 때 그냥 두면 다시 돌아온다고 하면서 동생이 애기 데리고 나와서 어떻게 살려고 그러냐고 했더니 이미 맘먹었다고 해서 바람피우는 그녀와 제부가 어떻게 되느냐고 물었습니다.

```
▶ 택화혁 (감水궁)
..............................
官 未 - -
父 酉 ―                    未月
兄 亥 ― 世
兄 亥 ―
官 丑 -//- (孫 寅)         巳일(오미공망)
孫 卯 ―應
```

세효 우리 측 제부 해수인데 월일 휴수하여 벌써 환경 불량 걸려 그녀와 거의 끝났습니다.
응효 묘목은 그 바람 난 여자입니다. 이 분도 월일 대입하면 환경 불량이라 둘만 봐도 오래못가는 것이 추측되는 가운데

세효 해수가 묘목을 수생목하니 – 제부의 눈에는 그 여자가 묘목 토끼처럼 예

뽑니다.

　우리 제부측이 그녀를 좋아합니다. 그런데 축토가 동해서 제부를 때리러 옵니다. 관이니까 그 여자의 남친 혹은 남편, 혹은 경찰이 제부를 데리러 온다고 대기하고 있습니다.

　묘목은 저 미월 고장지에 숨어서 그 여자는 안전합니다. 해수 제부만 당합니다. 저 해수 오래 못가서 들키게 생겼습니다.

　동생더러 한 번 봐주라고 해 개네 금방 끝난다고 해 했습니다.

　(결과 : 제가 이렇게 통변했는데 경찰서에서 제부가 죽었다고 연락 왔다고 합니다. 나는 저 동효가 관효이기 때문에 돈 문제로 경찰서에서 연락이 올 줄 알았건만 제부가 목을 매서 경찰이 죽었다고 연락이 왔다고 합니다. 저 관효는 돈을 빼가는 글자이며 이 남자는 관(부채)로 인해 자살 한 것이었습니다. 제부가 죽고 2천 만원 시댁도 아니고 친정서 물어줬다고 합니다)

14) 남편이 자신을 보았는지 물음 (천풍구 상효동)

남편은 전문직(50대) 근엄하신 분입니다.

부인은 40대 중반, 가정밖에 모르고 산 이 부인인데 요즘 들어 아는 언니가 몇 번 불러내어 술 먹고 했다고 합니다.

술 먹고 파트너 남자분이 아파트까지 데려다 주는 일이 몇 번 있었는데... 혹시 남편이 보았는지 요즘 부부간의 분위기가 이상하여 제발 저려서 걱정을 태산같이 하면서 물어봅니다.

딱 봐도 이제 바람난 부인의 초기 증상임을 누구나 알 수 있습니다. 하여간 부인네 바람나는 것은 대부분 아는 언니, 친구들이 남친이 있으면 무슨 전염병 걸린 것처럼 저렇게 확산됩니다.

```
▶ 건金궁 (천풍구) 상효동
.........................
父 戌 ― / (父未 )
兄 申 ―                    酉月
官 午° ― 應
兄 酉 ―
孫 亥 ―
父 丑 - - 世               寅일(오미공망)
```

질문은 우려점이면서 과거형으로 봐야 합니다.

부인 – 우리 측 세효, 남편 – 상대측 응으로 봅니다.

남편 공망이니까 못 봤습니다. (응에 급소통변하기 쉽게 공망으로 딱 답을 줍니다)

15) 이 남자 만나도 괜찮은지요. (화풍정 5효동)

50대 중반 여자분 둘이 중요 상담 다 끝나고 한 분이 화장실 가는 틈을 이용하여 내게 지인에게 소개 받은 남자가 있는데 이 사람과 만나도 되느냐고 물으십니다.

```
▶ 이火궁 (화풍정)
..........................
兄 巳 ―
孫 未 -//-(財 申)應        酉月
財 酉 ―
財 酉 ―
官 亥 ― 世               酉日(진사공망)
孫 丑 - -
```

세효 관효 – 월일 왕상 맘에 들었음을 볼 수 있습니다.

응효는 토극수로 나에게 적극적으로 덮쳤다, 그러다가 맘 변해서 내게 금생수로 별이라도 따다 줄게 하고 있습니다.

좋네요. 내가 원하는 것 다 들어 주고 이 분 재력이 엄청 좋네요. 했더니 남편에게 불만은 없는데 그래도 나쁜 사람일까 봐요.

이 분 사주 분명 관인상생 잘 되어 있었습니다. 근데 이런 분도 이러는 구나하고 깜짝 놀랐습니다.

저 남자는 동효 일 때는 저 여자 분에게 별 맘이 없고 장난처럼 일을 저지른 것 같습니다. 그런데 변화하여 금생수하니 거사 전과 거사 후가 다릅니다. 저 남자는 이 여자에게 모든 것을 다 준다고 맘먹고 있는 것이 보입니다.

16) 모레 거사를 잘 치룰 수 있나요? (천택리 4효동)

겸사랑 같은 고향 쪽 아저씨(50대) 부동산 중개인 하시다가, 다른 직업하십니다. 키도 작고 달마대사 같은 얼굴, 그러나 참 착하십니다.

부인이 10년 전에 자궁 수술로 수절? 한지 10년이라고 합니다.

만나려고 하는 부인은 자신보다 연상의 여자 분인데 이 남자분이 몇 년 전부터 그녀 아들, 그녀 취직도 알선해 주었다고 합니다.

몇 번 그녀와 거사를 치르려 했지만 번번이 실패 본 비운의 아저씨입니다.

이번에도 뭔가를 도와줬는데 모레 만나기로 했다고 하시며 이번엔 잘 될지 물으십니다.

```
▶ 간土궁 (천택리)
..........................
兄 戌 ―
孫 申 ―世              酉月
父 午 ―/ (兄 未)
兄 丑 - -
官 卯 ―應              酉日(진사공망)
父 巳 ―
```

세효 신금 의지력을 월일 왕상 대입하니 참으로 이번엔 꼭 성공하리라는 결심이 보입니다. 한편 응효 묘목 그녀는 월일 왕상 대입하니 환경 안 되고 참 불쌍합니다.

왜냐하면 월파 일파에 이런 걸 일러 천금부에서 응위조상 불리타인지사라 하여 둘이 도모하는 일에 응이 월과 일로부터 상처를 받으면 상대방의 환경 때문에 일을 이룰 수가 없다고 했습니다.

게다가 저 오화 부효 동하여 우릴 극하니 일이 점점 커집니다.

부효는 (전화, 장소 핑계, 어른, 문서 등) 이 중에서 만만한 것으로 안 된다고 할 것 같음이 보입니다.

  이번에도 안 되실 것 같네요. 했더니 이 말이 끝나자 일어나셔서 컵에 물 뜨러 가셔서 물 한 컵 가져오셔서 들이키십니다.
  참 웃어야할지 울어야할지 점치면서 무척 미안해집니다.
  다음에 기회 잘 보셔서 꼭 성취하시라고 말씀 드릴 수밖에 없었습니다.

17) 동거중인 이 남자와 속궁합 좀 봐주셔요. (수산건 2효동)

내가 속으로 속궁합은 지가 더 잘 알지하면서 이런 것이 육효점으로 나올지 모르나 이 상담자가 궁금하다고 하니 하늘에 묻고 던지라고 주사위를 줍니다.
현재 일본에 거주하고 한국에 가끔 나온다고 합니다.

```
▶ 수산건 (태금궁)
  ......................
  孫 子 - -
  父 戌 ─                   戌월
  兄 申°- - 世
  兄 申 ─
  官 午 -//- (孫 亥)          卯일(신유공망)
  父 辰 - - 應
```

자아 이 괘나 은밀하게 파악해봅니다.
세효 신금 공망은 난 정말 의심스러워요.

응효 그 남자 진토에 월파에 뭐 그다지 그 쪽 방면에는 도가 트이지 않음을 추측해봅니다. 그래도 우리를 토생금 하니 봉사정신은 잘 갖췄습니다.

오화가 동하여 응은 도와주고 우리는 극하니 번지수를 참 잘못 잡습니다.
자신은 이렇게 하면 그녀가 좋아 할거야 하고 시도하면 그녀는 화극금으로 아픕니다.
저 동효가 극하다가 회두극을 받아야 하는데
이럴 때는 10에 9는 잘못 짚고 1은 잘 짚습니다. 뭘 짚냐구요?
못 알아들으면 통과입니다.
내가 그 사람이 노력은 한다고 하는데 네가 원하는 곳이 아니지? 했더니
답답해 미칠 것 같다고 합니다.

그래서 내가 하는 말이 그러면 물가나 샤워 실 혹은 욕탕은 문제없다는데 했더니 물가는 불가라고 합니다.

목욕탕 없고 샤워부스는 혼자 들어갈 만한 사이즈라고 하여서 둘이 깔깔 웃습니다.

왜 겸사가 물 처방을 했을까요? 당연히 저 오화 죽이려고 그렇지요.

그럼 저 진토를 강화시키는 것은 화와 토인데 화는 그녀를 불쾌하게 하니까 불을 끄고 음양화합을 하라고 하니 저 동거남이 늘 하는 말이 불 끄자고 한다고 합니다.

그래서 내가 하는 말이 오홍 그래? 그럼 불 꺼 했더니 낮이나 햇볕이 조금만 있어도 어쨌건 환하면 싫어한다고 합니다.

그래서 이 여자 분은 정말 이해가 가지 않았다고 합니다.

그래서 둘이 이 얘기로 어찌나 웃었는지 모릅니다.

속궁합 고민 안 해도 어떻게 봐야하는지 이제 감이 잡히시지요?
(결과 이점사가 2014년 점사이고 15년 9월에 16년 결혼한다고 연락 왔습니다)

18) 만나는 여자와의 관계 (지뢰복 5효동)

전문직 남자 분(40대) 일관계로 만나다가 애정이 시작되었다고 합니다.

부인과는 떨어져 살고 있다고 합니다. 알고 보니 이 여자분 유부녀인데 남편과 한 마디도 안하고 산다고 했답니다. 질문자와 서로 위로가 되고 맘이 잘 맞았다고 합니다.

내게 이분이 이런 얘길 한다는 것은 마음 정리하시려는 의도라고 보여 져서 내가 이분에게 어디까지? 했더니 키스라고 하십니다.

뭐라고 정리를 못해서 내가 둘이 앞으로 사이가 어떨지 하늘에게 물으라고 주사위 드렸습니다.

```
▶ 지뢰복 (곤土궁)
.....................
孫 酉 - -
財 亥 -//-(兄 戌)         子月
兄 丑 - - 應
兄 辰 - -
官 寅 - -                 巳日(신유공망)
財 子 ―  世
```

세효 재가 임하여 나는 여자로서 맘에 들었어요. 라고 읽힙니다.

세응이 자축 합이면 이미 합이 되었다는 증거인데 앞에서 키스까지라고 하니 뭐 그냥 넘어갑니다. 대개 남녀관계서 6합은 할 거 다한 것입니다.

응효 그녀 측에서 토극수 상황이니 응의 맘으로 들어가면 나는 네가 편해요 쉬워요 입니다.

세효 남자 입장에선 난 토극수 받아 그쪽이 부담스럽게 끼부려요 들이 댔어요, 나는 당할 뿐이에요 매우 그녀가 적극적이에요. 라고 보입니다.

자축 합은 극합으로 아름답지 못한 합, 곧 끝나는 관계입니다.

그러나 응이 일진에서 생조 받으니 축월 이후로는 주도권이 넘어가게 되고 우리 세효는 축월부터는 억압당하거나 관리 당할 수 있습니다.

가만 보면 응효는 월에 자수 랑도 6합하고 있기에 양다리임으로 그녀는 품이 매우 넓습니다.

예전에 장태상 선생님께서 수업하시면서 우리에게 여자가 착하면 동네에 시아버지가 많다고 하셨는데 이 여자 분은 착한 여자입니다.

질문자 분이 기왕 정리하려고 묻는데, 내가 왜 이 여자를 옹호하는가? 저위의 말을 이분에게 다 까발립니다.

선생님이 왕초보인데 그녀는 아닌 것 같다고 축월 되면 우리 쪽은 흥미 잃을 수 있는데 저 여자 분은 더욱더 본인을 구속할 수 있으니 기왕 정리하기로 맘먹으셨다면 그리 하라고 하였습니다. 그리고 그녀는 양다리라는 것을 고자질 했습니다.

현시대인들에게 영혼적 사랑이니 뭐라 뭐라 해도 몸이 가지 않으면 주변 사람들에게 돌팔매 맞지 않음을 봅니다. 다행히 몸이 가지 않았다면 이곳에서 정지하라고 권유했습니다.

명예직, 공무원 기타 등등의 남자들은 스캔들 한 방이면 치명타인 세상입니다.
영악한 여자들은 남자들을 리드하면서 죄책감 없게 혹은 책임을 남자로 돌리지 않게 자리 만들어 놓고 페어플레이 하는 여자들은 별로 없는 것 같습니다.

술자리에서 남자 더듬기, 안기기 페어플레이 안하는 여자들 확 그냥 막 그냥입니다. (2017년 현재 이 남자 분은 이 일은 추억이 됐습니다)

19) 첫사랑 네 근처로 이사하는데 마주칠까 두려워요 (화산려 5효동)

40대 여자분, 남동생의 회사출퇴근 시간이 1시간 30분이라 50분 단축한 거리로 이사하는데 공교롭게도 예전에 첫사랑 남자(거의 본인이 스토커였고, 그래서 까임. 지금은 결혼할 남자 생김)가 있는 동네인데 혹시 마주치면 어떻게 하냐고 불안 불안해 하며 2년만 살 것이라고 합니다.

2년 동안 이 남자랑 마주치 않느냐고 점단합니다.

```
▶ 화산려 (火)5효동
................
兄 巳 ―
孫 未 -//- (財 申)           丑월
財 酉 ―應
財 申 ―
兄 午 - -                    丑일(진사공망)
孫 辰° - - 世
```

우려점사처럼 보면 됩니다. 우려점 공식은 본인점에선 동효로부터 세효가 극 당하지 말자입니다.

상대가 날 극하면 마주치게 됩니다. 혹은 다른 글자가 동하여 날 극해도 그 동효의 육친 때문에 마주칩니다.

세효에 진토 공망입니다. 점칠 때 2년간의 단서가 있으니 2년간 내가 못 봅니다.

게다가 동효 미토가 날 극하지 않고 왕상하게 함으로 마주치지 않으니까 걱정하지 말라고 했습니다. (지금은 시집가서 잘 살고 있습니다)

20) 그녀와 헤어지고 싶어요 (천풍구 상효동)

수업시간에 지방 남자고객 50대 후반이 전화 와서 쭈뼛쭈뼛 저어 사실 제가 예전부터 사귀던 여자가 있는데 말씀을 잘 못하고 있습니다. 나는 수업 나가야하고 해서 그래서 지금 뭘 점치면 되냐고 하니, 헤어지고 싶은데 윤리상도 그렇고 합니다.

그럼 둘 사이가 앞으로 어떠냐고 물으면 되냐고 했더니 그렇다고 하십니다.

```
▶ 건금궁 (천산돈 ) 상효동
........................
父 戌 —/ (父 未)
兄 申°— 應              寅月
官 午 —
兄 申 —
官 午 - - 世            午日 (신유공망)
父 辰 - -
```

항상 심리는 1:1 세응 보시고 월일 왕상을 각각 대입하고 동효 봅니다.
내가 못 헤어지실 것 같아요 했더니 헤어져야 하는 데만 계속 그러시기에
그럼 전화와도 받지 마셔요. 5일 오기 전까지요 했습니다.
5일 후면 공망 풀립니다.

에이, 전화를 어떻게 안 받아요.
내가 그럼 맘대로 하셔요. 했더니 그녀가 힘들게 하진 않는데 어쩌고 하시면서 끊습니다.

내가 못 헤어지실 것 같아요 라고 말한 이유를 여러분들은 눈치 채셨나요?
- 세효 의지가 너무 강합니다. 휴수해야 그녀에게 맘이 떠납니다.
그럼 전화와도 받지 말라고 한 것은 왜 일까요?

그녀는 지금 공망에 월파로 그녀와 이달에 깨졌습니다.

헤어지려면 지금이 그녀가 공망으로 딱 적기인데 부효가 동하여 통관을 시킵니다.

그래서 저 연락만 차단하면 그녀가 힘을 잃으니까 헤어지는 것이기에 그렇게 말했답니다.

우리가 화극금으로 칼자루 쥐고 있는 상태라 사귀어도 큰 문제는 없습니다.

무릇 남녀사이는 한 사람만 식어도 끝나는 것입니다.

서로가 굳이 헤어져라 혹은 헤어지지 마라 안 해도 연락이 서서히 끊기면서 끝나는 것인데, 그냥 이분은 내가 그녀를 만나서 훗날 힘들다고 이런 식으로 말하면 정리 하려고 했을 텐데 못 헤어진다. 맘대로 하라고 했으니 당황했을 것입니다.

질문자가 월일 왕상하여 저렇게 미련이 남았는데 내가 헤어져라 마라를 할 수 있나요? 여러분들도 말과 괘는 다른 것이라는 것을 말씀드립니다.

되도록 진실은 뽑은 괘에서 기준을 잡으라고 씁니다.

결국 이 점사는 간보기 점사로 겸사가 낚인 것인데 그래도 헤어지지 못할 것이라고 했으니 저분 속으론 좋았을 듯합니다.

21) 90대 시아버지의 로맨스 (산천대축 상효동)

시어머니가 돌아가신 것은 올해 1월.
시어머니가 몸 불편할 적에 가사도우미(60대 초반) 아주머니가 와서 시아버지와 정이 든 지 어언 2년 동네에서 그 여자 꽃뱀이라고 조심하라고 귀 뜸을 해 주셨다고 합니다.

시아버진 직장에서 높은 지위에 있으셨던 분인데 요즘 그 아주머니와 술도 드시고 부부처럼 정겹다고 합니다.
장남과 며느리가 걱정이라고 말씀드리면 시아버지는 니들 오지 말라고 하고 다른 요양사 여자 분을 보내면 며칠 다니지도 않았는데 월급 줘서 내보내는 시아버지 라고 합니다.

시아버진 매달 380만원 연금 나오고, 집 한 채, 현금 1억 가지고 계시고 있는데 질문자인 장남과 며느리도 살만큼 살고 있습니다.

며느리가 달콤하게 서울로 모신다고 하니 그러자고 해놓고 그녀가 서울 가면 죽는다고 꼬드기는 바람에 집 내놨던 것도 다시 거두고 지금 저 지방에 눌러 앉아 계신다고 합니다.

시아버진 그 아주머니 오면 택시비 5만원은 기본으로 주시면서 거의 살다시피 한다고 합니다. 이 며느님의 왕고민은 이 꽃뱀 같은 여자에게 집 한 채 날아가는 것은 아닌지 입니다.

시어머니 살아계실 때에도 술 그만 드시라고 하면 그 아주머니에게 시아버지 검지 쭉 펴시고 한잔 만 싸인과 윙크작렬 이었다고 합니다. 시어머닌 아시면서도 그냥 놔두라고 며느리에게 말했다고 합니다.

그래서 내가 뭘 물으실 거냐고 하니 두 분 사이가 앞으로 어떨 건지 물으시기에 내가 점보나 마나 정이 들 만큼 들었는데 했더니 며느리는 그래도 아무래도 그녀는 돈이 목적인 거 같지 않느냐고 묻습니다.

나는 속으로 이걸 왜 점쳐야 하나 당연한 것을 하면서 주사위를 드렸습니다.

```
▶ 간土궁 (산천대축) 상효동
...................................
官 寅 ―/ (孫 酉)
財 子 - - 應          辰月
兄 戌 - -
兄 辰 ―
官 寅 ― 世           申日(오미공망)
財 子 ―
```

우리 측 시아버지는 인목 관효로 쇠약하십니다.

그녀는 자오묘유에서 자수로 이쁘고 끼 있고 의지 있고 우릴 수생목하니 지극 정성이 입니다.

상효 시아버지와 같은 관효가 동하면서 회두극을 당합니다. 시아버지와 같이 생긴 라이벌은 깨어집니다.

관동하니 우리 측에선 당연히 돈 나가고 회두극으로 금극목 당하긴 하는데, 이 여자분이 시아버지 만나는 한 돈은 계속 그녀에게 따릅니다.

그녀의 목적은 관을 동하게 하는 것이 보입니다.

왕상하니 인격이 나쁘지 않은 그녀, 이쁘고 교양 있냐고 하니 그렇다고 하십니다. 응효에 재 붙어서 그녀가 먹을 것 잘 챙기냐고 하니 음식 잘 먹여주신다고 합니다.

우리 시아버지 측은 월일 휴수하여 그녀에게 목숨 걸진 않지만, 그녀는 일진에서 생조 받아 우리 시아버지를 금방 포기 하지 않고 그녀는 시아버지에게 수생목으로 계속 잘할 태세라고 하니 점치러 같이 온 분과 둘이 상의하더니 서울 집으로 오자고 해서 싫다고 하시면근저당 설정으로 집을 해달라고 그리고 당신 연금은 그녀와 돌아가실 때까지 맘껏 쓰시라고 하신다고 하십니다.

여러분들도 저 할아버지처럼 노후에도 여유롭게 사시길 바랍니다.
(결과 : 1년 정도 계속 이렇게 갔습니다)

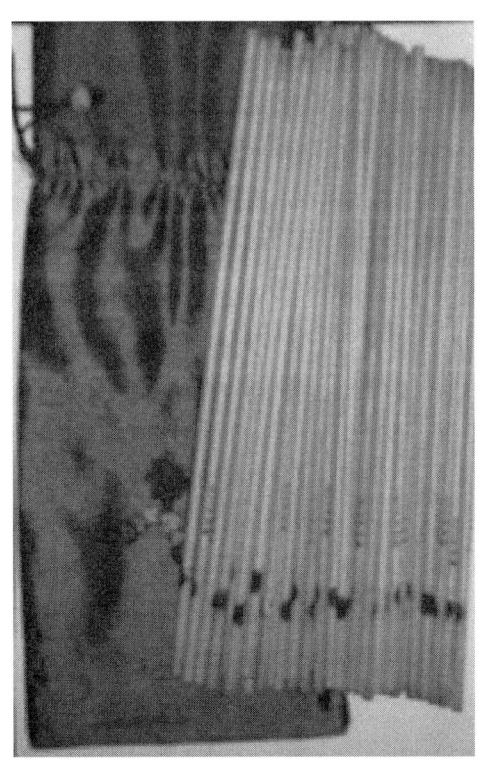

22) 사귀자고 하는 사람 (택수곤 4효동)

40대 풍채가 좋은 여자 분이 어떤 남자가 자꾸만 사귀자고 하여서 계속 팅기고 있는데 이 남자랑 앞으로 사귀는지 물었습니다.

우리 육효 수업 전에 공개적으로 물으신 점사입니다.

```
▶ 택수곤 (태금궁) 4효동
..............................
父 未 - -
兄 酉 —                    巳월
孫 亥 —/ (兄 申) 應
官 午 - -
父 辰 —                    辰일(오미공망)
財 寅 - - 世
```

6합변 6충입니다.

그것도 우리가 동한 게 아니라 저쪽이 동하여 변심 합니다. 내가 잠만 잤다하면 그날로 끝이라고 어쩔 거냐고 했더니 남자가 나를 좋아한다고 사랑한다고 그렇게 매달리는데 점괘가 이게 뭐냐고 어이없어 웃으십니다.

주역점은 어떤지 보겠다고 하여서 내가 이미 끝난 점을 뭘 주역점이냐고 딴 사람 알아보라고 하니 기어이 또 점단합니다.

뢰천대장 5효인가 4효인가 효사에 그 양을 빨리 잃어버리면 길하다는 점사가 나와서 우리 또 박장대소 했습니다.

우리는 그 양을 빨리 잊으라고 개 구박 합니다.

이 점사는 세응을 보는데 응이 동하여 우릴 차는 형상입니다.

23) 바람난 형부 (지택림 2효동, 4효동)

11시 옆집 미용실 원장님이 한 분 데리고 우리 집에 오시고 그리고 가셨습니다.
내가 주인공이 누구냐고 하니 언니와 형부 생년월일 가져와서 둘이 어떤지 보려고 사주를 주시기에 사주는 안 보고 그냥 느낌 상 부부 사이가 문제가 되냐고 하니 그렇다고 하십니다.

주인공들은 모두 50대 중반이라고 합니다.

세효는 언니가 되는데 인목 관이 퇴신 되었지만 왕상자 잠시 불퇴로 관효는 현재 심정도 되고 남편을 바라보는 눈도 됩니다. 왕상하니 일단 통과합니다.
응효 형부는 해수 잡고 월파입니다. 응효는 저 일진과 6합이 보입니다.

내가 형부가 요즘 나온 여자(일진 인목)랑 바람 피웠다가 이번 달에 발각 되었지요?
네 하십니다.
여기선 일단 이 여자와 이번 달에는 월파라 깨진 것으로 보이고 언니는 관효를 잡았고 형효를 동하게 했으니 돈 나간 문제나 이런 걸로 형부에게 뭐라 뭐라 하셨냐고 하니 그렇다고 하시면서 보충 설명 하여 주십니다.
자꾸만 영상통화로 형부를 괴롭히니까 형부는 이혼하자 별거하자 하는 중이면서 언니가 법원가려고 하는 걸 이 고객이 잡아다 놓고 있는 중이라고 합니다.

여기서부터는 분점 들어갑니다.

그 여자와 우리 형부는 앞으로 어떤가? (천뢰무망 상효동)

세효 오화 형부, 월일 강하여 난 이 여자를 절대 포기 못한다고 생각 중입니다.

상대 여자 자수는 휴수하고 공망으로 그녀가 안 만나려하고, 재가 동하여 그녀를 때리니 아마 이 남자에게 돈을 받으면 끝날 듯합니다.

그러나 형부 측이 월일에서 강해서 미련을 못 버리다가 신월 미월만 되어도 힘이 빠지기에 언니에게 잘 전달하라고 하면서

이 사람들은 가만히 놔두면 여자가 안 만나고, 8월초부터 남편이 시들해져서 조용히 끝나니까 어차피 이혼 안 할 거라면 남편을 자꾸 단속 들어가면 둘 사이의 관계정리가 더 늦어지니까 문자로만 연락하라고 하시라고 합니다.

이혼은 차차 얘기하자고 하면서 남편을 괴롭히지 말라고 했습니다.

왜들 들키고 그러나요. 여러 선생님들도 다 아시는 상식은 어떤 충격도 3개월이면 감소한다.

그리고 남녀사이는 떼어 놓으려고 하면 할수록 더 공고해진다. 입니다.

24) 사윗감 둘 중 누가 나은지 (뢰지예 4효동, 천산돈 상효동)

겸사네 집에 엄마랑 따님이랑 첫 방문 때 따님의 나이가 20대 후반에 오셨는데 그 딸이 벌써 40이 되었다고 합니다. 아직 결혼 안했고, 이 따님은 모 대학교 조교수님이 되셨다고 합니다.

항상 따님과 함께 왔는데 왠지 오늘은 엄마만 오셨습니다.
엄마가 이 딸의 배필감이 둘 있는데 누가 더 나은지 보러오셨다고 하십니다.

```
▶ 진木궁 (뢰지예)                          ▶ 건金궁 (천산돈)
..........................                 ..........................
財 戌 - -                                  父 戌 —/(父 未)
官 申 - -           寅월                    兄 申°— 應           寅월
孫 午 —/(財 丑)應                           官 午 —
兄 卯 - -                                  兄 申 —
孫 巳 - -           丑일(신유공망)          官 午 - - 世         丑日(신유공망)
財 未 - - 世                                父 辰 - -
```

여러분들이라면 누굴 택하나요?
왼쪽 괘는 동효만 빠지면 참 좋은 괘입니다.
여자의 혼인점에선 세효에 손효만 안 잡으면 통과합니다.
응이 변화해서 6충을 만들어서 좋다가 말았습니다.
전형적인 자고 나면 깨지는 괘이기도 한데 저렇게 월일에서 왕상하면 결혼한다고 했다가 안한다고 했다가 반복입니다.

오른쪽 괘는 응이 공망이라서 공망 공식 중, 진실한 사람이 아니다, 혹은 안 만나고 있다 중 왜 안 만난다고 하냐고 하니 항상 그 쪽이 만나지 말자고 하고 또 연락한다고 합니다.

여자의 혼인점에서 세효에 관효를 잡으면 별 불만이 없고 맘에 들었다 입니다. 동효 부효가 세와 응을 통관시켜서 또한 좋습니다.

왼쪽은 무뚝뚝하고 오른쪽은 거짓말을 가끔 한다고 그것 때문에 그저 그렇다고 합니다.

왼쪽은 만남이 길 다면 그쪽 변덕으로 만났다가 헤어졌다가 만났다가도 되지만 짧은 만남이라면 깨어집니다. 6합하기 전까지는 다 줄 것 같지만 자고 나면 변심 할 수 있습니다.

오른쪽 찍어드리고 왼쪽은 아마 안 될 것 이라고 했습니다. 일진 축토도 미토를 자꾸 극하니 좋아 보이지 않았기 때문입니다. 결혼까지 시끄러울 것 같습니다.

25) 절 여자로 보는지 (뢰지예 5효동)

이 더위에 오신 분 50대 후반 유부녀이십니다.
전반적으로 건강하시고 날씬하십니다. 겸사는 여자가 날씬하면 50점을 주고 시작합니다.
이것저것 물으시다가 동호회에서 만난 어떤 할아버지가 자꾸 밥 사준대서 동료와 같이 먹었다고 하십니다. 근데 본인에게 자꾸만 잘해준다고 하십니다.

여기까지만 들으면 여자분 엄청 소심하고 그런 거 같지요?
이분 100평 넘게 사시고 남편이 스카이 대학 나오셔서 건물 몇 채를 가지고 있으며 남편이 하도 바람나서 지친 분이십니다.

친구들은 남자가 제네시스 차도 사주고, 있는 집 남자들은 여친에게 펑펑 쓰신다고 하십니다. 그러니까 질문 (나를 여자를 보느냐) 속에는 이 정도의 돈을 자신에게 써줄 사람이냐 고가 숨어 있습니다.

내가 빙글 빙글 웃으면서 무슨 그런 남자가 어딨냐고 했더니 혹시 하십니다.
내가 또 남편분이 돈도 잘 주시던데 남편 비유나 맞추셔서 용돈 더 타심 되지 않냐고 했더니 그렇지 않아도 남편이 비아그라 먹고 어떻게 한 번? 하시기에 되었다고 거절 하셨다고 합니다.

그런데 부인에게 똥배가 그게 뭐냐고 흠잡았다고 하십니다.
이 분이 화가 나셔서 야 잇! 여자가 뱃살이 나온 건 남편이 안아주지 않아서 그렇다더라 하셨다고 하십니다.

어험 그럼 뭐냐? 이 말에 왜 내 뱃살이 깜짝 놀라는지?
똥배랑 남편과 상관관계가 있다고요? 오늘도 새로운 사실을 하나 배웁니다.

```
    ▶ 진木궁 (뢰지예)
    ......................
    財 戌 - -
    官 申 -//- (官 酉)          未월
    孫 午 ―  應
    兄 卯 - -
    孫 巳 - -                   午일(신유공망)
    財 未 - - 世
```

세효 미토 재효를 잡아서 혹시? 하는 맘 가질 수 있습니다.
응효 오화가 세효를 생조하니 예뻐하는 것도 맞습니다.

그런데 하필 5효 관이 동해서 진신 되는지 고추가루 획 뿌린 점사가 되었습니다.
내가 그분이랑 친해지시면 구설발생하고 남편이 이 사실 알게 되고 선생님 곧 혹스러워진다고 이쯤에서 접으래요. 했더니 정말? 그래요 알았어요. 하십니다.
복잡한 6합괘 그냥 이럴 땐 통변하지 마시고 넘기시면 됩니다.

이 6합을 하나하나 들쑤심 복잡해집니다.
이 사람이 궁금한 것은 저 남자가 자신에게 사랑의 징표로 선물 현금 다 써주겠냐고 물었고 답은 오히려 돈이 나가거나 구설의 상이니 아니라는 답만 알려주면 됩니다.

왜 남친에게 뭔가를 얻으려할까? 사랑은 무조건 뺏는 것이니까?
내가 이 사람 저사람 상담을 많이 해보지만 사랑의 색깔은 너무나 많습니다.

26) 들키지 않을까요? (지산겸 초효동)

전화로 선생님 오늘 꼭 만나야 할 사람이 있는데 누군가에게 들키면 안 되는 사람이 있다고 합니다.

오늘 만나면 안전한지 물어 봅니다.

```
▶ 지산겸 (태금궁)
     ┈┈┈┈┈┈┈┈┈┈┈
     兄 酉 - -
     孫 亥° - - 世          午月
     父 丑 - -
     兄 申 ―
     官 午 - - 應          寅일(술해공망)
     父 辰 -//- (財 卯)
```

1회성 질문, 우려점 – 세효가 동효에게 극 당하지 말자입니다.
동효가 세효 극하는데 공망이 살립니다.

안전이라는 답 문자를 보냅니다.

저거 긴 점이면 공망이 풀리면 걸리는데 1회성 짧은 점사라 무탈합니다. 공망이 이렇게 유용합니다. 천금부에 괘우흉성(괘가 흉성을 만나면) 피지즉길(피하면 길하다)

뭘 들키느냐고요? 나도 모릅니다. 그냥 이렇게 문자와서 답을 보냈을 뿐입니다. 불륜 19금 같습니다.

27) 운명의 사랑인가요? (진위뢰 초효 3효 5효동)

더위에 저녁에 밥 차려 먹기 싫어서 저 멀리 내 고객 네 식당으로 걸어갔습니다.

마침 사람들이 다 빠져서 나 혼자 밥을 먹습니다.

여 사장님이 궁합을 보았음 한다고 하기에 본인이냐고 하니 그렇다고 하십니다.

겸사보다 한 살 많으시고 예쁩니다. 머리도 길고 여성스럽습니다.

저번에 전남편 불러다가 식당 일 배우게 하려고 하는데 남편이 다시 합치자고 해서 싫다고 하니 전 남편이 저년이 바람피웠다고 칼 들고 설쳤다는 그 집입니다.

이분은 아기 낳고도 남편이 월급 한 번 안 가져다 줘서 혼자 아기 다 키우신 분인데 이혼 후 10년을 기다려 온 사람이 이 사람인 것 같다고 하십니다.

나는 밥 먹으면서 조용하게 "메모지에다가 48까지 숫자 중에 6개만 적어주셔요" 했더니 이거 막 생각하면서 적냐고 하기에 거기에 운명이 달렸으니 알아서 적어 오라고 했더니 괘가 아래와 같습니다.

```
▶ 진위뢰 (진木궁)
..........................
財 戌 - -   世
官 申 -//- (官 酉)           午월
孫 午 —
財 辰 -//- (官 申°) 應
兄 寅 - -                    辰일 (신유공망)
父 子 —/ (財 辰)
```

이렇게 괘가 3개 이상이면 천금부에서 내외경발 사필번등(내외 괘가 다투어 동하면, 번뇌와 갈등을 한다)고 했는데 의역하면 내외 괘에서 3개 이상 동하면 반복, 지체 변동 된다고 했습니다. 즉 이루려면 시간이 많이 걸립니다.

또 보이는 것이 먼저 6충괘가 나왔기에 이 사람 이별 분리 실패 파산한 사람이
죠? 했더니 연하의 남자라 총각인데 사업이 부도가 났다고 합니다.

본인이 볼 때 안쓰럽고 부산 쪽에 사는데 결혼하자고 하여 그녀는 생각할 시간
을 달라고 했더니 저번에 만나러 왔다간 괴로워하고 울면서 가기 싫어했다고 합
니다.
함께 있으면서 이렇게 잘 해주는 사람은 처음이라 이게 운명적인 사랑인 것 같
았다고 합니다.

이렇게 많이 동해도 우리는 볼 것만 보면 됩니다. 우리 측은 변화하지 않았고,
상대방 응은 변화하여 공망 신금으로 되었으니 서로 비교하면 결국은 우리 측 토
가 저 응효 신금을 토생금 해줍니다.

내가 그녀에게 퍼주는 사랑, 내가 보살펴주는 사랑 , 돈이면 돈, 다 주어야 하
는 사람이라 삐익 하면서 손으로 엑스자를 그렸습니다.

3일 동안 지방에 사는 사람이라 본인이 다 접고 내려가야 하는지 속 끓이다 나
를 만났다고 자신도 너무 괴로웠다고 합니다.
뭐가 그리 안쓰럽냐고 내가 물었습니다. (연민은 곧 사랑이니까요)

고속도로에서 하이패스도 안 달고 가면서 저기 잔 돈 가진 거 있지? 하면서 카
드도 못 쓰고 현금을 내더라는 것과 술값 좀 내달라고도 했다고 합니다.
지금 사업을 한창 벌여놓았는데 집도 없더라고 합니다.
그게 안타깝다고? 찌질이구먼 이건 내 생각입니다.

술값을 선생님이 내셨다구요? 교통비도요? 거기 잘 생각해 보시라고 했습니다.
저 사람과 살면 평생 선생님이 그런 거 다 부담해야 한다고 하니 그게 좀 안타

까우면서 걸린다고 합니다.

세효는 지금 월일 왕상하여 지금 포기가 안 됩니다.

내가 이렇게 동한 효가 많으면 지체, 반복 되는 형상이니 더 기다려 보시라고 상대방이 공망이니 본인에게 다 못한 말도 있다고 했습니다.

50세가 가까이 와서 이젠 더 남자를 위해 희생할 수 없다고 하십니다.

전 희생은 전 남편으로도 충분하다고 합니다.

저 응효 훗날 신금 공망으로 빠질 사람이 왜 그리 이 여자 분에겐 그리도 몸부림을 쳤을까? 눈물을 흘리며 매달린다고 하시며 이런 사랑을 받을 자격이 있는지 자신은 몹시 좋았다고 하십니다.

내가 그냥 남들처럼 사귀시면 안 되냐고 하니 자신은 몰 빵을 하는 사람이라 그건 안 된다고 합니다. (몇 달 후에 뵈니 아직 그냥 만나기만 한다고 하고 그래도 여전히 끌린다고 합니다)

혼인점에선 여자 측에서 제일 안 좋은 것은 세효 손효 잡는 것이고 두 번째 안 좋은 것은 우리가 생조하는 것입니다. 짝사랑이면서 내 것을 다 내줘야 합니다. 끊임없는 희생입니다.

28) 권할 수 없는 배필감 (산택손 5효동)

오랜만에 온 이쁜이 여자 손님 혼기가 됨.
일하다가 만났다는 전문직 남성, 이 남자는 한 번 갔다가 왔다고 합니다.
누구나 들어도 좋은 직업입니다.

둘이 배필감으로 어떤지 물었습니다.
남자의 집에도 몇 번 가봤다고 합니다. 만난 지는 몇 개월 안 되는데 일하는 것도 그렇고 이젠 누구라도 결혼하고 싶다고 합니다.

```
▶ 간土궁 (산택손)
........................
官 寅 ―應
財 子 -//-(父 巳)        辰월
兄 戌 - -
兄 丑 - - 世
官 卯 ―                  戌일(신유공망)
父 巳 ―
```

세효 봅니다. 형제 효라 저 의지 좀 보게 누가 말려도 이 사람이 좋아요. 입니다.
진월에 술일에 축토 세효를 강화시키니 빠져도 푹 빠졌습니다.
여자 궁합점에서 세효 손효가 더 위험하니 일단 통과합니다.
형제 효는 머릿속에서 계산기 때려봤다는 의미도 됩니다.

응효 봅니다. 인목 남자는 월일에 생조 안 받으니 우리에게 푹 빠지지 않았습니다.
목극토에다 재효 쥐 알통만 한 것 가동시키니 우리에게는 밥 사줘 뭐 사줘 입니다.
그러면서 동효 자수가 응 인목을 강화시키니 세효 넌 내꺼야 널 취 하겠어 라고 읽힙니다.

응효 너 겸사에게 딱 걸렸습니다.

응효야 니가 지금 부동산이 많니? 현금이 있니? 그렇다고 가정적이 좋니? 인품이 좋니? 확 그냥 막 그냥 하고 속으로 말합니다.

현금은 재효, 부효는 부동산 문서로 보려고 해도 저 사화 집 한 채만 보여서 그 사람 집 아파튼감? 네 합니다.

저 형효들은 사채, 우리와 똑같은 여자들 점점 일이 커지네입니다.

돌아가신 우리 문청 선생님께 내가 예전에 사주 들이대고 선생님 이사람 좋지요? 하면 나를 뚫어지게 쳐다보시면 난 정확하게 3초 후에 선생님 죄송합니다.

하면 선생님은 겸사 여기로 시집가면 죽도록 고생해 그 기억 떠오르네요. 뚫어지게 쳐다보면 저애가 나처럼 알아듣지 못하겠지요?

차마 라이벌 얘긴 못하겠고 난감합니다.

그 사람 좀 더 만나서 재정 관계를 체크해야 할 것 같다고 말하고 더 좋은 사람 또 나오니까 성급하게 모든 것을 믿지 말라고 하면서 내가 추천할 수 있는 사람은 본인을 생조하여 내말을 다 들어주거나, 같은 글자이거나이며 더불어 재정적으로 안정이 되었다거나 그것도 안 되면 집안이 좀 좋거나 해야 그래야 잘 해보라고 한다고 설명하니

엄마가 사주를 보러 갔는데 나랑 비슷한 말을 해서 그땐 무시했다고 합니다.

주변에서도 이상하다고 반대가 심하다고 합니다.

저렇게 응효가 휴수하면 휘리릭 육수 한 번 올려서 암산 때려봅니다. 현무지요?

답은 보이는데 저 세효가 맘이 쉽게 접으려는지 못 믿겠습니다.

저 남자는 계속 결혼하자고 한다고 합니다.

결혼 하자고 하면 막상 하지도 못한다고 합니다. (왜? 휴수하니까...)

이쁜아 좀 우리 잘 생각하자고 지켜보라고 했습니다.

29) 거사를 치룰 수 있을까요? (산수몽 상효동)

저번에 울 카페에서 몇 번 말씀드렸던 그 비운의 아저씨.
부인 거시기가 수술로 막혀서 몇 년을 수절? 아닌 수절하고 계신 분입니다.
겸사님 이여자랑 내일 만나서 원 나잇 할 건데 괜찮을까요?
(아시다 시피 이분은 그곳에 가서도 여자가 우는 바람에 일을 성사 못하시고 못하시고 했던 맘 착하신 분입니다)

```
▶ 이火궁 (산수몽)
..........................
父 寅 —/(財 酉)
官 子 - -                    卯月
孫 戌 - - 世
兄 午 - -
孫 辰 —                      酉日 (인묘공망)
父 寅°- - 應
```

세효 우리 측 이리도 술토가 약해서 거사나 하실 수 있나 모릅니다.
응효 그 여자 공망 나 안 만날 거에요, 난 진실이 아니에요 나 당신 우스워요 정력은 이 여자가 더 우월함
상효에서 응과 같은 글자가 동하여 우리를 극하니 이를 어찌 통변하나 내가 선생님 이 여자는 내일 안 나오던지 나오면 아마 친구를 소개시킬지도 몰라요 이랬거나 저랬거나 이 여자는 그곳(엠티)에 가시면 안돼요.
관이 동하면 돈 쓰기도 하며 우리가 일방적으로 당합니다.

에이 그냥 하룻밤 인연도 안 된다구요?
그냥 밥이나 드시고 간만 보셔요.
이 여자분 훗날 집착하게 되고 선생님 코피 질질 흘리고 문제가 많아져요.
그럼 어떡하지요? 그냥 내일은 아무 짓도 하지마시고 밥만 먹기로 때우셔요 했

더니 알았다고 하십니다.

 저 동효로 인해 성사가 안 되는 건지 우리 편이 잡혀 먹을 건지 나중에 결과 물어보겠습니다. 저 여자 위험한데 우리 측은 훗날 돈 뺏겨 몸 뺏겨 입니다.
 (결과 : 연기 되었고 안 만났다고 합니다)

 이 글 카페에 올렸더니 운향 선생님이 답 글로 남자들에게 수절이라고 안한다고 수도꼭지 잠금이라고 표현하셔서 우리 카페 회원들과 막 웃었습니다.

30) 다른 여자가 있는 것 같아요 (풍산점 2효동)

오전에 전화 내가 예전에 고향에서 점 봐드린 분 중 한 여자분 50대인데 홀로 되신 분입니다.

만나는 남자도 혼자되었는데 그 남자 얘기하십니다.

근데 그 남자를 계속 만나야하는지 아무래도 여자가 있는 것 같다고 하십니다.

카톡을 몰래 봤다고 합니다.

그러냐고 그럼 심각한 여자가 있는지 봐줄까요? 했더니 그러라고 하십니다.

이 분이 카톡으로 이미 여자가 있다는 것을 눈치 챘으니 난 그녀와 극합인지 진합인지 보려고 내가 유도하였습니다.

나에게 이런 것을 묻는 다는 그 자체가 이 남자에게 미련이 있기에 나에게 전화 한 것을 눈치 챕니다.

남자가 진짜 싫으면 우리에게 묻지 않습니다.

물론 이혼하고자 우리에게 묻는 것도 미련이 있기 때문에 묻는 것입니다.

정말 싫으면 법원으로 곧장 간다고 생각하시고 여러분들도 상담에 임하시기 바랍니다.

```
▶ 풍산점 (간土궁)
........................
官 卯 ― 應
父 巳 ―                  戌월
兄 未 - -
孫 申 ― 世
父 午 -//- (財 亥)        申일(술해공망)
兄 辰 - -
```

응이던가 관이던가 6합이 있으면 심각한 여자가 있습니다.
저 상효 관이면서 응효는 월 술토와 묘술 6합 딱 걸립니다.

어차피 극합은 자고나면 끝나는 것이고 게다가 2효가 동하여 6충인데 이번 달은 그대로 갈 것 같습니다.

내가 담달에 헤어진대요 했더니 왜 헤어지냐고 묻습니다.
동효 때문이니 : 집 문제, 부모문제로 헤어지는데 이 사람들은 원래가 오래갈 사람들이 아니에요 했더니 여자 분이 남자의 카톡 목록 보다가 잡아서 이것 어떻게 할 거냐고 하니 끝난 사람이라고 했다고 합니다.
그래서 본인이 헤어지자고 했다고 하길래 어떤 남자를 만나든 헤어지자고 하는 것은 절대 아니라고 귀뜨임 해줍니다.
(조용히 연락이 끊어지면 헤어지는 거지 왜 광고를 하는지 모릅니다. 남자 분들은 여자들이 헤어지자고 하면 이게 웬 떡이냐고 하지 마시고 여자는 제발 잡아달라는 뜻이랍니다)

내가 완전히 끝 날려면 그래도 이달 넘어 가야 되는데 했더니 남자가 너무 정리도 못하고 답답하다고 하십니다.

또 내가, 에헤이 별 남자 없어요, 드라마에서나 멋있는 남자 있습니다.
밤은 어떠세요? 했더니 맞는다고 합니다.
그분 돈은 현재 없어도 부동산(부효)은 있잖아요 했더니 모두 아들과 본인 형제들 이름으로 했다고 합니다.

그럼 그냥 넘어 가세요.
제가 상담하면서 들어보니 별 남자 없어요 저 정도면 괜찮아요 했더니
속이 문드러질 때 검사 선생님께 전화했는데 맘이 어느 정도 풀렸다고 합니다.
이외도 저 남자가 내놓은 땅 언제 팔리는지와
본인 아드님 언제 취직되는지를 물었습니다.

31) 그래도 참으셔요 (수택절 초효동)

겸사의 말은 그래도 참으셔야 해요가 답이라고 전화를 끊습니다.

두 분 다 재혼인데 우리 측은 남자 측 작년에도 오셨기에 제발 2년은 참으시라고 했던 점사인데 부인은 교육계통 남편도 교육계통 직업이고 둘 다 50대 중반입니다. 집은 여자 집에서 살고 생활비는 이 남편이 낸다고 합니다.

부인이랑 함께 사는데 이 남편의 불만은 부인은 혼인신고 거부, 잠자리 거부. (나이 탓 + 통증수반) 그러나 애초에 첫 궁합점에서 세효 재효 잡고 평생 반려자로 합격 점사였습니다.

혼인신고는 부인이 더 지내보고 결정할 일이라서 기다리시라고 했고 거의 1년 되었나? 오늘 남편분이 전화 와서 도대체 부인이 자신을 어찌 생각하느냐고 합니다.

```
▶ 감水궁 (수택절)
.........................
兄 子 - -
官 戌 ―                   申월
父 申° - -    應
官 丑 - -
孫 卯 ―                   丑일(신유공망)
財 巳 ―/ (孫 寅) 世
```

6합되었다가 6충 되었다가 연속입니다.
그 원인은 세효의 움직임 때문입니다. 내가 동하면 내가 갈등한다. 맘이 바뀐다.
내가 우리 측이 가만있음 문제가 없는데 화합했다가 싸웠다가를 반복한다고 하니 그 원인이 우리 선생님 때문이라고 이래요 했더니 그간의 설움을 말씀해주십니다.

또 혼인신고를 하자, 잠자리 좀 하자 해도 부인이 다 안 되니까 나가려면 나가라고 했다고 하셨다고 합니다.
혼인신고는 저번에 몇 년 더 있다가 말씀하시라고 했잖아요 했더니
잠자리는 스킨십도 안 된 대요? 했더니 그냥 자라고 한다고 하십니다.
내가 어엄 할 말이 없어서 하여간 당장 가실 데도 없고 걍 참으시고 1년만 있다가 혼인신고 얘기 하셔요. 그래도 첫 점사에서 부인으로서 만족하신다고 나왔으니 참으시라고 하고 끊습니다.

응효 공망은 지금 집에 없다 친정에 있다가 됩니다. 저 월상 신금과 세효와 6합이라 누구 있냐고 하니 아니라고 본인을 좋아하는 여자는 있지만 안 한다고 합니다.

여자 분들은 이런 상담을 가끔 하실 때가 있지만 이 분도 맘을 열어서 나에게 속내를 말씀하셨기에 상담이 이뤄지는데 참 거시기 합니다. 부인의 성적 취향을 어떻게 할지 참 뭐라 할 말이 없습니다. 병원도 다녀오셨다는데 그 이후론 안 가신다고 합니다.
여러분들도 이런 상담 만날 수 있으니 감상이나 하시기 바랍니다.
그리고 이건 뭐 점단으로 어쩔 수 없는 일이 있다는 한계를 맛보시기 바랍니다.

그나저나 이분이 이런 글 읽으면 환장 하실 텐데 그래도 난 우리 독자 선생님들도 챙겨야 하고 여러분들 쉿 쉿 알았지요? 쉿 입니다.

32) 무속인이 그러는데 제 남친이 여자가 있대요 (산택손)

전화로 이혼 후 결혼할 남친이 외국에 있는데 이 남자가 연락이 잘 안와요
단골 무속인이 제 남친이 여자가 생긴 거래요. 어쩌고 저쩌고 합니다.

벌써 단골 무속인이 있다는 정보가 있고, 남자가 연락이 뜸하다고 하는 정보를 보면 여자들은 일반적으로 남자가 연락이 뜸하면 아 이 사람이 바쁘구나, 이런 생각을 하는 것이 아니고 이 사람이 혹시 딴 여자가 생긴 건가? 로 의심하고 이 단골 무속인은 이 아이의 계속 되는 질문에 아마 바싹 말랐을 것으로 감이 잡힙니다.

내가 지금 본인이 젤 궁금한 게 남친이 여자가 있느냐고? 네
그리고 절 어찌 생각하는지도요 합니다.

```
▶ 간土궁 (산택손) 초효동
 ..........................
 官 寅 ―  應
 財 子 - -                  子月
 兄 戌 - -
 兄 丑 - - 世
 官 卯 ―                    子日 (술해공망)
 父 巳 ―/ (官 寅)
```

나 하마터면 남친이 문제가 아니라 네가 바람피운다고 대놓고 말할 뻔 했습니다.
세효가 축토 우리 측인데 자월 자일에게 6합하고, 5효 자수도 세효와 극합 입니다.
처음 전화라 일단 이 얘긴 먼저 안 꺼내고 남친을 살피기로 합니다.

응이나 관이 6합이면 바람 핀다고 볼 수 있는데 상효 관과 응이 함께 임하여 이 인목을 남친이라 봅니다.

묘목관은 술토랑 6합? 술해 공망으로 헤어졌습니다. 묘목 관은 무시하고 저 인목 응이면서 관입니다. 이 남자는 무죄입니다.

내가 그 남친 여자 없고 부효가 동하니 연락 오는데 빠르면 오늘 신시이고 늦으면 담주 신일 금요일이야 했습니다.

본인은 축토로 오로지 저 사화의 힘을 즉 연락에만 의지하는 사람입니다.

저 남친은 왕상하게 우릴 극하는데 이럴 때 통변은 날 널 믿는다, 네가 편하다로 볼 수 있습니다. 남친은 본인밖에 없고 연락도 오니까 걱정하지 말래 했더니 저 사실은 어떤 남자가 저에게 다가와서 하룻밤을 보낸 적이 있어요. 하길래 내가 냅다 그러게 본인이나 잘 해 그 남자말고도 두 명 더 보여 남자가 초창기에나 소소하게 연락하고 그러는 거지 서로 할 거 다 했으면 그 사람도 연락 좀 뜸 할 수도 있지 처음과 같지 않다고 다른 여자로 몰아 가냐? 하면서 개 구박 했습니다.

카톡으로 자상하던 남친이 연락도 없고 해서 단골 무속인에게 물었더니 여자가 있다고 자신이 풀어 낼 거라고 했다고 해서 야잇 너 보나마나 그 무속인 엄청 괴롭혔지 하면서 네가 자주 무속인에게 물으면 그 무속인도 너랑 같이 미친다고 하면서 나도 역시 마찬가지라고 점은 절박하고 급할 때 한 번 물어야지 너 보나마나 둘이 같이 미쳤을 거라고 했더니 깔깔 거리면서 그 아줌마 요즘 잘 안 맞고 이상하다고 그런 거 같다고 합니다.

무속인이 제 쌀을 치운다고 했는데 치우라고 할까요? 하길래 오죽 니가 괴롭혔으면 그러겠니? 아마 그 무속인 네게 돈 주고 오지 말라고 부탁할 판인가 부다 했더니 그런 거 같다고 합니다.

너 또 나에게도 하루가 멀다 하고 전화하여 집착하면 디 진다고 엄포 놓았습니다.

여러분들도 궁합점은 한 번만 봐주고 이것이 결과라고 해주고 과정은 안 나오니까 둘이 알아서 하라고 하셔요.

매달리는 애정점 고객에게 흔들리면 문의자도 미치고, 상담자도 같이 미치니까 사사로운 감정에 같이 빠지지 마시기 바랍니다. 저는 예전에 1년에 6명 정도 이런 감정에 휘말려서 정말 이젠 이런 것을 졸업했답니다.

33) 설마 남편과 며느리가 (풍뢰익 2효동)

　밤에 전화로 50대 후반 부인이 하소연 하십니다. 남편은 스카이 대학 중 한 곳 나오시고 재력도 무척 좋은 상태입니다. 이 부인은 처녀의 몸으로 이혼한 이 남자에게 결혼하셨고 슬하 아이 둘 낳으시고 지금은 아이들 모두 장성하였습니다.

　문제는 늘 남편인데 건물 임대, 땅 많으시고 맘씨도 좋으셔서 열 여자 마다 하지 않으시니 부인은 늘 이 남편이 의심스럽다고 합니다.

　남편이 예전에 회사 차렸을 때도 부인이 자신의 친구를 경리자리 구해주면 어느새 눈 맞았었고, 요즘 폰에서 젊은 여자 몇 명 발각했다고 합니다.

　전실 자식의 아들이 결혼하여 며느리를 맞았는데 웃으며 선물을 며느리가 해줘서 평생 이것만 입겠다고 그리 좋아하고, 엘리베이터 앞에서 며느리에게도 뽀뽀해서 혹시 저것들이? 하셨다고 합니다. 왜 며느리에게 뽀뽀했냐고 예전에 묻자 남편은 난리치시자 아들이 아빠 얘랑 그랬잖아요 하고 거들었다고 합니다.

　내가 부인 말을 잘 듣다가 엘리베이터 앞 이라는 게 아드님도 있는데서 그런 거냐고 하니 그렇다고 하십니다.

　내가 에잇 공개적인 것은 그런 거 아니에요. 항상 사건은 은밀하게 둘이 저지르는 것이라고 일축합니다. 그래도 혹시 둘이 어떤 사이냐고 한번만 알려달라고 하십니다.

```
▶ 손木궁 (풍뢰익)
.........................
兄 卯 ─應
孫 巳 ─                    午月
財 未 - -
財 辰 - -世
兄 寅 -//- (兄 卯)          寅日 (술해공망)
父 子 ─
```

　세효 우리 남편은 진토 재를 잡고 유금 6합이 안 보여서 통과합니다.

　응효 며느리는 묘목 형제효를 잡고 우리를 목극토 하니 난 아버님이 편해요 라고 읽힙니다.

　동효 형효는 2효로서 집(가택) 문제이며 내괘니까 우리 친정일로도 돈을 많이 요구해도 잘 주시거든요 로 읽힙니다.
　남편 입장에서 보면 난 저애가 불편해요 나만 보면 돈 달래요 합니다.
　어젯밤에 이렇게 풀이해 드렸더니 어제 남편의 전화기를 빼앗아 보시고 오늘 오셔서 보고 해줍니다.

　남편에게 며느리에게 저번에 용돈 얼마 줬냐고 하니 - 백만원
　폰에서 늦게 보내서 미안하다는 문자를 보고 - 친정아버지께는 얼마 입금했느냐 했더니 5천만원 이라고 했다고 합니다.

　저번에도 전실 아들 집도 산다고 해서 보태준 게 얼만데 이게 무슨 짓이냐며 막 따지셨다고 하십니다.
　내가 남편분이 며느리랑 그런 사이가 절대 아니니까 이상한 눈으로 보지 마시라고 하니 맘이 편해지셨다고 합니다.
　내가 이 아들 내외는 남편의 돈 많이 가져갔고 앞으로도 돈 많이 뺏아 갈 것 같다고 하니 환장하십니다.

　아무리 저 남편의 품이 넓어도 며느리는 아니라고 이것 오해 벗기다가 돈 나간 얘기만 해드렸습니다.
　여러분들도 다 아시지요? 공개적이고 드러나는 친근함은 아무것도 아니라는 것
　　항상 연정 혹은 밀회는 은밀하게 일어납니다.

34) 결혼 언제 하나요? (수지비 3효동)

제 친구 사무실 여직원 착한 분인데 몸매는 안 착하고 겸사 과 입니다.
그 애가 자기 언제 결혼 하냐고 물었다고 물어봅니다.

```
▶ 간土궁 (수지비)
..........................
財 子 - - 應
兄 戌 ─                    辰月
孫 申 - -
官 卯 -//-(孫 申°) 世
父 巳 - -                  戌日 (신유공망)
兄 未 - -
```

본인이 물었다고 전해주기에 세효를 자신으로 봅니다.
세효 동하기 전에 관효 참 좋은데 에헤이 관변손이라 망했습니다.
그 애 맘속에 있는 사람 정리 되어야 남자 나온대 했더니 친구가 엉? 다 끝났다고 하던데 하고 반문합니다.

전 남친이 있었는데 이 여직원과 그렇게 만나고 식사하고 하더니 다른 여자와 결혼한다고 청첩장이 왔다고 합니다.

세효가 변효로 손효 공망으로 변화하니 손효는 남자 거부입니다. 왜? 그 사람 이외는 싫어요 라는 마음이 들어 있기 때문에 거부입니다.
그 사람 정리되면 11월부터 좋은 남자 생긴다고 전해줘 했더니 알았다고 합니다.
해자월 11월 12월에는 그냥 관이 와서 제가 덕담한 것이고 원래는 저 신금을 인월이 와서 인신 충해서 날려줘야 하니 사실은 인월 묘월에 남자가 옵니다.
너무 기간이 길어서 그리 말했는데 저 세효 갈등하고 미련 남은 것 다 보이지요? 쯧쯧 유혼이니 맘이 맘이 아닙니다.

35) 짧은 사랑 (수풍정 2효동)

49세 여자 분은 남편과 사별한 분입니다.

근래 만난 남자가 3개월 만나고 한 달 동안 연락해도 안 받고 언제 연락이 올런지 물으십니다. 이 남자와 속궁합이 너무나 잘 맞아 오매불망 잊지 못하겠다고 합니다.

이 남자는 전화를 해도 안 받고 서로 심하게 다툰 것도 아니고 누구에게 말도 못 하겠다고 합니다. 서로 너무 잘 맞아서 어떻게 하냐고 뜨겁게 사랑했다고 합니다.

여자 분은 항상 남자 쪽에서 좋아했다가 끝났지만 이번엔 본인이 좋아한 사람이라고 합니다.

살찐 겸사를 보더니 동네 한 바퀴씩 돌라고 하시며

갱년기를 이기는 가장 큰 비법은 애인이 있는 것이라고 순진한 겸사 꼬드기십니다. 요즘은 처녀 같은 유부녀가 많다고 하시며 처녀들이 더 무섭다고 합니다.

```
▶ 진木궁 (수풍정)
..........................
父 子 - -
財 戌 ― 世              午月
官 申 - -
官 酉 ―
父 亥 ―/ (孫 午)應      酉日 (자축공망)
財 丑 - -
```

희망용신 부효가 동합니다.

부도 동하고 응도 동하고 점괘 참 좋습니다.

연락도 오고 그도 움직여 연락도 되고 다시 만나서 잘해 주실 거라고 했습니다.

넉넉하게 寅일 찍어주니 화색이 돌았습니다. (결과 : 연락은 됐지만 결국은 끝 났다고 합니다)

36) 따님 궁합 (천수송 3효동)

손님이 와서 점 보는데 경기도에서 전화 옵니다.

내가 저번에 11월 12월 취직된다고 했던 게 맞았다고 합니다. 아드님 취직된 지 한 달 되었다고 하시며 그 때 관이 복신되어 관이 오는 달을 찍어 드렸습니다.

이번엔 딸이 시집가는데 궁합이랑 3월이나 4월 중 언제 결혼해야 좋으냐고 해서 궁합과 함께 보았습니다.

원래는 궁합 따로, 주역점으로 결혼 시기는 다시 쳐야 하는데 그냥 한 괘로 궁합 합격되면 이 괘로 다 유추하려고 맘먹고 내가 주사위 던져서 괘를 얻었습니다.

```
▶ 이火궁 (천수송) 3효동
..........................
孫 戌 —
財 申 —                      子月
兄 午 — 世
兄 午 -//-  (財 酉)
孫 辰 —                      子日 (오미공망)
父 寅 - - 應
```

여자 혼인점에서 세효에 손효만 안 잡으면 살 수 있습니다.
세효 형효에 뭐냐 월파 일파인데 그나마 형효 동해서 살아나고 있습니다.
응효가 목생화 하니 남편이 네 말 다 들어줄게 합니다.

내가 우리 딸은 그다지 맘이 안 당기는데 남자가 참 잘하네요
돈은 없지만 그 집안도 좋고 사위는 호랑이 같이 생겨서 그저 충성 한대요 했더니 깔 깔 웃으면서 딸은 자그만한데 사위는 호랑이처럼 덩치도 크고 그렇다고 안보고도 어떻게 아느냐고 막 웃으십니다. 응이 인목이라 그리 말한 것 다 눈치

채셨지요?

 3월(묘월)에 결혼하면 딸하고 사위가 편하고 4월(진월)에 결혼하면 축의금이 많이 들어 온대요(재가 강해지니까) 했더니 그러냐고 그럼 지들이 4월에 하자고 하는데 그래야겠다고 하십니다.

37) 공망 대 참사극 (뢰택귀매 3효동)

　　어제 수업에 청범 선생님이 오시자마자 칠판에 이 괘를 쓰윽 쓰시고 개망신 당했다고 여러분들도 풀어보시라고 합니다.
　　점사의 물음은 사귀는 남자가 저에게 도움을 줄까요? 이고 50대 홀로 되신 분 질문이라고 합니다.
　　점단자는 청범 선생님(60대) 남자 선생님입니다.
　　점단 장소는 어떤 52세 여자 분이 5명 모아놓고 초청하셨다고 합니다.
　　여러분들도 이런 망신 당할 수 있으니 잘 보시기 바랍니다.

```
▶ 태金궁(뢰택귀매)
　..........................
　父 戌° - -應
　兄 申 - -                    申월
　官 午 —
　父 丑 -//-(父 辰) 世
　財 卯 —                      卯日(술해공망)
　官 巳 —
```

　　질문자체가 참 환장합니다. 지금 사귀고 있는 남자가 나에게 도움을 주나요?
　　그러면 세응이 용신입니다.
　　응효는 공망이면서 외괘에 있습니다.
　　물론 재가 튼튼하니까 재력이 있는 사람입니다.
　　돈 들어오는 공식에 다 위배 됩니다.

　　그리고 세효가 동하여 6충을 만드는 상황이 보입니다.

　　저 상효 응이 술토로 공망이니 공망 공식 중 비어 있다, 안 만나고 있다. 이 말씀만 하셨음 그냥 해결이 나는데 아!! (하늘의 비밀은 월파 고 공망 복신 늘 암기

하셔야 합니다)

　우리 청범 선생님은 응효 술토가 묘술 합 묘술 합에서 그녀들과 안 만나고 있다고 감 잡으시고 보살과 그 남자는 같은 맘인데 그 남자 재정적으로 여유가 있네 했더니 그 보살 자꾸 말이 없고 청범 선생님은 이 고객이 자꾸 아무 말 안하니까 화가 나서 보살이 그 남자가 여자가 있으니까 가서 따지려고(6충 보여서 싸움으로 보심)하는 것 아녀? 했더니 그 남자가 지금 감옥에 가있다고 했다고 합니다. 우리 선생님 얼굴이 후끈 후끈 하시고 그제야 보이는 술토 공망의 단독 샷

　왜 그 남자 어디 가있어? 왜 안 만나고 있어? 요렇게만 던졌어도 하고 밀려드는 후회감 때문에 너무 창피 하셔서 그만 오늘은 제가 못 볼 것 같습니다.
　하고 짐 챙겨서 나오셨다고 합니다.
　우리도 사실 청범 선생님처럼 풀을 수가 있습니다.

　왜? 질문이 그 남자가 도움을 주느냐고 물었는데 네가 변해서 충 만들었기 때문이지요. 이것으로 풀 것 같은데, 여러분들도 저렇게 뜬금없이 물어보면 아주 흔한 공식법이지만 무시하지 말고 잘 대입하시고 그쪽에서 아무 말을 안 하면 더욱 더 공식에 충실하여 푸시기 바랍니다.

　청범 선생님 너무나 좋은 자료 주셔서 감사드립니다. 이후로 청범 선생님은 실수가 많이 줄었다고 합니다. 초보 때는 이런 일도 약이 됩니다. 여러분들도 실수를 두려워 하지 마시기 바랍니다.

38) 애정 관계 (19금 점사 : 산화비, 화택규)

 2시간 넘게 상담한 30대 사별한 여자분, 날씬하고 조용한 성격이며 머리도 길고 여성스럽습니다.
 전 남편 사이에서 아이도 한 명 있다고 합니다.
 신수점에서 관이 약하기에 남친 직장 물어보라고 했더니 지난 가을 사귄 남친과 사이가 1년간 어떨지 물었습니다.

▶ 산화비 (간土궁) 2효	▶ 화택규 (간土궁) 5효
官 寅 ─ 財 子 - - 寅월 兄 戌°- - 應 財 亥 ─ 兄 丑 -//- (官 寅) 寅일(술해공망) 官 卯 ─ 世	父 巳 ─ 兄 未 -//-(孫 申) 寅月 孫 酉 ─ 世 兄 丑 - - 官 卯 ─ 寅일(술해공망) 父 巳 ─ 應

 왼쪽부터 갑니다.
 이미 6합은 거시기 했다는 뜻이고 세효에 관효는 월일에서 같은 목으로 왕상하여 나는 이 남자가 맘에 듭니다. 절대 포기 못합니다. 라는 맘이 읽힙니다.
 우리가 상대를 목극토하니 이 놈 봐라 하고 있습니다.

 원래 극합은 금방 끝나는 합인데 게다가 천금부의 응위조상 불리 타인지사에 걸렸습니다. 둘이 도모하는 점이라면 상대가 월과 일로부터 극을 받으면 상대방의 일 때문에 일을 이룰 수 없다는 뜻입니다. 다행히 형효가 동해서 술토를 밀어줍니다. 상대방이 응효 공망이라 왜 서울에 없냐고 지금 안 만나지? 했더니 지방에 며칠 공연 갔고 지금은 서울에 있는데 연락이 안 온지 며칠 되었다고 합니다.
 상대방 남자가 괘를 보니 돈이 없고, 형효를 팡팡 써보고 싶어도 지금 보릿고개입니다.

　이 사람은 하반기부터 풀리는 사람이라 지금은 경제적으로 힘드네 했더니 지난 가을에 만났을 땐 데이트 비용을 몇 십 만원씩 썼다고 합니다.

　그래 가을 겨울이나 돈이 도는 사람이야 했습니다.

　둘을 통관하는 것은 火 부효라서 연락이라도 둘이 잘 되면 되는데 연락이 언제 올까 점치니 부가 동하여 곧 연락은 온다고 해주니 안심합니다.

　여기서 잠깐 19금 얘기를 물어야 선생님들께 정보를 드리니까 밤 얘기를 물었습니다. 세효에 관효가 보여 너 그렇게 그 사람이 맘에 드니? 했더니

　여운이 길게 남고, 그 쪽도 늘 함께 있고 싶다고 했답니다. 아 세효에 관효는 우리 쪽 여자에게 성적 만족도 였구나를 깨달았습니다.

　그래서 내가 혹시 불 끄고 그랬남? 그랬다고 합니다. 그쪽의 배려였다고 합니다. 내가 그건 아니라고 화가 필요하여 조명 필수라고 안 그러면 저쪽 후달 거려서 안 된다고 꼭 명심하라고 했더니 알았다고 합니다.

　그리고 그 사람이 8월 7일 신월 입추 오기 전에는 보릿고개니까 데이트 비를 분담하라고 했습니다.

　그런데 한 참 후 이 남자말고 또 남자가 하나 있다고 합니다. 그래서 본 게 오른쪽 남자입니다. 세효는 손효 유금으로 휴수한데 형효가 동하여 통관해줍니다.

　그런데 남자는 사화이며 월과 일에서 엄청 강하니 저 응이 적극적이며 세효는 별로 맘에 안 들어 하기에 이 남자 힘도 좋고 본인을 엄청 좋아한다고 하니 자기도 그걸 느끼는데 자기는 기별이 안 온다고 합니다.

　세효 손효라 남자를 무시하는 글자라서인지, 세효가 월일 대입 휴수해서인지는 정확히 모르는데 세효가 이렇게 되면 기별이 안온다고 합니다.

　참 이상도 하지요 왼쪽은 자기가 좋아 환장하고 이쪽은 상대가 불붙었고 상반됩니다.

　앞으로 19금 점사가 걸리면 내가 현장에서 뛸 수 없으니 꼬치꼬치 물어서 여러분들께 공개해드리면 여러분들은 잘 활용하시기 바랍니다.

39) 내일 써도 될까요? 19금 (천풍구 5효동)

말씀을 꺼려하시는 남자 분 50대 후반 하필이면 그곳? (거시기)을 다치셨다고 하십니다.

의사선생님이 며칠 더 있다 쓰라고 하신다고 하시는데 내일 꼭 써야 할 일이 생기셨다고 하십니다.

써도 불상사가 생기지 않는지 왕고민이라고 하시며 써도 탈이 없는지 물으셨습니다.

```
▶ 건금궁 (천풍구) 5효동
..........................
父 戌 ─
兄 申 ─ / (父 未)          酉月
官 午 ─  應
兄 酉 ─
孫 亥 ─                    丑日 (진사공망)
父 丑 ─ ─ 世
```

세효의 우려점 공식은 동효로부터 세효가 극 받지 말자입니다.

일단 동효가 힘을 빼지만 극 받진 않았습니다.

세효가 걱정 불안의 부효에 임하고 일진에서 병 됩니다.

저 정도면 뭐가 극해도 움찔만 하지 괜찮습니다.

동효 형효 월과 일에서 심하게 우리 힘을 빼니 하라고 할 수도 하지 말라고 할 수도 없는데 그래도 극은 안 받으니 하시라고 했습니다. 결과 다담 주 나옵니다.

이 점사 왜 올렸냐하면 월령에서 힘 받는 것과 일진에서 생 받는 것을 알려드리려고 합니다.

세효가 혹은 묻는 용신이 월과 같은 글자에 대하여 보면

예) 용신이 酉인데 酉월 일 경우

◆ 이런 것을 영성을 얻다 월령의 령(令), 령성을 얻다고 합니다.

천금부에 효우령성 물난아해 라고 되어 있는데 이는 효가 월령과 같은 글자는 회두극도 버틴다는 즉 막강하다는 뜻입니다.

저 괘에서 동효가 申 금이고 월은 酉라 이 둘은 령성을 얻은 것은 아닙니다. 같아야 합니다.

◆ 용신이 일진과 같은 글자이면 병(幷)되었다고 합니다. 나란할 병자라는 뜻입니다. 천금부에 병불병 불충불 이라는 말에서 병이란 일진과 나란한 글자 또한 힘이 강력하다는 뜻입니다. 충이 되어도 충이 되지 않을 정도 강하다는 것입니다.

내가 써도 된다고 한 것은 저렇게 용신이 세효 丑인데 일진도 丑 일 경우 병 되었다고 합니다.

이 점사에서 용신이 병이 되어서 그랬는데 이 문구가 맞는지 틀리는지 보려고 합니다. 주인공 우리를 위해 마루타 되셨습니다.

정말 이런 점사 만나는 것은 백년에 한 명 일 것 같은 희귀점사임을 아실 것입니다.

(결과 : 2주 후 뵈었더니 그 날 멀쩡하셨다고 하십니다. 역시 병 된 세효 글자 막강합니다)

40) 결혼하면 끔직한 일이 생긴대요 (풍지관 5효동)

누나 40대가 와서 얘기 합니다.
제 남동생이 사귀는 여자가 있는데 부모님에겐 아직 쉬쉬 하나 봐요.
그래서 제가 사주 보는데 가서 둘의 궁합이 어떤지 은밀하게 물었어요.

근데 그분이 결혼하면 동생에게 끔직한 일이 벌어지고 차마 말로 못할 일들이 줄줄이 생긴다고 했어요 그래서 걱정이에요. 잠도 잘 안와요 선생님 울 동생 죽어요?
그런데 가만 놔두면 둘이 헤어질테니 가만 두래요
둘의 궁합이 어떤가요?

```
▶ 건金궁(풍지관) 5효동
..........................
財 卯 ─
官 巳 ─ / (孫 子)         卯月
父 未 - - 世
財 卯 - -
官 巳 - -                  寅日(진사공망)
父 未 - - 應
```

상대방이 있으니까 혼인 궁합점으로 1:1 봅니다.
세효 응효 같은 글자입니다. 서로 월일 휴수 저저 결혼이 될라나 모릅니다.
일단 남자 혼인점에선 세효에 형효 잡지 말자입니다.

부효네 통과 응효도 부효라 둘이 공부하다 만났남? 네 선생님
끔찍한 일이 생기려면 동효가 우리 세효 극하면 벌어지는데 내가 별일 안 생기는데 왜 그리 말씀 하셨다니? 했더니 이 같은 글자 즉 집안환경도 너희 집이랑 비슷한 사람들이고 지금 집 문제며 서로 결혼까지 가려면 좀 기다려야 한다고 하

는데 했더니 그래요? 하기에 나는 몰라 안 죽어 했습니다.

그 두 사람 사정을 모르니 그냥 죽는지 안 죽는지만 핵심입니다.
사주명리하시는 분들 제발 이렇게 단언하지 마시기 바랍니다.
우리에게는 언령(言靈)과 구령(口靈)이 작동하기에 그렇게 말하면 또 그런 일이 실제로 일어날 수 있습니다.
나쁜 얘기를 던진다면 이겨낼 것을 말해줘야 합니다.
나쁜 얘기는 던지고 이겨낼 말을 못 할 바엔 말을 안 하는 것이 낫습니다.

재물 점사 실관사례

재물점사는 돈이 되는 공식만 알고 공식에 대입합니다.

본인 점사라면 세효에 재를 잡으면 짧은 점사나 1회성 점사에서 재물이 들어옵니다.

긴 점사에선 세효에 재를 잡았어도 일진에서 그 점이 끝날 때까지 지속되니 일진이 급소입니다.

돈 들어오는 공식은 세효에 재효잡자, 손효 잡으면 꽝입니다. (손이란 동해야지만 효과 있으니 갈망만 하는 사람입니다)

재동, 손동, 뭐변재, 뭐변손, 일진에 재효는 오늘도 돈 들어와 있고, 월에 재가 있음 그 달 안에 재가 들어와 있습니다.

돈이 있는 사람인가? 월이나 일에서 재가 생조를 받고 있어야 합니다.

거지도 손이나 재가 오는 달이 있어서 죽지 않습니다.

그러면 실관 사례를 보시면서 체크 합니다.

1) 올해 재물운 (풍택중부 초효동)

물류업(40대 후반) 작년 매출 110억 세무조사 나오셨었다고 하십니다.

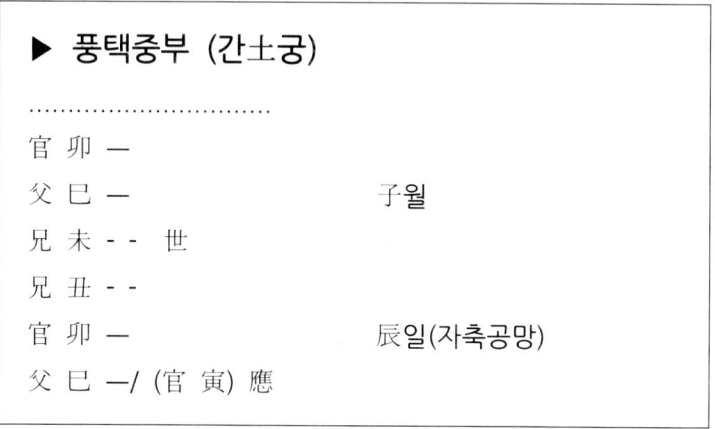

정공법으로 먼저 갑니다.

재물운을 물었는데 세효에 형효 잡았고, 일진이 형효로 의지 대단하고 쓸 만큼은 들어옵니다. 재물운이 좋을 때는 신유 해자 떨렁 4달입니다.

그럼 위의 정보를 가지고 풉니다.

올해 매출 얼마 였다구요? 110억 물론 포 떼고 차 떼고 하면 자신은 얼마 안 들어 올 수 있습니다. 그래도 세효가 강하면 나 쓸 돈은 있다 입니다.

이럴 때 통변은 내년도 올해와 같네요. 이정도로 말씀하시기 바랍니다.

또 예를 들어 저번 달 시험 죽 쏜 조카가 이번 시험은 어떤가?에서도 아이가 늘 상위권인 아이가 부효가 약해도 더 잘 나오진 않지만 이번 본거와 별반 다를 거 없습니다.

현재 그 사람의 능력을 고려하여 통변하시기 바랍니다.

2) 3억에 대한 수고비를 오늘 주나요? (산수몽 초효동)

3개월간 지인의 일을 해주고 그가 3억 정도의 이익을 보게 만들었는데 수고비를 안주고 있어 오늘 만나러 가서 담판을 지을 건데 오늘 만나면 돈을 주느냐고 겸사에게 어제 수업 전 전화로 물었습니다.

```
▶ 이火궁 (산수몽) 초효동
　..................
　父 寅 ─
　官 子 - -                    寅月
　孫 戌 - - 世
　兄 午 - -
　孫 辰 ─                    亥日 (인묘공망)
　父 寅 -//- (兄 巳) 應
```

자아 이 질문은 1회성 질문입니다. 돈 되는 공식에 맞나요?
돈 되는 공식 세효에 재 잡자, 재동, 손동, 뭐든지 변해서 손이나 재 될 것입니다.

또 일진에 재 될 것, 월에 재 있을 것입니다.
월에 재 있음 1회성이라도 그 달 안에 돈 됩니다.

하지만 산수몽괘는 세효에 재효 유금을 복신으로 삼아서 언젠가는 돈 됩니다.
그러나 오늘은 안 된다는 것이 보입니다.

내가 폰으로 시간보고 암산 때려보니 괘가 위와 같기에
안준대요. 네? 안 준다구요? 물음 내가 너 줄 돈 없대요 했더니

7억이나 숨겨놓은 사람인데 돈이 없다구요? 선생님 그 사람 돈 많아요.

하기에 아마 나중에 준다고 할 거에요. 라고 문자보냅니다.
오늘 금방 전화 와서 돈 못 받았다고 합니다.
그를 만났더니 말은 청산유수로 뭐든 다 해줄듯 하였다고 합니다.

재는 세효가 복신으로 안고 있고 응효는 월일 왕상하여 현금은 없지만 능력은 있습니다.
응이 목극토하다가 사화로 변화하니 말은 준다고 할 것으로 보이지만 결과는 돈 못 받았다고 합니다. 그리곤 며칠 후 2천 받았다고 합니다.
1회성 점사는 일단 오늘은 안 된다고 말해줘야 합니다.

3) 보고 온 호프집 돈 되나요? (화수미제 2효동)

46세 조선족 여자 분임 신림동 쪽 호프집을 봐 놨는데 여기서 개업하면 돈 되느냐고 물으러 왔습니다.

세효 형효 돈 많이 쓰신분입니다.
월일 휴수하니 겁먹었다 도 되고, 혹은 현재는 못한다는 의미도 있습니다.
재효가 좋아도 세효 약하면 안합니다. 이거 확실히 알아두셔요.

재효는 일진에 있으니 사업운에서 급소통변으로 참 좋습니다. 돈 빌려줄 사람도 많다는 뜻이기도 하며 고정적인 돈이 들어오는 분입니다.
게다가 2효 손효 동하였으니 뭔가 관털기 하셨냐고 하니 아무 말 없습니다.
본인이 지금 겁먹고 자신 없어 하는데 입춘 되면서부터 자신감 가질 거라고 했습니다.

(결과 : 묘월에 이 동료가 와서 내가 이 사람 가게 잘 하냐고 물으니 아직도 안하고 있다고 합니다. 에라이 이렇게 좋은 가게를 세효 약하면 저렇답니다. 세효 약하면 겁먹거나 의지 없어서 안한다, 간보기 점사의 대표적 예 입니다)

4) 후원금 내주면 그분이 우릴 도와주나요? (감수궁 상효동)

어제 밤 전화 지방사시는 40대 초반 부인
남편이 어떤 분에게 2천만원 정도 드리면 좋으냐고?
뭐가 좋으냐고 주고 싶으면 주지 뭘 묻냐고 하니
설명을 잘 못하여 지금 그래서 궁금한 것이 뭐냐고 하니
어떤 어르신에게 남편이 정치후원금 주었을 때 우리가 무탈하게 생활할 수 있는지와 그 어르신이 우리를 어떻게 대해 줄 거냐고 물었습니다.

묻는 분이 두려워하는 것은 남편과 간신히 저축하며 살아가는데 이 돈 주고 우리가 후달 거리느냐를 묻고 그 어른이 뭔가 우리에게 돌려주는 대가 등이 있느냐는 것입니다.

```
▶ 감水궁 (수화기제)
..........................
兄 子 -//- (孫 卯)應
官 戌 —              辰월
父 申 - -
兄 亥 —世
官 丑 - -            午일(자축공망)
孫 卯 —
```

일진에 재효는 와 있으니 후달 거리지는 않고 그 어른은 형변손으로 우리 세효 해수의 힘을 여전히 뺄 것입니다.
남편에게 무슨 일인지는 몰라도 우리가 한 번 도와주면 계속 도와줘야하니까
금액을 깎던지 하시지 않으셨으면 좋겠다고 전하라고 하니

몇 분 지나서 부인이 다시 전화
이번 선거에 출마하실 분인데 후원금 주면 어떤 자리나 이권을 주겠다는 듯이

말했다고 그것이 될 것인지 그래서 부인에게 상의했고 부인은 겸사에게 얼른 일러댄 것이고 이제야 감이 잡힙니다.

　남편에게 무슨 말을 했는지 모르겠지만 한 번 도와주면 우리는 계속 그분의 부탁을 거절할 수 없는 상황이 되니까 그리 아시라고 하라고
　그 분이 잘 나간다는 보장도 하기 힘들다고 전해드리라고 하니, 부인이 선생님 이번 선거에서 되지도 않을 건가 봐요 잘 알았어요 합니다.

　저 응효 형변손으로 응효만 돈이 됩니다. 손효는 관을 깨는 글자인데 그 자신이 손으로 바뀌니 관과는 관계없는 사람으로 보입니다.
　손효로 변화하면 우리 해수는 계속 형효 돈 나가는 글자라 물을 끊임없이 공급합니다.
　선거 앞두고 저 깡촌 시골에서 저렇게 벌써 작업들 하고 계시네요.
　성실한 부부 꼬여서 저게 뭔가요 저게 씁쓸합니다.

5) 남편이 자영업 하는데 재물운이 어떤가요? (지택림 4효동)

엄마와 따님이 오셔서 엄마는 경청하시고 따님이 40대 남편의 재물운 물음 남편은 서울에서 자영업 한다고 합니다.

```
▶ 곤土궁 (지택림) 4효동
..............................
孫 酉 - -
財 亥 - - 應              卯月
兄 丑 -//- (父 午)
兄 丑 - -
官 卯°— 世              巳日 (인묘공망)
父 巳 —
```

남편의 재물운이라고 하면 남편이 더 중요한가요? 남편은 되었고 돈이 더 궁금한가요?

비중은 재효에 더 관심이 있고, 그래도 우린 남편이 왕상한가 들여 다 보면 됩니다.

지택림괘는 토체로 재효는 저 5효 해수입니다.

재효가 생조 받아야 좋을 텐데 월일 대입하면 휴수하고 형효가 동하여 찌그러져있는 저 해수를 계속적으로 쥐어 팹니다.

월일은 항상 환경과 인품을 보여주는 열쇠이니 용신을 월일 대입하면 보이고 길흉은 동변효에 있는데 재효가 용신인데 월일 동효 변효 정말 해도 너무 합니다.

돈 버냐고 물었는데 돈은 휴수하고 형만 저렇게 동하여 이 남편은 돈쓰는 기계입니다.

동효 축토가 오화로 변화하여 회두생을 하는데 일진이 계속 변효 오화를 계속 밀어주는 것이 가장 큰 문제입니다. 재가 힘을 받으려면 가을에나 조금 나아집니다.

저 우람한 형효의 힘을 어떻게 빼앗아서 재효로 전환할까요?

형효는 사람들에게 꾼 돈 즉 사채로 보이고 관효는 대출금 갚아야 하는 기관으로 보는데 참 많기도 합니다.

내일 진월 오고 저 손효 유금만 움직여주면 재가 들어오는데 손효는 재의 엄마이며 기도 부적 굿 등입니다.

종교가 무엇이냐고 하니 그냥 기독교인이라고 하기에 작정기도 같은 것 하라고 처방전 해드렸습니다.

저 관효 공망 부인에게 다 말하지 못한 빚이 또 있는 듯합니다.
그래도 왕상하니 이겨낼 것 같습니다.

6) 그 사람에게도 세를 놓아도 되는지 물음 (수지비 3효동)

고성 사는 친구가 2층 집 지어서 1층은 남편 법무사 사무실 하고 가게 하나를 태어나서 평생 세를 놓았다고 합니다.

몇 달 안 나가더니 마침 다이어트 제품 판매하는데 그 사람에게 세를 줘도 되는지 점 좀 쳐달라고 합니다.
네가 두려워하는 게 뭐냐고 했더니 처음 놓는거라 세입자가 문제를 안 일으킬지 궁금하다고 함

```
▶ 곤土궁 (수지비)
..........................
財 子 - - 應
兄 戌 ―                        亥月
孫 申 - -
官 卯 -//-(孫 申) 世
父 巳 - -                      亥日(진사공망)
兄 未 - -
```

1:1이면서 우려점으로 보면 됩니다.
그 사람이 남자야 여자야? 여자라고 합니다.
이름은 아니? 했더니 얼굴만 봤다고 합니다.

세효 관효 자신이 동하여 관변손 관변손
정말 걱정했다가 편했다가 갈등지상입니다.
응효는 일진에서 생조하니 돈도 있는 사람이고 인격도 좋다고 하니 알았다고 합니다.

7) 꽃집인데 타로카드 가게로 바꾸어 하면 재물운은? (수지비 3효동)

여자 선생님 50대 중반, 꽃집인 곳 타로카페로 바꾸고 영업하면 돈이 되는지 문자로 본인이 괘를 내고 물으십니다.

```
▶ 곤土궁 (수지비) 3효동
................
財 子 - - 應
兄 戌 —                  申月
孫 申 - -
官 卯 -//- (孫 申) 世
父 巳 - -                 寅日 (자축공망)
兄 未 - -
```

세효의 갈등지상 보이나요? 할까 말까 할까 말까의 심정입니다.

세효의 회두극은 전형적인 갈등지상이며, 할까 말까 갈등하다가 결국은 금극목으로 그 맘을 접는 것입니다. 안하겠다는 공식에 들어갑니다.

 내가 답문으로 세효 관효 빚 얻어서 하시다가 신유 해자 월만 반짝 하니 계절 장사이고 긴 점사는 일진에 손이나 재가 되어야 잘되는데 그냥 개나주셔요 했더니 원래 반짝 가게라고 하십니다.

그럼 육효점이 얼마나 잘 맞나 확인해 보실 겸 하시라고 했습니다.

암동이 있다구요?

저 암동 일진이 인신 충하는 것은 현재 신유 해자월에는 좋은데 그것도 4개월만 반짝합니다. 그리고 암동은 사람 살릴 때 긴급히 도와줄 건 없나 할 때 살피고 암동의 힘 보다는 명동이 낫습니다.

잘 되려면 손이 명동하여 계속 생조 받으면 적극추천입니다.

저 암동이 공망 자수를 생조하고 동효 묘목은 일진에서 힘주니까 관으로 빼 먹다를 오래합니다. 그래서 추천하지 못합니다. (결과 안하셨음)

8) 의정부 아파트 언제 나가나요? (풍뢰익 2효동)

아파트 매매가 되어야 하는데 안 팔린다고 우리 70대 여자 선생님이 속 터져서 내신 점사입니다.

```
▶ 손木궁 (풍뢰익)
..........................
兄 卯 ―應
孫 巳 ―                    未月
財 未 - -
財 辰°- - 世
兄 寅 -//- (兄 卯)          寅日(진사공망)
父 子 ―
```

　　세효 재를 잡고 월에도 있고 참 좋은데 만만치 않은 형효가 일진에서 힘주고 진신 되어 깨고 있으니 깎아도 너무 깎자고 해서 우리 세효 팔지도 못하고 저러고 계십니다.

지금 형효의 기세를 꺾는 통관용신은 손효입니다.
내가 어험 관털기 준비 할까요? 했더니 아무래도 그래야 할 것 같다고 해서
모두 웃음 참 아까운 점사입니다.
세효에 재나 붙지 말던지 희망을 주고 한 손으론 그걸 빼앗습니다.
왜 저리 깎으러 드는지 모르겠다고 너무 약 올라서 못 팔겠다고 하십니다.

올해 안에는 팔아야 한다고 하시는데 미월 놓치면 술월 내년 축월 진월 남았습니다. 다른 사람이 살고 있어서 부적도 못 부치고 가택 털기도 못한다고 하십니다. (이 점사는 14년 점사인데 15년 진월에 와서야 살던 사람이 샀다고 하십니다)

9) 1억 5천 도와주면 나에게도 이권을 주나요? (택수곤 4효동)

지방에 모 노인요양병원을 지어야 하는데 자금난에 빠진 60대가 있는데 1억 5천을 도와주면 수익을 같이 나누어 주겠다고 한다고 하는데 우리 측 40대에게 자꾸 돈 좀 투자하라고 한다고 합니다.

1억 5천만원 도와주면 실제로 그가 이권을 나에게도 배분해주는지 궁금하여서 겸사네 집 와서 물어 봅니다.

```
▶ 택수곤 (태금궁) 4효동
.............................
父 未 - -
兄 酉 —                        辰월
孫 亥 —/ (兄 申) 應
官 午 - -
父 辰 —                        辰일(술해공망)
財 寅 - - 世
```

1:1심리로 봐야 할까요?
아니면 돈 만 볼까요?

세응으로 심리를 우선 봐야 합니다.
세응 용신이고 응이 동하면 누가 맘이 바뀐다고 했나요?
응입니다. 응이 바뀌어 우리를 금극목 하니
그 하고자 하는 일에 끼워주지 않고 1억 5천에 대한 돈을 돌려줄 것이고 그동안 즐거 웠어 하고 우리 편이 까입니다.

선생님 저게 왜 회두생이지 6충이에요? 심리는 6충으로 보시기 바랍니다. 회두생은 1:1이 아닐 때 보시기 바랍니다.

(결과 : 오늘 지분을 줄 건지 간보러 가셨는데 30분간 말을 들어주는데 교묘히 지분 얘길 안하였다고 합니다. 참으로 무서운 분입니다. 30분간의 말을 분석해보면 일은 니들이 열심히 해(돈 가져와) 그럼 훗날 남으면 니들 좀 줄 수 있으면 주고 였다고 기분 몹시 나빴다고 하면서 욕하면서 배운다고 자기 속을 감추는 기술에 대하여 공부 많이 되었다고 합니다. 돈이 넘쳐나도 절대 안 도와주리라 맘먹고 왔다고 합니다)

10) 돈이 될지 (수풍정 5효동)

제 중학교 때 친구 정은이 얘기입니다. 큰 오빠가 대형 수퍼를 해서 친구가 거기서 몇 십 년 일했는데 오빠가 가게를 정리해서 친구는 동네서 커피점을 내려고 돌아다니는데 보고 온 커피점이 돈 된다고 제발 좀 하라고 해도 안하더니 이제는 피부 마사지 등을 배우러 다닌다고 합니다.

내가 남의 몸을 만지는 일이 얼마나 힘든데 그냥 커피점이나 하라고 잔소리 하니 커피점은 오빠가 돈을 주지 않아 차릴 수 없다고 하면서 피부 마사지 하는 것으로 돈이 될 지를 묻습니다.

```
▶ 진木궁 (수풍정)
..........................
父 子 - -
財 戌 —/ (父 亥) 世        戌月
官 申 - -
官 酉 —
父 亥 — 應              午日(신유공망)
財 丑 - -
```

재물점에서 긴 점은 일진이 저렇게 손이나 재효가 있으면 합격입니다.
세효에 재를 잘 잡아놓고 해수로 변화하니 갈등지상이며 술토의 맘이 지속되지 않고 해수로 꺾여 주저앉는다는 의미입니다.
내가 스스로 자신 있었다가 없었다가 혼자 찌개 끓여먹고 있다고 했더니 그렇다고 하였습니다.

고성친구가 평소 맘 약한 정은이에게 비지니스에 대하여 무조건 10시부터 4시까지만 일하고 니 시간을 만들라고 항상 규칙을 정해놔야 한다고 이런 저런 조언을 해줍니다.

나도 물가에 애 내놓은 것 같아서 이 얘기 저 얘기 해줍니다.

세효의 갈등만 없어도 단골도 계속 있고 돈도 잘 들어오는데 이 아이가 좀 착해야지요.

(저 점사 본 것이 술월인데 해자월 열심히 하더니 축월부터 젊은 사람이나 저걸 하지 힘에 부쳐 못하겠다고 지금 인월 인데 보험회사 시험 봤다고 소식 들었습니다)

세효가 술토로만 있으면 돈 되는데 변효 해수로 절 되면 저리 주저앉게 되네요.

중학교 때는 젤 부자였는데 부모님 돌아가시고 나니 저리 보호자가 없습니다.

아이 둘 키우느라 정신없이 일합니다. 남편은 루게릭 병으로 시댁서 이혼시키고 혼자의 몸입니다. 안타깝습니다.

11) 대출이 나와야 하는데 나오냐고 (택산함 4효동)

황 선생님 50대 점사, 저번에 OOO 금고에서 대출이 나와 줘야 거래를 할 수 있다고 4억 대출이 잘 나오냐고 한 점사 결과가 나와서 올립니다.

```
▶ 태金궁 (택산함)
..........................
父 未° - - 應
兄 酉 —            申月
孫 亥 —/ (兄 申)
兄 申 —世
官 午 - -          酉日 (오미공망)
父 辰 - -
```

이 점사 풀 때 상대도 본다면 응은 현재 공망이고 환경, 혹은 준비가 안 되었지만 그래도 서울만 간다면 손이 동하여 돈이 나온다고 했던 것입니다. 돈 들어오는 공식 손동 재동 반드시 들어옵니다.

점사 주인공이 오늘 전화가 오셔서 돈이 안 나왔다고 펄쩍 뛰십니다.
내가 이상하다고 분명 그쪽이 다른 곳을 주선해서라도 돈이 나오는 괘라고 했더니 나중에야 이실직고합니다. 4억이 아니라 2억만 해준다고 했다고 합니다.

어쩐지 저렇게 동하는 손이 강한데 그럼 딴 데라도 더 다녀보시라고 말했습니다.
반만 맞은 점사입니다.
그래도 내게 반만 나왔다 먼저 말하지 저렇게 꼭 숨기다가 말하십니다.

12) 남편의 빚이 또 남아 있는지 (화수미제 4효동)

　지인 전화, 한없이 너그럽고 친절하며 자상한 남편 분(50대 자영업)의 치명적 단점은 품위 유지 겸 대외비로 빚을 얻어서라도 쓰는 그것 딱 그것 하나입니다.
　저번에는 감당할 수 없는 빚 5천만원 때문에 부인에게 딱 걸려 부인이 이렇게 저렇게 수습을 했는데 이것도 다 갚지 않은 상태에서 300만원 빚을 또 시댁에게 꿨는데 그 시댁 사람이 우리 지인에게 힘들어서 그러니까 그것 좀 갚아달라고 했다고 까마득하여 겸사에게 전화 한 것이라고 합니다.
　도대체 이 양반 빚이 또 나올게 있는지 그것 좀 육효로 봐달라고 요청합니다.

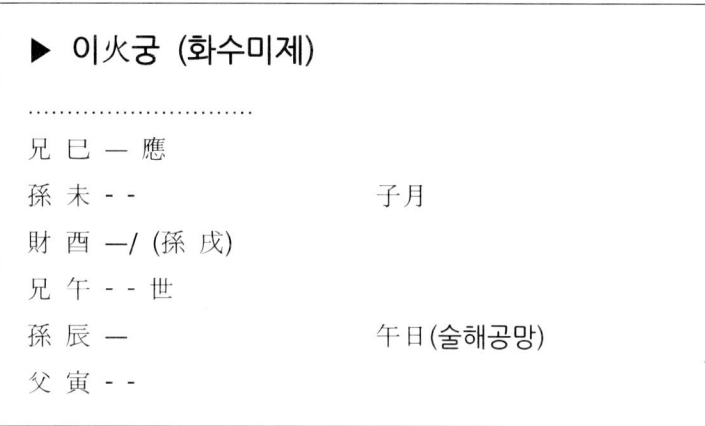

　이런 질문 껌이지요? 용신이 뭔가요?
　빚에 대하여도 두 가지로 나눕니다. 그래도 가장 포괄적인 것은 관효로 지정합니다. (그런데 신수점에서는 형효는 사채, 관효는 대출로 보셔도 됩니다)
　그래서 나는 관으로 보려고 주사위를 던졌습니다.
　처음엔 괘를 잘못 읽어 수화기제로 봤다가 다시 보니 화수미제라 정신을 잘 차렸습니다. 중점적인 것은 비신에 관이 없으면 묵은 빚이 없는 것이 됩니다.
　그것은 지금 건강을 물어도 관이 병인데 비신에 없으면 병이 없다로 봅니다.
　또한 나에게 귀신이 있냐고 물어도 비신에 없으면 없습니다.
　월에 자월의 관은 그냥 알고 있는 빚으로 보았습니다.
　이제 없다고 했더니 지인이 밝아졌습니다.

13) 건물을 계약 할 사람인가요? (손위풍 2효동)

투 선생님 금방 전화 아버지에게 물려받은 건물 사려는 사람이 있다고 부동산서 연락 왔는데 수리도 해야 하니 깎아 달래서 500 깎아줬다고 합니다. 근데 또 200을 깎아 달래는데 계약할 사람이 맞는지 물어봅니다. 이런 사람 제법 많았다고 합니다.

```
▶ 손木궁 (손위풍)
.........................
兄 卯 —世
孫 巳 —              申月
財 未 - -
官 酉° —應
父 亥 —/ (孫 午)    子日 (신유공망)
財 丑 - -
```

계약 할 사람이라면 일단 급소 통변은 재가 튼튼해야 살 주제 됩니다.

의지도 강해야 그 건물이 맘에 든 것입니다.
재부터 봅니다. 월일 대입하면 휴수, 이런 여기서 꽝 입니다.
응효 의지는 있으나 공망, 공망은 결정하지 않았다, 진실 아니다 입니다.
내가 아녀 아닌 거 같아 공망에 돈도 없어 했더니 금방 알아들었습니다.
이렇게 글을 올렸더니 파란 낙엽 선생님이 보충 하였습니다.

파란낙엽 : 제가 생각할 적에도 그 사람 현재 돈이 없는 것은 분명한 것 같습니다만, 그래도 응효가 휴수하지는 않은 것으로 보아 계약할 마음이 전혀 없는 사람은 아닌 것으로 생각됩니다. 처음에는 금극목 하다가 부효가 동하여 금생수, 수생목으로 통관시켜주니 (가택효 발동, 부효발동 - 이사)즉, 전세금(or 보증금) 돌려받으면 계약하겠다.

(부변손)부모님한테 돈 받으면 계약하겠다. 대출 서류심사 통과하면 계약하겠다...는 등의 의지가 담겨있는 것이 아닌가 생각됩니다.

검사 : 부변손이 좋은 징조인데 그러게요. 응이 관을 잡았을 땐 부채가 많은 사람 혹은 사기성도 생각해봐야 합니다. 투 선생님이 결과 나오면 알려 주세요

검사 : 투 선생님이 답 글을 달지 않아 제가 그냥 대신 올립니다.

파란낙엽 선생님이 잘 보아주셔서 감사하다고 했고, 사려는 사람이 착각에 빚어진 해프닝 이었다고 합니다. 자기 전세를 빼서 이 건물을 사려고 했는데 결국은 돈이 부족해서 결과적으론 계약이 안 되었다고 합니다.

투 선생님에게 연락은 왔기에 직접 올리라고 했더니 바쁘셔서 못 올리고 있나 봅니다.

파란낙엽 : 결과 올려주셔서 감사합니다. 그렇다면 저 응효 공망의 의미는
'진실이 아니다' 도 아니고, '결정하지 않았다' 도 아니고, '준비가 안 되어 있다' 또는 '착각하다' 는 의미가 될 것으로 생각됩니다.

그리고 응효에 관귀가 임함은 '잠깐 뭐에 씌다' '잠시 그 분이 오시다' 로 해석해 볼 수도 있을 것 같습니다.

검사 : 네 그런가 봐요 딱 좋은 표현입니다. 뭔가 씌였나 봐요.

투 선생(도현아빠) : 하...;;;;; 제가 지난주에 살짝 정신이 나갔나 봐요...후기 올린다고 말해놓고 검사 선생님께서 요약해주셨네요...저 이제 검사 선생님한테 혼 날겁니다...ㅜㅜ 선생님께서 말씀하신대로 사려는 사람이 돈도 별로 없으면서 교통정리도 안하고 집사려고 했네요. 정리도 안 되고 사려하는 순간 제 입장이 안 팔려고 변해 버렸습니다. 신기하게 그 이후 집산다는 사람이 자꾸 나타나고 호가가 3일 사이에 5백만원이 올랐네요. 제 느낌에 주변에 뭔가 호재가 있는거 같아요.

현 세입자 만기로 다음세입자 구했고 2년 정도 추이를 좀 더 지켜봐야 할듯합니다.

실관에 응해주신 검사 선생님과 파란낙엽 선생님께 진심으로 감사의 말을 올립니다.^^

14) 뭔가 하려한다는데 (화산려 4효동) 안하겠다는 공식 예시 1

저 경상도 사시는 윤 선생님 전화입니다.
선생님 화산려괘 4효인데요 무슨 점인가요? 누가 뭘 하자고 해서 하면 어떤가?

```
▶ 화산려 (火)4효동
.....................................
兄 巳 —
孫 未 - -                    巳월
財 酉 —/ (孫 戌) 應
財 申 —
兄 午 - -                    酉일(진사공망)
孫 辰° - - 世
```

내가 선생님 안하겠다는 공식 빨리 암기하셨다 쓰셔요.
이렇게 세효에 공망 잡으면 안한다.
이렇게 변효로 6충 안하겠다.
세효 회두극도 애초의 그 맘을 접겠다.
세효 휴수해도 안한다.

아셨지요? 했더니 제가 안하나요? 합니다.
이럴 때 세효 공망은 두 가지 의미 하나는 의심스럽다.
또 하나는 게을러서 안합니다.
자신도 안하겠고, 상대가 맘이 바뀌거나 갈등하다가 안하거나 입니다. 했더니 알겠다고 급히 끊으십니다.

15) 급료 날인데 언제 돈이 들어오나요? (풍수환 5효동)

개인 병원 간호사조무사 ○○이 오늘 급료일인데 아직도 (오후 2시경) 안 들어오고 있다고 합니다.

```
▶ 이火궁 (풍수환) 5효동
················
父 卯 ─
兄 巳 ─ / (官 子) 世        寅月
孫 未 ─ ─
(복신 財 酉)
兄 午 ─ ─
孫 辰 ─ 應              戌日(자축공망)
父 寅 ─ ─
```

이 병원은 빨간 글씨 날도 월급날이면 그 날 준다고 합니다.
이 아인 이게 늦으면 안 되는 일이 있다고 하여 점단해줍니다.
그냥 급소 통변으로 이화궁만 봐도 재가 되는 시간 신유시라고 감이 잡힙니다.

오늘이 급료날이라 1회성 짧은 기간의 질문입니다.
재만 보면 되는데 복신으로 숨어 있습니다.
일진에서 손이 되는 술일이니 비신에 없다면 복신은 신이나 유금이 있을 것이고 왕상하니 복신을 숨기고 있는 효를 충 하거나 치(置) 되면 됩니다.
치가 뭐냐구요? 가둔 것이 열려서 스스로 치솟아 오르는 것이라고 쉽게 암기하시기 바랍니다.

당연히 재물 복신 튀어나오는 시간 유시입니다.
재가 되는 시간은 申酉시인데 그래도 확실한 酉시를 찍어주면서 문자로 들어오면 들어온 시간 보고해달라고 했더니

3시 50분쯤 들어왔다고 문자 보내왔습니다.
그냥 신시부터 찍어줄걸 괜히 유시라고 했습니다.

여러분들 일상적인 점사이지만 꼭 유시가 아닌 신시부터 찍어주시면 저처럼 머리 쥐어뜯지 않습니다.

※ 복신이란 - 월과 일 변효에도 우리가 보고자 하는 글자가 없다면 본궁의 납지를 초효부터 부칩니다. 저 괘에선 본궁이 이화궁이니 이화기묘에서 묘가 초효이고 축해, 유미사에서 유(酉)가 4효에 있으니 4효 밑에 유금이라고 표기해 놓으면 됩니다.

16) 돈을 받을 수 있나요? (건위천 초효동)

지난 일요일 병인 제자 선생님 문자 내용은 돈을 받을 수 있나?
건위천 초효동 동효를 어떻게 봐야 하나요? 하고 물으십니다.

```
▶ 건金궁 중천건
.............................
父 戌 — 世
兄 申 —                    辰월
官 午 —
父 辰 — 應
財 寅 —                    戌일(자축공망)
孫 子 —/ (父 丑)
```

제자 선생님들도 문자를 주실 땐 항상 육하원칙 (누가 언제 어디서 무엇을 어떻게 왜)를 넣어서 말씀해 달라고 해도 저러십니다.

내가 답변 문자로 일부 받았다. 그런데 지금은 돈이 없다

이렇게 보내놓고 오늘 수요일반 육효 수업에 오셨기에 그 때 그 점사 일부 받았다고 하지요? 네

깜짝 놀라지요? 네

그럼 해월부터 그 사람 돈 된다고 하셨냐고 하니 그렇다고 그렇게 말씀 하셨다고 함

돈을 받을 수 있는지는 상대방의 재정 상태를 봐야하는데 저 인목 재효가 월일에 대입해서 보면 휴수합니다. 그런데 콩 알만 한 자손 효가 동합니다.

이런 것은 과거형입니다. 자손이 동하면 재를 가져오니까 현재를 말 하는 게 아니라 과거에 일부 작게 받았다로 응합니다.

저야 경험해봐서 이렇게 당당히 지르는데 여러분들도 이런 것 노렸다가 말해보시기 바랍니다.

17) 안 한다 공식, 기존 점포를 다른 것으로 바꾸면 (화뢰서합 5효동)

기존 점포 분식집인데 옆에 어떤 지인이 족발 집으로 바꾸어 하자고 하시면서 자신이 비법을 알려주겠다고 한다고 합니다.
그래서 업종 바꾸면 돈 되는지를 묻습니다.

```
▶ 손 木궁 (화뢰서합)
..........................
孫 巳 ―
財 未 -//- (官 申)世        巳월
官 酉 ―
財 辰 - -
兄 寅 - -應               巳일(오미공망)
父 子 ―
```

돈만 본다면 재 미토 진토 월일이 쌍으로 밀어주니 돈이 됩니다.
세효 갈등하는 것 보이지요? 할까 말까? 할까 말까?
그러다가 세효가 관효 신금으로 되어 6충 안 하겠다로 결정 낼 것입니다.
변효 신금을 월일이 6합 하여서 이걸 어찌 보나요?
천금부에 합인지 극인지 분별해서 판단하라고 했습니다.
합이 되려면 저 변효 신금도 월일 하나라도 왕상해야 합인데 그냥 극으로 보시면 됩니다. 그냥 6합을 보지 마시길 바랍니다. (충중 봉합이라고 우기지 마시길 바랍니다) 그냥 하던 것이나 잘 하라고 했습니다.

상식적으로도 뭔 비법인가요? 그게 하루아침에 전수 되는 것인가요?
이런 점은 상식적으로 그냥 하던 것이나 잘 하셔요 라고 해야 합니다.
10년은 되어야 전문가인데 뭘 이제야 전수를 받긴 뭘 받는다고 …
(결과 : 안 하셨다고 합니다. 그 여자 분이 갈수록 조금 이상했다고 합니다. 응효가 너무 휴수하여 실력도 의심이 갑니다)

18) 장사가 안 되어요 (곤위지 5효동)

매년 이맘 때 전화주시는 남자 분(50대)

음식점 혼자 하고 계시고 가끔 여자 분이 도와주신다고 합니다.

어디서 사주를 봤더니 30년간 재수가 없다고 하는데 자신은 이런 운명을 안 믿는데 일이 자꾸 꼬이니까 걱정되며, 작년엔 풍도 맞아서 말이 잘 안 나온다고 합니다.

어제 우리 고객 이 선생님이 오셔서 겸사 선생님께 물어보라고 한다고 합니다.

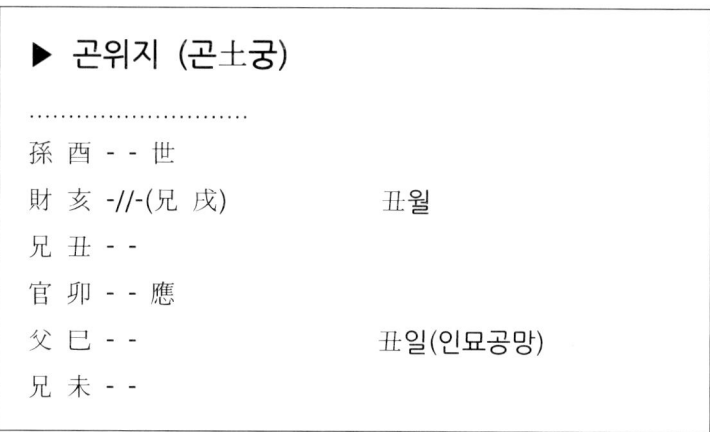

질문은 장사가 언제 잘 되겠느냐고 물었습니다.

세효 손효 유금 월일 왕상 합니다. 나는 재물을 원해요, 강하니까 격렬하게 원해요. 입니다.

재효 해수를 보면 힘없이 동했다가 술토로 극 받으니 참 뭐라하기 난감합니다.

괘를 잘 보면 형효가 여기저기 포진 되어있습니다. 지출해 할 지출 처, 혹은 사채인데 이대로의 재물운은 신유(申酉) 해자(亥子)월 만 반짝 하니 그냥 작년과 같습니다가 정답입니다.

그래도 저 세효는 손효라 움직이기만 하면 돈이 되는 것이니 부적, 굿, 제사, 기도, 애완동물 여기서 가장 이분에게 만만한 애완동물을 하나 키워보시지 않겠냐고 하니 작년에 강아지를 키웠는데 옆집 개에게 물려죽었다고 합니다.

지금 이 상태로는 그래도 강아지(흰색 혹은 검정색) 암놈으로 다시 키우시면 그 개가 부적이며 돈을 만들어주는 글자라 애정 담뿍 주시면 아픈 것도 많이 나아지실 거라고 하니 개 키우기가 좀 어쩌고 저쩌고 하시기에 내가

선생님이 답답하니까 저에게 전화 주셨고, 저는 하늘에게 물었더니 애완동물이 가장 합당하여 말해드린 것인데 저에게 따지시면 나는 어떻게 해야 하느냐고 했더니 죄송하다고 그러하겠다고 하십니다.

세효에 자손 효는 움직여야 돈 들어오는 것입니다.
강아지들 손(孫)이 막 뛰어 다니면 재가 생길 듯합니다.

19) 투자한 돈을 받을 수 있을까요? (택수곤 5효동)

묘월이 지난시간 밤에 지방서 전화가 왔습니다.
여러 사람이 같이 투자했는데 그게 잘못되었다고 하는데 그 분에게 돈을 돌려 받을 수 있느냐고 물으십니다.

```
▶ 택수곤 (태금궁) 5효동
..........................
父 未 - -
兄 酉 ― / (兄 申)            辰월
孫 亥 ― 應
官 午 - -
父 辰 ―                     辰일(자축공망)
財 寅 - - 世
```

세효와 응효도 보고 재물을 주시해야 합니다.
세효에 재물용신이 붙었다면 반드시 받습니다.
그런데 휘리릭 월일 살펴보니 재가 생조 받지 못하고 있으니 현재 이 응효가 돈이 없습니다. 급소통변으로 이것만 봐도 해자월 인묘월 가능성이 있습니다.

응효가 우리 생조 하니 줄 마음은 있어도 재가 있어야 돈을 주는데 형이 강하게 퇴신되니 왕상한 퇴신 잠시 불퇴가 아닌 계속 불퇴되어 금방은 받지 못합니다.

재효가 3.8목이기에 천만원 넘나요? 아니요 덜 돼요 합니다.
800이요? 그렇다고 하십니다.
지금 응효 해수는 5효 형효에 의해 도움 받고 있고 저렇게 부효가 쫘악 포진 되었다면 부동산 이니까 그분 부동산 팔려고 내놨는데 안 팔렸다고 하지요?

네 네 그것 팔아서 우리 준대요 합니다.

내가 그게 좀 잘 안 팔릴 거에요 반드시 받는데 11월 12월에서 내년 3월까지 받을 거니까 그리 알아 두셔요 했더니

깊은 한숨을 쉬시기에 내가 못 받는 것도 아닌데 뭘 그리 한숨 쉬느냐고 달랬습니다.

20) 새 단지로 점포를 옮기면 돈이 될까요? (화천대유 3효동)

지방에서 모텔 업 하시다가 지금은 편의점 하고 계시다고 하는 50대 후반 여자분 근데 옆에 큰 단지가 새롭게 만들어지고 1순위로 이 분께 그 단지 입점을 권하셨다고 합니다. 그곳으로 가면 재물운이 어떤지 물으십니다.

```
▶ 건金궁 (화천대유) 3효동
........................
官 巳 ─   應
父 未 - -              辰月
兄 酉 ─
父 辰 ─/ (父 丑) 世
財 寅 ─              戌日(신유공망)
孫 子 ─
```

척 보시면 권하고 싶지 않으시지요? 왜냐하면 긴 재물점사에선 일진이 孫이나 財가 되어야 단골확보, 고정적인 돈이 되기 때문인데 여기서 일단 꽝입니다.

세효 봅니다. 어쨌거나 진토가 월일 생조 받아 왕상하니 그 제안이 맘에 들었고 말려도 할 태세입니다.

세효에 부효를 잡으면 신근노록지상으로 몸을 고달프게 해서 개고생 입니다.
세효 퇴신은 심정 상 왕 고민 갈등지상으로도 봅니다.
힘들기만 하고 재물운은 생각한 것 같지 않으니 권하지 못한다고 했습니다.

21) 새해 사업 재물운 (택산함 2효동)

1년에 한 두 번씩 꼭 오시는 두 분 40대 남자 분 둘 다 사업하십니다.
 그 중에 한 분 내가 10월에 왔을 때 양력 2월 6일 날 분위기 바뀌어 뭔가 하나 성사된다고 했다고 합니다. 이번 2월 6일 외국에서 전화 와서 5월에 계약하자고 했다고 하여서그러냐고 잘 되었다고 했고 올해 사업운이 어떨지 묻습니다.

```
▶ 태금궁 (택산함)
..........................
父 未 - - 應
兄 酉 —                    寅月
孫 亥 —
兄 申 —世
官 午 -//- (孫 亥)          卯日(술해공망)
父 辰 - -
```

항상 어떤 점사든지 본인점에선 세효 봅니다.
 환장 합니다. 세효에 형효로 휴수하고 월파까지 맞았습니다.

『복서정종』 (세효육친결)
세효가 왕상한 것은 강력한 것이니 작사에 형통하고 대길창이라 도모하고 원하는바 제반사가 모두 마음먹은 대로 따르리라. (김동규 해설/『복서정종』)

내가 『복서정종』에서 육친결에 나온 이 이론 반드시 암기해야 한다고 했습니다. 월일에 재가 저리 붙어주는데 세효가 저지경이면 점치는 사람은 세효 주관을 튼튼하게 해줘야 합니다.

동효봅니다. 가택효 2효 동함의 의미는 집이나 사업장 옮긴다.
 오화 관효가 동하는 것은 사건사고도 되지만 현재의 저 가택으로 인해 스트레스 받고 있다도 되기에 내가 사업장 옮길거냐고 하니 어떤 어르신이 차라리 땅을 사서 지어 나가라고 했다고 합니다. 그래서 그것도 물으려고 왔다고 합니다.

올해 사업장을 그곳으로 옮겼을 때 주역점으로 수풍정 4효 나왔기에 허물은 없는 효사, 하지만 저 세효 환경 고려하면 내년에 지어야지 올해 건축하면 저 세효 문제 생길 것 같아 내년으로 가자고 꼬드겼더니 그러자고 합니다.

지금 저 세효에게 필요한건 형제효, 부효로 주체를 살려야 합니다.
부모는 윗집에 산다고 하고, 만만한 돈 씀을 권하려고 혹시 차 바꿀 때 안 되었냐고 하니 바꾸려 한다고 해서 당장 바꾸라고 (돈 나가게 해서 주체 맘을 좀 힘 있게 하려고)그리고 돈은 이렇게 따르는데 너무 겁먹고 자신 없어하니까 저 돈을 어찌 다스리겠냐고 하니 부적이라도 써달라고 하십니다.

그래 알았다고 했습니다.
부적 한 장은 - 사유축 사유축으로 가득 그려줘야지 맘먹습니다.
이글을 쓴 이유는 세효 육친결에 나오는 저 문구 다 대입하여 세효가 약하면 처방 잘해 드리라는 것을 말씀 드리려고 입니다.

22) 인수 받아 커피점을 할 건데 돈이 될지 (수산건 3효동)

서천 봉 선생님 고객의 점사라고 단체 톡에 올리셨습니다.

세효 형제 혹시 동업 아니냐고 물으니 맞다고 하십니다.

긴 재물점사는 일진이 저렇게 손이나 재효가 있으면 단골, 고정적으로 돈이 들어 옵니다. 여기까지만 봐도 해도 됩니다.

저 동효의 의미는 본인이 더 잘 알 것입니다.

함께 하던 사람이 중간에 그만 둘 수도 있고, 계약 시 더 달라고 할 수도 있고 그러므로 통변 안했습니다. 부효도 공망인데 아는 사람에게 인수하는 것이니 문서에 문제가 있을 수도 있고, 고칠 곳이 있을 수도 있습니다.

핵심이 돈 되겠느냐고 물었으니 그것을 먼저 해결해주면 됩니다.

23) 요즘 손님이 없어요 (산뢰이 5효동)

집에서 역학 상담하시는 여자 선생님(60대)분인데 근래 손님이 없다고 어디 갔다 와서 그런 건지? 하십니다.

그러니까 그간 그런대로 상담 손님이 왔었는데 어딘지 말씀은 안하셨지만 왠지 자신이 생각할 때 어딘가를 다녀와서 부정을 탔는지 혹시 그것 때문에 상담이 안 들어오는 것이 아닌가? 하는 뉘앙스가 있습니다.

```
▶ 손木궁 (산뢰이)
..........................
兄 寅 ―
父 子 -//-(孫 巳)          辰月
財 戌 - - 世
財 辰 - -
兄 寅 - -                  亥日 (신유공망)
父 子 ―    應
```

세효 술토 재효 좋습니다. 월일 대입하려는 찰라 저 월 진토랑 충돌 월파가 보입니다. 이달에 많이 아프셨냐고 하니 평생 이런 독감 처음이라면 죽을 뻔 하셨다고 합니다.
4효 진토도 재이고 월령에서 같은 글자라 기본적으로 재력이 있으신 분입니다.

저 월파는 같은 붕충인데 재 월파는 그래도 재정적으론 좋은 월파입니다.
그래도 건강상 한 대 때린 것은 뭐 어쩔 수 없는 일입니다.
그러므로 진사오미 네 달은 돈이 옵니다. 여기선 돈이 손님과 같은 의미입니다.

저 동효 부변손 이게 이걸 물었는데 저것이 되는 사연인지 혹은 어르신이 돌아가신다는 메세지인지, 전화 와서 돈이 된다는 것인지 잘 모르니까 그냥 이분 직업에 어울리기에 한번 물어봅니다.

 손님 안 오는 것은 관귀의 작용은 아니구요(관효 공망에 비신에 없습니다), 손님 안와서 혹시 문 위에 부적 부쳐 놓으셨냐고 하니 금방 말씀은 안하시고 한 참 후 그렇다고 하십니다.
 다 같이 한 번 웃습니다. 일단 돈은 와 있고, 저 월파 때문에 힘드셨을 것이고 계속 손님 오는데 안 오더라도 월파 지나고 입하 어린이날부터 월파 풀린다고 말씀 드립니다. 재물점사에서 손효 동은 기도하다 등의 의미가 있어 부적으로 찍으면 거의 맞습니다.

24) 보고 온 점포 돈 되는 곳인지 (건위천 5효동)

내년 퇴임 후 사업장을 만들려고 하는데 자리도 보고 오셨다고 합니다.

```
▶ 건(金)궁 중천건
..........................
父 戌 — 世
兄 申 —/ (父 未)        卯월
官 午 —
父 辰 — 應
財 寅 —                未일(진사공망)
孫 子 —
```

그곳이 돈이 되는 자리인지 물으십니다.

급소 통변으로 긴 점이니 저 일진이 손이나 재가 되어야 가능성이 있는데 부효입니다. 수만상지분수일이이융관하라 괘가 복잡해도 하나로 관통할 수 있다는 천금부 말 대로 월에 재는 30일만 왕 노릇하니 묘월 지나면 재물운 끝나고 해자월 돈 되니 4개월만 돈 되는 곳이어서 권하지 못한다고 하면 됩니다.

여기까지만 말해도 되는데 자꾸 더 보고 싶은 분들을 위해 괘를 더 들여다보면, 세효 부효이면서 묘월의 글자와 6합이니 합기로 누군가 잡아끄는 권유자 있고, 세효에 부효는 신근노록지상으로 몸을 고생시키면서 재를 취해야하며, 일진에서 세효를 밀고 있으니 우리 측은 그런대로 이 장소가 맘에 들었다 입니다. 왜? 부효는 편의시설이 좋은 곳임으로 응하기 때문입니다.

동효라도 재를 생해주면 좋은데 돈 나가는 형효이니 아마 계약금 더 달라고 할 것이며, 형효가 또 일진에서 밀어주니 돈이 잘 나가는 곳임을 예상합니다.

질문자의 핵심은 결국 돈 되는 곳인가만 궁금하니 우리는 질문에만 충실하면 됩니다.

25) 콩밭 주변이 개발되는데 보상이 언제쯤 될런지 (천풍구 초효동)

```
▶ 건금궁 (천풍구) 초효동
..........................
父 戌 ―
兄 申 ―                   卯月
官 午 ― 應
兄 酉 ―
孫 亥 ―                   戌日(진사공망)
父 丑 -//-(孫 子)世
```

보상이라면 용신은 쉽지요? 돈 보면 됩니다. 돈은 월상 이달에 와 있습니다.

그런데 세효가 변심하여 6충을 만드니 안 하겠다로 응합니다.

문자로 아마 못 기다릴 것 같다고 4월 5일까지 보상소리 안 나오면 파시라고 했습니다.

이달(묘월)이 지나가면 해자월에나 재가 강해지는 달이 오는데 복신이라 지금 파는 게 나을 듯합니다.

답변에 못 기다릴 것 같다고 합니다. (그냥 파셨다는 결과)

26) 월파의 다른 얼굴 (산뢰이 초효동)

　월파로 몸 아픈 것은 저 앞 장에 올렸고 오늘은 색다른 월파 구경해 보시기 바랍니다. 이제 진월이 10일 정도 남았습니다.
　42세 부인이 남편과 함께 야채가게를 하시는데 재물운이 어떤지 보다가 딱 걸린 월파 입니다.

```
▶ 손木궁 (산뢰이)
..........................
兄 寅 ―
父 子 - -              辰月
財 戌 - - 世
財 辰 - -
兄 寅 - -              丑日(신유공망)
父 子 ―/ (財 丑)  應
```

이 질문이 단독 질문이 아니라 남편과 함께하는 야채가게라기에
저 진월 진토와 세효 월파가 쿵 때렸기에 아팠어요? 싸웠어요?
했더니 같이 오신 언니와 웃습니다.
장사하다가 치고받고 싸웠다고 하십니다.
월파가 부부싸움이었답니다.
하여간 이 점사 재물운은 일진에서 같은 토임으로 잘 됩니다.
단골고객 확보, 고정적인 돈이 되는 곳이니 화합하여 잘 하라고 달랬습니다.

27) 하루 재물운 (산지박 상효동)

월요일 늦은 밤, 나는 재물운 점사를 잘 안칩니다. 근데 월요일 밤은 소논문도 잘 정리 됐고 너무 편안해서 혹시 내일 재물운이 어떤가 점단했습니다. 예약도 없고 해서 점 쳤습니다.

```
▶ 건金궁 (산지박)
..........................
財 寅 —/ (兄 酉)
孫 子 - - 世                    巳月
父 戌 - -
財 卯 - -
官 巳 - - 應                    亥日(진사공망)
父 未 - -
```

세효에 손효는 재를 강렬히 원한다고 풀이합니다.. 어? 뭐지 저것 재동입니다.
뭐라고요? 재가 동했지만 일진과 합주 되어 신시나 사시에 들어 온다구요?
합주 보기 없기 입니다. 너무 용어에 집착하지 마시고 그냥 동효는 동효로 읽으시기 바랍니다. 이론은 있는데 이런 거 다 지키면 점단하기 힘듭니다.

재 강조합니다. 동효는 동효다. 이걸 원칙으로 삼으시기 바랍니다.
2시부터 수업인데 1시 30분쯤 남선생님에게 산삼과 고구마 그리고 잇몸에 좋은 약초 받았습니다. 또 수업료 다 받은 줄 알았는데 한 선생님 수업료 주시고, 또 이름의뢰 들어오고 저 재동 나름 좋았습니다.

이 점사 올린 이유는 재물운은 가끔 치실 것입니다.
합주 용어에 너무 신경 쓰지 않는다. 이론은 이론대로 있지만 합주, 암동, 삼합 이런 용어에 너무 신경쓰다보면 풀지 못합니다.
그냥 오행의 생극제화로 보시고 동효는 동효다를 잘 숙지하시기 바랍니다.

28) 보증금 백만원에 월세 25만 가게 점포 재물운 (곤위지 4효동)

내가 늘 당부하는 말은 부동산은 비싼 것을 잡으면 비싼 값을 하고, 싼 것은 지금도 싸고 계속 싸다는 것입니다.

우리 집 근처에서 칼국수 하시는 아주머니가 의정부 쪽 어디에서 이걸 잡았다고 합니다. 내게 그 가게 잘 될건지 물으시기에 뭘 묻느냐고 그 정도면 감당하시니까 잡아놓은 것 아니냐고 좋아도 좋다고 하고 안 좋아도 좋다고 할 거니까 하다가 문제 생길 때 보자고 하니 선생님은 처방도 잘 알려주시니까 한 번 봐달라고 자꾸 애걸하십니다.
정도(正道)에선 벗어나지만 자꾸 물으시니 나도 맘이 약해서 그냥 주사위 드립니다.

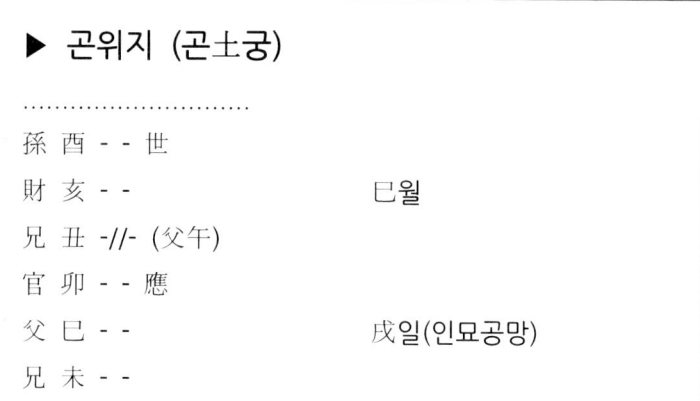

일단 순서대로 봐봅니다.
세효 손효 월일 대입하면 왕상하니 나는 이곳이 맘에 들어요 편해요 돈을 갈망합니다. 하고 읽힙니다.
형효 동하는 것은 가게 치장하느라 돈 나간 것으로 혹은 그간 많이 썼다는 뜻도 되고 계속 돈 나간다도 되고 입니다.
재물점에 세효 손효는 나는 돈을 갈망한다로 간파하시고, 재물점에 손효는 별로 좋지 않습니다. 마지못해 좋게 본다면 내가 동해야만 재를 가져오니 이걸 어떡하지 합니다.

　저는 속으로 이런 터를 무속인들이 자꾸 빌어주라고 하는 터이구나 감 잡고 이 터는 본인이 위해주면 위해줄수록 돈이 되는 곳 이래요 했더니

　금방 알아들으시고 아 그 처방이요? 하십니다.
　맞다고 (손효를 동하게 하는 방법은 기도 굿 제사 가택처방 기타 등등 입니다)
　6월 6일 오픈인데 2일 날에 고기도 굽고 터신에게 잘 해달라고 할 참이라고 하십니다.

　저 괘는 형이 동하여 재를 치는 것을 세효 손효만 동하면 통관이 된다는 것을 여러분들도 다 보이시지요?
　항상 긴 재물점은 일진에 손효나 재효가 아니면 권하지 마시는 게 상책입니다.
　이분은 저질러 놓고 왔기에 내가 메모지에다가 8 9 11 12월 장사 잘 되는 달 이니까 이때 돈 많이 버시라고 하니 또 고맙다고 하십니다.
　(결과 : 오픈 했는데도 한 사람도 안 들어오고 결국 팔아 치우셨다고 합니다)

29) 윤이 부인 돈 떼이고 돈 받을 수 있냐고 물음 (뢰천대장 초효동)

윤이 50대 공무원 돈 안 쓰는데 특별한 재능 가짐 왕소금 중 甲입니다.
다른 인품은 뭐 괜찮고 주역을 잘하는데 육효는 잘 모르지만 늘 점을 치고 내게 묻습니다.

학당의 우리 선생님들과도 친했습니다. 저번에 부인이 불법 사채 비스무리하게 해서 1000만원 모아 놓았다고 기특해서 좋아라 우리에게 자랑 질하고, 이참에 부인을 그간 오해해서 미안했다고 화해했다고 합니다.

분양 받은 아파트 잔금 치르려면 몇 년 더 있어야 하는데 전에 자신이 모아 놓은 1억 적금 부인에게 갖다 준다고 어쩐 일로 아이스커피를 다 사와서 또 자랑 질 합니다.
그 1억 또한 부인에게 맘껏 투자하라고 주는 용도로 쓴다고 합니다.

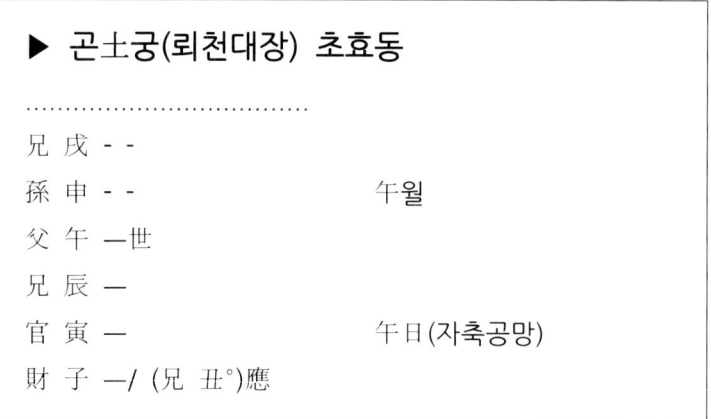

내 그 당시 느낌에 야 그냥 5천만 주지 그러냐 하고 말리고 싶었는데 꾹 참았습니다.
그러더니 1억 가져간 사람이 사고를 쳤다고 돈을 받겠냐고 본인이 점치고 물었습니다.

4효 세효 우리 측, 우울함 나는 월일 왕상하니 그 돈 포기할 수 없어요가 읽힙니다.

응효는 재변형 되고 있습니다. 응효 입장에선 난 그래도 조금 이득 되게 해줬어요 그리곤 나도 변효 형효로 그 돈을 다 썼어요. 라고 말하는 것이 보입니다.

이렇게 저 작은 자수 재효가 동한 것은 일부 주었다는 뜻 고리(高利)줬다는 뜻입니다.

현재 상황에선 못 받습니다. 전형적인 수법 같음을 느낍니다.

먼저 이자 잘 주다가 내빼는 수법으로 축토 공망이니 연락도 안 될 듯합니다.

비신에 재효가 왕상하게 있어야 돈이 있는 사람이니 협박을 하든 구워삶든 할 터인데 응효도 돈이 없는 것이 보입니다.

상대방이 신월이나 되어야 재가 살아나지만 이럴 경우 크게 희망 같지 말아야 할 듯합니다. 요즘도 이런 사람이 있나 봅니다. 욕망이 이런 일을 자초했으니 여러분들도 조심하시기 바랍니다.

30) 돈을 받을 수 있는지 (산지박) + 매화역수 징조이론

어제 육효 기초반 수업을 나갈 때, 매화역수도 괘를 이용한다고 하면서 그런데 징조이론이 있다고 가르쳐 드릴 때, 누워서 점을 치면 늦고, 가면서 점을 치면 빠르다, 혹은 육효점단을 하는데 마침 묻는 자의 물음과 징조가 같을 때는 육효점을 빼고, 그 징조를 따르라는 것을 말해주었습니다.

점을 칠 땐 서필성심해서 감히 누워서 점치면 어긋나지만 소강절의 매화역수에는 점을 그 때 그 때 함으로 가면서 외물을 이용하여 방위, 오행의 색깔, 숫자를 이용하여 괘를 만듦으로 육효점단의 이론 서필성심 이론과는 언뜻 맞지 않습니다.

그러나 징조이론 : 예를 들어 제가 서산서 전화가 안 터져서 밖에 나와서 고객 점단을 하는데 돈이 들어와야 하는데 들어 오냐고 해서 점치려고 집으로 들어가는 찰라, 오빠차가 뒤로 살금살금 들어오고 있기에 아 이거 징조구나 해서 그분에게 점을 안치고도 들어온다고 했던 기억 등등이 있습니다.

또 그러나 육효점을 대놓고 무시하고 징조만 가지고 점치면 그 또한 안 됩니다. 이건 아주 가끔 일어나는 현상입니다.

어제 저녁 때 수업 끝나고 누워서 텔레비젼 시청 중 쓰레기더미에서 잠자는 할머니에 대해서 나오고 있고 나는 그 사연을 보고 있을 때 전화가 왔습니다. 벌떡 일어났습니다.

이러저러하여 돈을 받아야 하는 분입니다. 내가 축월부터 돈 받는다고 했던 분인데 너무나 일이 엉켜서 (꼭 저 할머니 상황과 징조가 같음) 이게 해결이 나겠느냐고 물으십니다.

유료로 반드시 계좌를 알려달라고 하셔서 이미 돈이 오고 나는 빼도 박도 못하고 점을 쳐야 하는 상황입니다.

저 징조로 이미 답은 나왔지만 유료의 책임을 느끼어 저 징조를 뒤로 하고 점단합니다.

```
▶ 건金궁 (산지박) 5효동
  ......................
  財 寅 ―
  孫 子 -//- (官 巳)世      子月
  父 戌 - -
  財 卯 - -
  官 巳 - - 應            寅日(오미공망)
  父 未 - -
```

속 썩이는 그녀가 돈을 주겠느냐는 점사입니다.

묘목도 재도, 일진도 재이니 강하면 충 할 때 돈이 들어옵니다.

속으론 酉날인데 세효가 손으로 극하고 변하여 같은 글자이니

내가 내일 움직이셔서 내일 묘날 재날 유시에 받던지, 10일 화요일 유날인데 손이 동함으로 본인이 가셔야 한다고 했습니다.

그리고 징조이론을 뒤에 대입해 줍니다.

전화가 끝날 즈음엔 할머니의 그 쓰레기들을 잘 정리해 놓고 지하방에 침대 놓고 할머니가 오셔서 너무 고맙고 행복하고 자신을 사랑해줘서 고맙다고 우십니다.

내가 선생님 저 할머니 징조이론과 맞먹을 정도로 정리 되고 잘 되신다고 위로 했습니다.

수업할 때, 징조 이론 해드리고 내가 그 징조이론을 실관에 대입합니다.

여러분들도 가끔은 이런 것에 융합 복합해보세요.

(결과 : 내가 움직여서 가보란 날 안 가셨고, 아직도 저 사람 돈 안주고 있고 아무래도 징조론이 맞나 봅니다. 한 참 걸릴 듯합니다)

31) 주변에서 이 땅이 오른다고 사라고 해요 (풍화가인 무동)

전화 상담입니다.

가장 급한 문제가 뭐냐고 하였더니 이 땅을 사도되는지 말씀하셔서 직접 가보셨냐고 했더니 아직 안 가보셨다고 해서 갔다 오셔서 보자고 하고 다른 문제 점단하다가 남편 분은 가보셨다고 하십니다.

그럼 48까지 중에서 6개 숫자 불러달라고 했습니다.

투자용의 땅입니다. 급소 통변으로 답이 나오신 분 있나요?

급소 통변은 세효가 휴수하면 안 한다 입니다.

물론 무동도 아무 변화가 없으니 조금 참조해봅니다.

세효 재효를 잡았으나 의지 없으니 안 사실 것이고 가격도 이대로이니 투자용이라면 권하지 못합니다.

그럼 종합해보면 대표적 간보기 점사입니다.

안 사실 거에요 가격도 그대로이고 안 오릅니다. 했습니다.

32) 오늘 계약이 잘 되나요? (뢰택귀매 5효동)

스님(우리가 그냥 스님이라고 부름)이 점치는 지금은 9월인데 3월부터 저 건물 잡고 싶어 안달하셨습니다.

인천 쪽 건물인데 20 몇 억이라고 했습니다.

본인은 분명 높이 오르는 걸 알고 있다고 하시는데 건물 명의는 스님이고 돈을 가진 사람은 부인이라고 합니다.

그런데 상대측에서 계약하자고 하면 세금 등 이 핑계 저 핑계 대다가 오늘 계약일이라고 하는데 그쪽이 오늘 약속을 잘 지킬지 어떨지 해서 본인이 점단한 괘입니다.

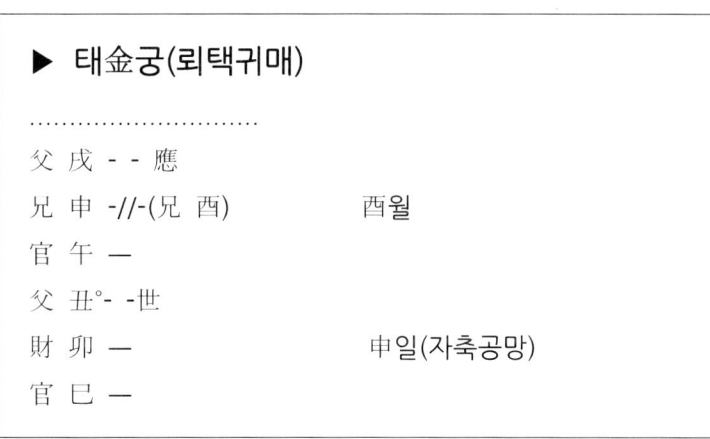

계약 관계는 응이 우릴 극하지 않으면 가능합니다.

세응 같은 글자인데 오늘 1회성 점사이니 월일 왕상휴수 꼼꼼하게 안 봐도 풀립니다.

세가 공망으로 안 하겠다 입니다. 뭐야 스님 말씀은 분명 상대가 못 믿어 워서 점단 한다더니 정작 문제는 우리 측에게 있어요.

그 원인은? 형효가 동하여 이거 너무 돈 올리는 거 아닌가? 하는 맘 때문입니다.

내가 스님 자신은 그 건물 매입을 몇 달 전부터 기다렸지만 정작 부인이(축토 우리측 부인) 계약을 안 하신다고 하는데요.
　지금 미시(3시 반 신시 전까지)에는 가능하니까 얼른 잡으시라고 하니

　몇 번 전화를 하시더니 일단 계약금을 보내야 되는데 선생님 말씀처럼 부인이 말을 안 듣는다고 합니다. 우리가 저 밖에서 들리는 소리를 들으니 스님이 전화로 당신 나 죽는 꼴 보고 싶어 하시면서 크게 부인에게 뭐라 뭐라 하십니다.
　또 몇 번 전화하시더니 계약금을 보냈다고 하십니다.

　왜? 점을 그리 보았냐고 내게 물으십니다.
　나는 저게 오늘 중 1회성 점사인데 자축공망 중 미시는 저 부인 공망 축토의 맘을 풀어주기 때문에 그렇게 말했다고 하니 그러냐고 끄덕이십니다. (다음 주 오셔서 잘되셨다고 검지와 중지 사이 사다주셨습니다)

33) 세탁 (천수송 초효동)

요즘은 돈을 받아도 양도세가 붙는다고 합니다.
그래서 직접 못 받고 이렇게 저렇게 해서 받으면 이게 세탁이라는 것을 알았습니다. 자세히 못 쓰겠어요 불법 같아서 입니다.

하지만 뭐 내가 세탁을 하는 것도 아니고 묻는 말에만 답을 해줍니다.
점을 물어본 사람은 몇 억을 받아서 이렇게 저렇게 하는데 담당 은행 직원이 이러시면 안 된다고 했다고 합니다.
반은 세탁해놨고 반을 못 한 상태인데 나에게 물으시는 것은 지금까지의 일 때문에 문제가 생기냐고 물으신 점사입니다.

```
▶ 이火궁 (천수송) 초효동
..............................
孫 戌 —
財 申 —                    丑月
兄 午 — 世
兄 午 - -
孫 辰 —                    申日 (인묘공망)
父 寅 -//-(兄巳) 應
```

육효점사는 점사의 종류에 따라 혹은 세치 혀에 따라 답이 달라집니다.
이런 점사는 그냥 우려점으로 놓고 풀면 그냥 쉽습니다.
동효가 나를 때리면 문제 생기는 것인데 초효 동효가 날 때리지 않았음으로 무사합니다. 내가 지금까진 괜찮다고 했습니다.
이 점사 보면 주인공이 조금 부럽습니다.
우리도 언제 이런 점사의 주인공이 되어 봅시다.

34) 헛발질 한 점사

부동산 일을 도와주시면서 좋은 물건 있음 잡는 여자 분이 전화로 급하게 묻습니다.

좋은 물건이라 분양 받아 놓은 건물이 나가지도 않고 가격은 내려가고 있는데 오늘 살 사람이 나왔다고 너무 기분 좋아하십니다.

그런데 본의 명의도 아니고 그 명의자가 신용불량이라 대출도 안 되고, 새사람으로 교체하고 복잡합니다. 핵심은 조합으로 가서 원하는 대로 해달라고 따지러 갈 건데 이기겠냐고 묻고 점단하니 세응 둘 다 같은 글자라 말 들어준다고 하고 하여간 이것저것 다 물어서 나는 결과만 기다리고 있었습니다.

그런데 전화 와서 선생님 말씀이 다 맞았는데 정작 산다는 사람이 변심해서 안 사겠다고 했다고 합니다.

이게 뭐야 그럼 난 뭘 한 거야? 하고 기막혀 합니다.

그러니까 난 이 사람이 확실하게 사느냐는 것부터 물었어야 했습니다.

여러분들도 전후좌우 잘 봐서 어떤 점부터 쳐야하는지 제 꼴 당하지 마시기 바랍니다.

35) 이 달 안에 건물 계약이 될까요? (산천대축 상효동)

화요일 수업 때 본인은 늘 무소유라고 하시는데 정작 160억 재산가 선생님이 저 앞에서 그 스님 이야기입니다. 3월부터 계약이 안 되었다고 합니다.

6층짜리 임대용으로 월수입 천만원은 나온다고 합니다.

자리가 좋다고 근데 주인이 한다고 했다가 외국가 있으니 돌아와서 하자고 하고 지금은 세금이 많아서 담달에 하자고 하고 애태우기만 한다고 합니다.

괘를 칠판에 이렇게 쓰심

```
▶ 간土궁 (산천대축) 상효동
  ..................
  官 寅 ―/ (孫 酉)
  財 子 ― ― 應           午月
  兄 戌 ― ―
  兄 辰 ―
  官 寅 ― 世             戌日 (신유공망)
  財 子 ―
```

내가 이 괘를 보고 이 달도 역시 계약이 안 될텐데 왜 안 될건 지 스님이 찾아보시라고 합니다. 세효가 휴수하고 하시더니 응도 휴수하고 하시다가 찾습니다. (이것도 원인이 될 수 있습니다. 서로 간보기만 하고 있습니다)

에 잇 응이 월파를 맞았네요 하시기에 내가 그렇다고 이달도 안 될 것 같다고 하니 선생님 그럼 언제 되나요? 하시기에

이달 지나고 미월에 다시 점단하셔요. 했더니 알았다고 하십니다.

응 자수 월파 심하게 맞은 것 다 보이시지요?

월천만원 수익이라 우리가 이야 우와 부러워 했습니다.

이분 육효 처음 배우실 땐 계약이니 부를 봐야지요? 했다가 요즘은 당연히 일대일로 보시는 것 잘 교정되셨습니다.

36) 이사 비용을 잘 받을 수 있나요? (천수송)

아침에 일어나 카톡을 보니 문자와 있습니다.
반가운 옛 제자 선생님인데 새벽 6시 9분에 와 있습니다.

이분은 저 외국 모 나라 대사관으로 계시다가 이번 봄에 또 저 멀리 외국 모 대사관으로 가셨습니다.
바빠 오느라 이사비용 그 나라에서 준다고 해서 그냥 와서 청구하면 준다고 준다고 하고 안주고 있다고 합니다. 이번 주 안에 비용을 받겠는지 속 탄다고 하십니다.

```
▶이火궁 (천수송) 3효동
..........................
孫 戌 ―
財 申 ―                    午月
兄 午 ― 世
兄 午 -//- (財 酉)
孫 辰 ―                    寅日 (오미공망)
父 寅 - - 應
```

돈 들어오는 공식 중에 뭐변재는 결국 돈이 됩니다.
형변재가 되어 핵심은 여기에 있습니다.
그러나 이번 주라고 콕 찍진 못할 것 같기에 답 문자로 이번 주는 모르겠고 다음 주까진 받을 거에요 해서 보냈더니 받기만 하면 된다고 하십니다.
내가 언젠지는 확실히 못 찍지만 받는 건 확실하다고 한 것은 저 변효 날이 유 날이라 미신유일 들어있는 걸로 찍었습니다.

37) 그 쪽에서 일감을 주나요? (감위수 상효동)

건축업 정 사장님이 지금 8개동 건물 짓는 일이 있는데 지금 말이 오가는 중인데 일을 줄 건지 물으십니다.

```
▶ 감水궁 (감위수)
........................
兄 子 -//- (孫 卯°) 世
官 戌 —                    卯월
父 申 - -
財 午 - - 應
官 辰 —                    申일(인묘공망)
孫 寅° - -
```

요청점사 혹은 1:1로 봐야하고 돈 들어오는 공식에 대입합니다.
세효가 응을 극하다가 손효 묘목으로 공망에 빠집니다.

우리 측은 의심하다, 안하겠다, 혹은 준비가 안 되었다로 보여서
내가 응이 우릴 극하지 않기에 일은 주는데 4월 1일 공망 풀려야 일이 될 것 같다고 하니 말일에 도면이 나온다고 합니다.

아하 세효 공망의 공망은 준비 안 되어 있다로 응한 것이었습니다.
도면이 안 나와서 곧 못 하는 것이니 이번엔 이 공망 풀리면 가능합니다.
저쪽이 극하면 당신에게 안 줍니다로 응합니다.
공망 공식이 여럿이니 잘 응용하시기 바랍니다.
(결과 : 이 일 원만히 잘 추진되었습니다)

38) 전세 내놓은 것 언제 나가는지 (택풍대과 상효동)

서울 사시는데 아파트에 붙박이장 돈 들여 다 만들어 놓고 전세 내 놓았는데 짐이 많아 철거해주면 전세 들겠다는 사람이 있는데 난감하시다고 합니다.

상식적으로도 전세는 금방 나가는 것이고 이 사람 아님 또 없을려고요 점 안쳐도 금방 또 구해지니까 이사람 계약하지 마시라고 하니 그래도 언제 또 구해지는 점 봐달라고 하십니다.

```
▶ 택풍대과 (진木궁)
.........................
財 未 -//- (財 戌)
官 酉 ―                    寅月
父 亥 ― 世
官 酉 ―
父 亥 ―                    未日(신유공망)
財 丑 - - 應
```

일진 재효만 봐도 계속 보러 오는 것을 감지합니다.
세효 보면 휴수하여 겁먹었는데 이유는 안 나갈까봐 때문입니다.
길흉은 동변효에 있음으로 재는 진신 재래취아 (세효에 부 잡고 재동하여 나에게 안김을 뜻하는 글입니다)
며칠 새로 계약 된다고 했더니 응이 암동 친 탓인지 애초에 본 사람이 그냥 계약 하였다고 합니다.

39) 언제 뜨는지 ... 월파의 예 (손위풍 초효동)

내 또래 여자 분의 따님이 연기를 하고 싶다고 했는데 내가 2년 전에 하게 내 버려 두라고 했는데 기획사에 들어가 지금 데뷔 준비 중이라고 합니다. 근데 따님이 엄마에게 점 좀 봐오라고 시켜서 왔다고 하십니다.

지금 기획사에서 잘 되어야 원하는 대학도 갈 수 있다고 걱정이 이만 저만이 아니라고 하여 일단 주역점사로 보니 좋았는데 그 점단 점괘는 산화비 3효로 그 꾸밈이 윤택하니 바르게 하면 길하다고 되어 있습니다.

꾸미는 괘에서 윤택하게 꾸민다는 것은 기획사가 잘 꾸며준다는 것이니 믿을 만 하여 옮기지 말고 있으라고 했고, 언제쯤 뜰 건지는 육효로 하늘에 물어 점단 했습니다.

```
▶ 손木궁 (손위풍)
..........................
兄 卯 —世
孫 巳 —                    酉月
財 未 - -
官 酉 —應
父 亥 —                    午日 (자축공망)
財 丑 -//-(父 子)
```

엄마가 딸이 걱정되어 점쳤다면 손효, 재 관 순으로 보아야 겠지만 이 점사는 딸이 꼭 나에게 물어보라고 했으니 세효가 자신 주인공입니다.

세효 묘목이 월파에 피해를 봤습니다.

이달엔 죽어도 못 뜨는 격입니다.

인기를 재효로 보지만, 명예를 관으로도 보려고 재관을 같이 보기로 했습니다.

관효는 이미 담달까지도 왕상하고 동한 재가 계속 일진에서 밀어주니 관운 재운은 좋아 보여서 내가 월파가 벗어나는 8일부터 문제가 해소되어 계속 기회가 있다고 하니 좋아하십니다.

여러분들 월파 아시지요? 월과 우리가 보고자 하는 글자가 6층 되어 깨어지는 현상입니다. 통변은 우리가 보는 글자가 이 달에 아팠다, 깨졌다. 싸웠다 등으로 이 달에 깨어지는 현상입니다.

그런데 그 월파의 글자가 동하였다면 그냥 동효로 인정하고 통변합니다. 『야학노인점복전서』에 동효하방공파(動爻遐妨空破) 동효에게 어찌 공망이나 월파가 방해되리오 했으니 동효는 월파 일파 사산(흩어지지 않습니다) 되지 않음을 봅니다.
너무 고서의 원론에 집착하지 마시고 실제로 대입해보셔서 취사 선택하셔야 합니다.

40) 두 점사의 공통점은? (택풍대과 4효 상효동, 풍수환 5효동)

모두 본인 점사입니다.

▶ 택풍대과 (진木궁)	▶ 이火궁 (풍수환) 5효동
………………………	………………………
財 未 -//- (兄 卯)	父 卯 ―
官 酉 ― 寅月	兄 巳 ―/ (官 子) 世 寅月
父 亥 ―// (財 未) 世	孫 未 - -
官 酉 ―	兄 午 - -
父 亥 ― 日(자축공망)	孫 辰 ― 應 亥日(자축공망)
財 丑 - - 應	父 寅 - -

왼쪽 점사는 50대 후반 남자 선생님이 이 건물을 사면 돈이 될까요? 를 물은 것이고 오른쪽 점사는 이 약초를 먹으면 문제가 없을까요? 를 물었습니다.

본인점은 항상 세효를 먼저 봅니다. 세효에서 어떤 현상이 포착되나요?
회두극이 보이시나요? 이걸 보실 줄 아는 분은 이젠 하산 하셔도 된답니다.

본인점에서 회두극은 대표적인 안 하겠다는 점사입니다.
왼쪽은 재물을 물으려면 재 동태 봐야 하는데 일진이 손이나 재가 되어야 저지르라고 부추기지요?

저렇게 재가 약하다는 의미는 지금도 그 건물은 가격이 싸다. 그리고 앞으로도 계속 싸다 그러므로 여러분들 부동산(집, 건물, 땅)을 살 때 돈이 되게 하려면 싼 건사지 마셔요.
비싼 것을 사야 지금도 비싸고 앞으로도 비싸다 랍니다.

또 저리 재가 약하다는 의미는 나는 돈이 아직 준비가 덜 되어 있다는 뜻도 되지요. 완벽한 삼합도 되었지요? 삼합은 이론만 있지 삼합을 안 봐도 답이 해결됩니다.

해묘미 목국 삼합으로 형제국이니 돈과는 상반되는 것입니다. 그래도 핵심은 세효의 회두극입니다. 이참에 삼합병 걸린 사람들 삼합은 저렇게 예쁘게 삼합이 다 나오면 인정합니다. 초효 3효동 하거나 4효 상효동해야 삼합 잘 이룹니다. 반드시 왕지가 하나 동해야 합니다. 그런데 삼합 이것은 이론만 있지 잘 안 쓰입니다.

그런데 어디서 삼합을 읽었다고 이것만 보시는 분들 아무거나 삼합이라고 막 우깁니다.

제발 우리 독자님들은 삼합 이론은 있다. 하지만 삼합 말고 동효끼리 통관해서 통변해도 맞고 항상 괘를 보면 급소가 있다는 것만 숙지하시기 바랍니다.

저 오른쪽 약초는 원래는 우려점으로 동효가 세효를 극하면 문제가 생기는데 결국 스스로 변화하여 안 먹겠다로 응한 것이랍니다. 물론 죽을 수도 있지만 형변 관 변효 관은 의심, 불안 입니다. 지금 막 갈등하다가 겸사에게 물은 점사입니다.

세효의 회두극 현상은 많이 걸립니다. 우리끼리는 간보기 점사라고 하지요. 어차피 안 할 거면서 물은 점사입니다. 안 하겠다 공식 대부분 간보기 점사라는 것을 알아야 합니다. 물론 우리 제자들은 귀에 딱지 앉게 들어서 지겨울 것이랍니다.

신수 점사 실관사례

신수점은 현재의 상태를 나타내주기 때문에 우리 신수부터 볼까요? 하고 괘를 내달라고 하고, 괘가 나오면 본인의 신수점이면 세효를 먼저 봅니다. 월일 대입하여 휴수하면 세효와 세효에 임한 육친 때문에 고민인 사람입니다. 동효 특히 2효는 가택 이사를 한 사람이거나 할 사람입니다. 그리고 월일에서 약한 것이 무엇인가를 질문자가 고민하고 있기에 그것에 관하여는 분점을 합니다.

타인의 신수점은 그 육친이 왕상하면 다 이겨내는 것이며, 이 집에서 살았을 때의 신수는 동효로부터 극 당하지 않으면 안전한 것이고, 저 직장으로 옮겼을 때의 신수도 동효가 극을 하지 않으면 좋으며 나머지 재효 등을 봐 줍니다.

우리 자손의 상태가 어떠냐고 해도 자손의 신수점이 됩니다. 자손이 휴수하면 왕상해지는 달에 괜찮습니다. 자손 살릴려면 형효를 쓰던가, 손을 씁니다.

자부재관형제 혹은 이 용신에 넣지 못하는 사람들은 응으로 보시고 그 상태를 체크합니다.

점 보러 오겠다는 사람이 현재 어떤 상태인가?를 먼저 알고 지르려면 응의 신수점이 됩니다. 그런데 전화 받은 사람을 점단했는데 여러 명이 방문하면 꽝입니다.

래정점의 핵심은 동한 것이 극한 것을 물으러 온 것도 있지만 전체적으로 응을 놓고 파악해 놓으면 됩니다.

이런 것들을 염두에 두고 신수점 실관사례들을 보겠습니다.

1) 46세 여자분 신수점 (수화기제 2효동)

오랜만에 겸사 집에 온 겸사 사회친구가 친구를 데려 왔습니다. 당시 46세 여자분 신수점부터 권하였습니다.

```
▶ 감수궁 (수화기제)
..........................
兄 子 - - 應
官 戌 ―                    寅월
父 申 - -
兄 亥 ― 世
官 丑 -//- (孫 寅)         巳일(술해공망)
孫 卯 ―
```

신수점은 항상 현재 이 여자 분의 상태가 그대로 나오니까 말만 거창하지요? 나도 이 여자 분은 첨보니까 아무 정보 없습니다.

세효 공망이지만 일진이 건드렸고, 휴수한데 인월과 6합이고 일진 사화가 세효가 건드리고 있는 상태가 포착됩니다.

세효 공망이 풀렸지만 그래도 공망이라는 것은 나 겸사 너에게 말 못할 진실 있어요, 나 남자랑 헤어졌어요가 숨어 있습니다.

이런 것이 보인다고 하여서 금방 뱉지 않습니다. 잠깐 놔두고 재효는 일진에 있고 경제적으론 괜찮아 보입니다.

2효 가택 동하고, 관변손 이런 것은 직접적인 동변효이니까 읽습니다.

이것을 어찌 읽을까? 직장을 관둘까? 혹은 남편과 관둘까? 고민 중이세요? 했더니

직장이라고 합니다. 가택도 해당해서 이사도 하려고 하냐고 하니 그렇다고 합니다.

나는 남자친구와 헤어진 상태라고 하는데 헤어졌어요? (세효 공망 월 6합)

했더니 헤어졌다가 다시 만나고 있다고 합니다.

이런 이런 공망이지만 일진이 충해서 풀어줬으니 공망이 아니고 6합 중이고 사해 충이니 만났다가 헤어졌다가의 연속동작인데 여러분들 나처럼 문 꼬리만 잡지 마시고 잘 보시기 바랍니다.

그럼 저 세효 공망은 나 말 못할 비밀 있어요로 응했습니다.

진실이 아니다를 비틀기 하면 됩니다. 공망 이었다가 풀렸으니 일단 공망에 대하여 한 번쯤은 짚고 가야 합니다. 여기서 세효 공망은 헤어진 상태로 보는 것이 아니라 나 진실이 아니에요 입니다.

그러니까 우리 집 들어오기 전에 친구랑 둘은 남자얘길 해서 아는 상태고 겸사만 몰랐습니다. 그럼 내가 헤어진 상태냐고 하니 문 꼬리만 잡고 확 열지 못한 통변이나 그래도 그게 나왔으니 나는 체면유지는 했습니다.

세효가 월상의 인목을 생조하니 자기가 더 좋아합니다. 이 남자에게 관해서 많이 물었습니다.

원칙적으로 세효가 저리 약하고 생조를 받으면 사화 일진이 암동 못 치는데 강약 구분 엄청 힘들지요? 그래도 일진이 사화를 흔들어 놓았습니다. 그러니까 반은 공망, 반은 공망 풀림으로 보자구요.

직장 얘기, 남편 얘기, 남친 얘기, 자녀 얘기 등은 분점으로 해결 하였습니다.

2) 40대 중반 여자분 신수 (천택리 2 3 상효동)

나랑 동갑선생님 찜질방에서 어떤 분에게 소개 받아서 왔다고 함.
  사주는 무진월 을묘일주인데 미혼이며 시간을 모르신다고 하여 신수점부터 봅니다.

```
▶ 간土궁 (천택리)
.........................
兄 戌 —/ (兄 未)
孫 申 — 世                    卯月
父 午 —
兄 丑 -//- (財 亥)
官 卯 —/ ( 兄 丑)應          辰日(오미공망)
父 巳 —
```

내외경발사필번등 천금부 용어가 떠오르지요? 반복, 지체, 변동 됩니다.
막 동하여도 변함없는 진실 하나는 괘에 재가 약하다.
게다가 세효는 신금 손효 나는 재를 원한다가 보입니다.

선생님 지금 돈이 없다는 게 가장 힘든 거지요?
했더니 그렇다고 하십니다.
여기저기 꾼 돈, 일본 가서 돈 좀 벌려다가 아파서 빚만 지고 왔고, 지금 일터는 굶어죽기 딱이고 이것저것 다 정리하여 산에서 자연인처럼 살까?
생각도 해봤다고 하십니다.

사연을 들어보니 16세에 아버지 돌아가시고 오빠랑 남았는데 집을 나와서 유흥업에 종사, 그러니까 지금도 그 일을 계속하고 있다고 합니다.
타로, 무속인, 철학관 다 다녀도 올해 돈 잘 번다고 하여서 기다리고 기다려도 돈이 말라서 죽고 싶다고 합니다.

집은 어디냐고 하니 보증금 없지만 월세 85만원 나간다고 헉 소리가 납니다.

저 괘 가택효 관변형 집세를 저리 응하게 합니다. 형제효 관효는 돈 갚아야할 곳으로 보입니다.

세효 손효 신금 재물에 대한 갈망이지만 하늘에선 네가 직접 움직여라, 혹은 손을 움직여라 (손효는 각종 기도 제사 굿 부적 등으로 관을 깨는 일이면서 재를 생조하는 글자입니다)

아버지 옷 한 벌 드릴테니 가서 아버지께 부탁해 볼래요 하면서 옷 한 벌, 향 몇 개 싸서 드리고 아버지 옷 붙들고 하소연해 보라고 하니 얼굴을 감싸 쥐고 막 우십니다.

아버지 제사가 언제인지 오빠랑 연락 끊고 살기에 참석도 한 번 안 해봤고, 아빠가 너무 보고 싶다고 합니다.

그러겠다고 하시면서 이제 머리가 하나도 안 아프다고 합니다.

내가 복채 만원만 주고 가라고 했더니 그럴 순 없다고 3만원 주고 가셨습니다.

묘월인데 돈이 신월에 풀리는 사람들은 너무 기간이 길어서 뭔가 눈에 보이는 처방을 해주실 것을 여러분들에게도 권합니다. 『복서정종』,『야학노인 점복전서』에선 기도와 제사, 소박해도 된다고 했습니다.

3) 대학 3학년 아들 현재 상태 (산지박 3효동)

　엄마(52세)가 겸사네 처음 오셔서 걱정 반 우려 반으로 겸사 점사가 맞을까 약간 의심 중입니다. 내가 큰 아드님 일 해결해주고 작은 아들 얘기로 화제가 바뀝니다.
　아들이 대학교 3학년인데 하시기에 4학년도 아닌데 뭘 물어요? 했더니 큰 아들만 신경 썼더니 얘가 요즘 어떤지 대화가 없어서라고 하십니다.

　그럼 아들의 상태가 어떠냐고 하늘에 물으라고 하고 주사위 드립니다.

```
▶ 건金궁 (산지박 ) 3효동
  ..........................
  財 寅 ─/ (兄 酉)
  孫 子 - - 世              卯月
  父 戌 - -
  財 卯 - -
  官 巳 - - 應              午日(인묘공망)
  父 未 - -
```

　아드님 알바 한다고 하지요? 지금 몹시 힘든데 했더니 놀라시는 눈치입니다.
　이때부터 겸사를 믿기 시작합니다. 아이 점사에서 재동하면 돈 벌다 혹은 놀다로 봅니다. 대학생이니 알바로 찍었습니다.
　야구 하다가 알바 나가고 한다고 합니다.

　지금 이 아이 몹시 힘드니까 친구 형제 동료들의 친분이 필요하니까 엄마가 용돈 16만원 넘게 주셔요. (내손에서 돈 나가는 형효를 써야 형생손이 됩니다) 했더니 꼭 16만원 넘어야 하냐고 (엄마가 너무 알뜰해 보여서 1, 6 水) 이지만 양력 8월 7일(신월)오기 전까지 첨엔 16만원 그 담부턴 6- 10만원 주셔야 저애가 기운이 나고 다시 활력을 찾는다고 했더니 그렇잖아도 용돈을 줄까? 했다고 합니다.

엄마의 형효(돈 나감)이 저 아이를 생조하니 그랬지요?

아들아 너 검사한테 한 턱 쏴야 하는 거 아니니? 아이 살리려면 형효를 써야합니다. 적선도 좋습니다. 적선하는 집에는 반드시 경사가 있다고 했는데 돈쓰면 자손이 잘 됩니다.

4) 남편의 도박점 (산화비 3효동)

무술생 58년 개띠 남편을 둔 지인(70년 개띠) 띠 동갑 부부 중 부인이 어제 늦은 밤 문자로 검사에게 자냐고 묻습니다.
아니라고 했더니 전화 와서 남편이 몇 번 전화를 해도 안 받고 전화가기 어떡하다가 눌러졌는지 주변 소리 다 들리고 가만 들어보니 고스톱 치는 소리였다고 합니다.

저 인간 들어오면 귀싸대기부터 날리겠다고 하기에 내가 좋은 방법이 아니라고 만류합니다. 하지 말라고 하면 더 하고 싶은 게 인간의 마음인데 역효과라며 화를 좀 식히라고 달랩니다.
내일 지방에 딸 원룸 얻어주러 가는 날인데 저러고 있다고 도박을 끊은 줄 알았더니 또 저 짓이라고 곧 울 것 같은 심정이 나에게도 전해옵니다.

저게 중독인지 아닌지 알 수 있느냐고 하여서 점단합니다.

```
▶ 산화비 (간土궁)
.........................
官 寅 ―
財 子 - -                    寅월
兄 戌 - -  應
財 亥 ―/ (兄 辰)
兄 丑 - -                    午일(술해공망)
官 卯 ― 世
```

중독은 용신이 뭘까요? 대부분 중독은 긍정적인 걸까요? 부정적인 걸까요?
좋은 거라고구요? 육효중독 검사중독 으음 이런 것은 좋은 거지만

도박, 과음 등 나쁜 습관들은 대부분 부정적인 것이니까 관으로 봐야합니다.

관이 항상 강하다면 이건 중독입니다. 만일 이렇다면 孫을 쓰던가 해야 합니다.

그럼 이걸 생각하고 점사를 봅니다.
관부터 찾아 봅니다. 묘목 인목 관이라 이걸 보던지 저걸 보던지 항상 이런 긴 점사는 어디가 핵심 포인트 인가요? 급소는 일진입니다.

일진에는 재나 관이 아니니 일단 안심합니다.
그럼 월령 봅니다.
지금이 인월이니 묘월까진 저 양반 그 습관 유지 됩니다.
재가 힘없이 동하였다가 형으로 회두극이니 이 양반은 조금 땄다가 잃었다가 연속으로 그러합니다. 타짜는 아닌 것 같습니다.
남편은 3월까지 가끔 이랬다가 4월부터는 안 그런다고 그냥 취미고 중독 아니라고 했습니다.
내가 무릇 남자들은 모두 도박의 심리가 있다고 주식, 경마 , 고스톱 , 로또 등 모두 일반적인 특성이니 이해하라고 달랩니다.
(결과 : 4월에 전화해보니 일이 바빠서 안한다고 합니다)

5) 대학생 아들이 자꾸 술만 먹어요. (택수곤 4효동)

50대 아버지의 고민, 아들이 대학교 3학년인데 술만 먹고 있어요.
시험인 것 같은데 공부도 안하고 속상해서요.
하시기에 아들의 현재 상태를 봅니다.

```
▶ 태金궁 택수곤 4효동
..........................
父 未 - -
兄 酉 ―                        戌월
孫 亥 ―/ (兄 申) 應
官 午 - -
父 辰 ―                        卯일(술해공망)
財 寅 - - 世
```

뜬금없이 왜 6합 괘가 나왔지 의심스럽습니다.

자손 찾아보니 술해 공망 중 해수 공망 이었다가 풀려서 6충 괘로 즉 해수가 6합이었다가 6충이라 감이 옵니다. 이 아이 여자 친구가 있었는데 깨져서 그렇네요. 했더니 네 며칠 전에 여자 친구랑 완전히 끝났다고 하더라구요 하면서 놀라십니다. 저 해수 단독 용신이라면 신금이 회두생해서 좋은데 여기선 힌트가 재효와 6합했다가 6충이니 일단은 이별지상입니다.

대학생이 아닌 일반 결혼 앞둔 사람들이라면 이런 점사는 만났다가 헤어 졌다가의 무한 반복인데 그냥 여기선 1:1로 보아도 무방 아들 술 먹음의 원인만 정확히 보여주는 점사니까 더 깊이 통변하지 않고 헤어져서 그런 것이고 부효는 월에서 생조 받으니 공부를 아주 안하는 것이 아님을 볼 수 있습니다.

그냥 그 원인 탓인데 공부도 아예 안하진 않으며, 잠시 그런 것이니 그냥 놔두라고 더 깊이 통변하지 않습니다. 일시적인 것이 됩니다. 자손의 점사이니 세효를 자손으로 보지 않습니다. 4효의 자손을 봐야합니다.

6) 50대 단아한 여자분 신수점에서 복음 (수뢰둔 2 3 5효동)

직업은 교사라고 하십니다. 신수점부터 보았습니다.

```
▶ 감水궁 (수뢰둔)
..............................
兄 子 - -
官 戌 —/ (兄 亥) 應          未월
父 申 - -
官 辰 -//- (官 辰)
孫 寅 -//-(孫 寅)世          辰일(인묘공망)
兄 子 —
```

이렇게 산대로 뽑았을 때 천금부 - 내외경발 (3개이상 동)은 사필번등(반복 지체 변동) 여기선 세효의 번뇌가 심하다는 것을 점복자(점치는 사람)가 문점자의 마음을 느낌으로 훅 와야 합니다.

그래도 신수점에선 이 분의 상태가 나오는 거니까 정공법으로 세효부터 차근차근 해부합니다.

세효 손효 잡고 복음이고 복음 공식은? 이러지도 저러지도 못함 길게 한 숨 쉬는 장탄지사 뭘로? 세효가 끼어 있으니 세효도 걸리고 육친 손효도 복음에 걸립니다.

손효는 관을 극하는 글자이니 세효 하나에 남편, 직업, 자손도 걸렸고 나도 걸렸습니다. 덩달아 3효 관도 복음이니 남편과 직업이 겹칩니다.

반음은 구해주기 힘든데 복음은 충해주면 풀리니 신월 오면 내가 고민하는 것이 풀립니다. 3효 저 관효는 술월 오면 풀립니다.

사주보니 신왕 하길래 왜 착하신 분이 남편 때문에 나 때문에 이러지도 저러지도 못하고 길게 한 숨 쉬고 있어요? 했더니 우십니다.

 곧 8월 7일 입추 신(申)월 오면 풀린다고 했습니다.
 사소한 오해로 남편분과 냉전이라 집을 나갈까? 자손도 함께 나갈까?
 내 직장도 그만 둘까? 그러셨음 대운 상황 보니 후년에 운 바뀌면 괜찮아지십니다.
 두 시간 상담하시고 가셨습니다. 복음은 언제 풀린 다구요? 충 하는 달입니다.

7) 딸의 신수점에 나타난 무서운 정보 (지천태 2 4 5효동)

사주보니 재다신약 따님 28세.
딸의 상태가 어떤지 알고 싶어 하십니다.

```
▶ 지천태 (곤土궁)
..................
孫 酉 - - 應
財 亥 -//- (孫 酉)        未월
兄 丑 -//- (財 亥)
兄 辰 ― 世
官 寅 ―/ (兄 丑)        戌일(오미공망)
財 子 ―
```

내가 이 맘 때의 따님은 직장문제 남자문제인데요. 했더니 그렇다고 하십니다.
6합 괘 다 묶여 있고, 저리 동하면 심란하다고 했습니다.

먼저 자손을 봅니다. 월일 생조 받아 괜찮고, 신수점에서 가장 약한 것은 관효이며 가택효에 있었고 인목이 절되니 가다가 주저앉았다 입니다.
여기서 제가 저 관효 2효 인목이 주저 앉다를 뭘로 풀었냐면 직장이 나와도 잘 안다닌다고 할 것이다 했습니다.
그랬더니 후우 하시며 한숨을 크게 쉽니다.

이 아이는 미국에서 가족들과 잘 살고 있었는데 남친이 미국서 교통사고로 죽었다고 합니다. 그래서 석 달 전쯤인데 처음엔 식음 전폐하고 1- 2주 울기에 그 애 생각날까봐 엄마가 서울로 데리고 왔다고 합니다.

저 그럼 저 2효 인목이 관효인데 미련한 겸사는 직장으로만 보고 남자로 생각도 못했답니다.

그 말을 듣고 보면 남친이 문제가 있었네요 이렇게만 읽었어도 되는데 아쉽습니다.

내가 따님은 이제 맘이 이달 들어서 조금씩 잡혀간다고 한 말이 가장 안심이신 것 같습니다. 신수 점사에선 동한 것, 약한 것이 문제인데 많이 동하니 버벅 댔습니다.

저렇게 동하여도 자손은 왕상하니 많이 안정되었다고 하면 됩니다.

8) 신수점에서 형제효의 다현 (풍화가인 2효동)

37세 미인이 지인과 함께 왔는데 주인공은 처녀라고 합니다.
이 사주는 상관생재였지만 신수부터 주사위로 보자고 주사위 드렸습니다.

```
▶ 손木궁 (풍화가인)
..........................
兄 卯 ―
孫 巳 ―應              卯月
財 未 - -
父 亥 ―
財 丑 -//-(兄 寅) 世    卯(오미공망)
兄 卯 ―
```

 세효 재변형이 되고 2효 가택효가 동하기에 내가 갈등한다. 집을 살까 말까 혹은 이사할까 말까 한다고 예상합니다.

 비신에 너무 많은 것은 형효 5개이고 없는 글자는 관효인데 관효 유금 복신에 월파 일파로 없다고 봐야 할 것 같고, 미토 재효는 못 받은 돈 보이기에 내가 본인이 집 문제로 갈등하는 것 먼저 물어보시고 남자나 직장에 관하여 또 물어보시고 돈 못 받은 것 있음 거기에 관하여 물어보시라고 했습니다.

 (신수점에선 문제만 건드리고 거기서 다 해결 보지 말고 일사일점으로 다시 분점 해야 합니다)

 형효 5개 돈 나가야 할 문제인지, 갚아야 할 문제인지 여기에 대하여도 말해달라고 하니 알겠다고 합니다. 사주가 상관생재인데 직업은 승무원 하고 있고 미혼이라고 합니다.

 가택효 2효 집 문제는 전세계약 기간이 만료되어 가는 시점이라 아파트를 사야하는지 아직 결혼 전이라 전세를 살아야 하는지 걱정이라고 하여 사고 싶은 정했냐고 하니 안 정했다고 하여 주역점사로 지금 주변에 아파트를 사 놓는 게 길한지 흉한지 물어서 사는 것은 좀 더 기다리라고 하여 전세로 다시 연기하기로 함

　남자나 직장 (관이 깨지고 휴수하니)이지만 상식적으로 승무원이니 직장은 제외하고 남자를 물어보니 없다고 하여 배필감으로 언제 남자 만나는지 알려 줬고
　돈 못 받은 것은 없다고 하여 미토 공망 약하길래 50에서 100만원 누구 빌려줬냐고 하니 언니 100 빌려줬다고 하여 그건 뭐 문제가 안 될 것 같다고 하니 그런 것도 보이냐고 놀랍니다.

　같이 웃습니다.
　저 형효 묘목 4개 인목이 있어 돈 써야 할 문제가 많으냐고 하니
　그런 것은 없는데 이 나이가 되니 좀 써보려고 한다고
　연금저축 등 모두 저축으로 묻어 놨는데 차도 사고, 이것도 저것도 하고 싶다고 합니다.

　세상에 저 형제 효들 죽순 마냥 나온 것들은 그러니까 이 사람이 이것저것 사고 싶고 하고 싶은 일들이 저리 표출되었음을 발견합니다. 이런 점은 처음 칩니다.
　요즘 언론에서 맨 날 100세 시대라지만 노후 준비가 너무 안 되어 있다고 하여서 내가 100세 시대 노후 준비 되어야 하니 차를 사고 싶으면 차를 사고 다른 것은 참는 게 어떠냐고 했더니 그렇게 하겠다고 합니다.

9) 이 죽을 놈의 통변 (산지박 3효동)

어제 오후 3시쯤 전화로 저 선생님 저 누구 아는 사람인데 그곳을 가고 싶어도 소문날까 걱정되어 못 갔는데 지금 가도 되나요? 하시기에 네

저어 비밀은 보장 되는 거지요? 나는 네 했지만 속으론 뜨끔합니다. (그래도 독자들의 알권리 땜에 올립니다. 고객님 죄송합니다. 저 이렇게 삽니다)

오자마자 맥주 없느냐고 있다고 나중에 사다 드릴 테니 한 캔만 달라고 합니다.
나는 걱정됩니다. 음주점사라서... 우리 학당 술 드시고 수업하시는 선생님이 두 캔 사다준 것이 냉장고에서 자고 있기에 드렸습니다.
예전에 삼수생인지 장수생 편입 합격하느냐고 술 드시고 오셔서 우시는 어머니도 내가 딱 맞춰준 경험이 있는 터라 그래 우리 육효 신은 그렇게 옹졸한 신이 아니다. 당신이 얼마나 고통스러우면 술을 다 달랠까 주마 먹고 풀어라 하는 맘에 큰 캔을 주었더니 사발에 따르고 마십니다.

여자 분임 50대 중반 조금 넘으시고 남편 때문이라고 오셨답니다.
사주정보를 먼저 보려고 남편 사주 달랬더니 갑신 월에 을해 일주 그게 뭐?
이 사주로 그 남편이 술 먹고 본인과 애들을 패는지, 다 때려 부수는지가 나오냐고 요 남편 사주는 그냥 무난하다고 했다가 그 분 속으로 어휴 사주 참 자알 본다하고 날 무시하기 시작합니다.

서곡 선생님이 예전에 학교 모임 때 여자가 남편 사주를 주면 무조건 한 손으로 탁자를 탁 치면 이런 남자랑 어떻게 살았냐고 하면 여자 분들이 막 운다고 핵심은 반드시 탁자를 크게 탁 치는 거라고 해서 우리 빵 터져서 한 번 써보려 한 것 지금 썼어야 하는데 쩝쩝 굵적굵적 입니다.

육효 점단으로 기죽이려고 나는 슬슬 발동 걸리고 있었습니다.
이혼 소송 이길 것 같느냐고 나에게 오히려 미끼를 주십니다.

이분이야 뭐 사주에서 헛발질 한 날 낚시하는 질문입니다.

그럼 하늘에게 묻고 3개 주사위를 이렇게 흔들어서 내려놔 달라고 하니 저 이런 것을 하려면 여기 안 왔다고 가겠다고 합니다.

아 아 육효점 10년에 이런 사람이 걸리다니 대략난감 합니다. 그래도 내가 잘 꼬드겨서 던지게 했습니다.

점단 결과는 2억 위자료보다 더 달라고 하니 이런 상태로 라면 진다고 하니 이분 환장하기 시작합니다.

현재 남편은 따로 방을 얻어 나갔고 이 남편이 원하는 것은 오직 돈 뿐이라고 합니다. 그러다가 내가 이제 기선을 잡기 시작한 점사가 바로 이 점사부터 입니다. 그렇다면 자신은 앞으로 삶이 어떻겠냐고 하셨습니다.

```
▶ 건金궁 (산지박)
..........................
財 寅 —
孫 子 - - 世              酉月
父 戌 - -
財 卯 -//-(兄 申)
官 巳 - - 應              辰日 (인묘공망)
父 未 - -
```

겸사는 속으로 넌 디졌어 괘는 나왔겠다. 어디부터 죽여줄까? 하지만 침착하자 하고 맘을 먹습니다. 이 또한 신수점입니다.

세효부터 정공법으로 갑니다. 나는 남편이 싫어요. 존경심이 떨어졌고 (동효부터 갈까? 아니지 하나 걸려든 것 가택효에 응효라 동거지상이 보이기에)

누가 집에 들락 달락 하시는 분이 있네요? 했습니다.

놀라면서 네 기사가 한 명이 있어요. 그 사람이 왜요? 나쁜 사람인가요? 하고 묻습니다.

내가 아뇨 응효 관효 휴수하지만 재가 동하여 살려주기에 돈만 조금 주시면 괜찮을 것 같아요 했습니다.

네? 아니에요 오히려 나에게 월 150씩은 주는데요 합니다. 와서 화분도 옮겨주고 도와주는 데요 합니다. 아하 이 죽일 놈의 통변이 여기서 발생합니다.

나는 속으로 재가 그를 살리는 것은 맞지만 재가 동하면 나에게도 오는 거지 본인의 신수점이니 내 돈이지 이 멍청아 아휴 다 와서 이게 뭐야 죽고 싶습니다.

실제로는 돈이 통관하여 돈 때문에 그 남자를 들인다는 것인데 잘못 읽어서 이렇게 헛소리 하였습니다.

내가 그러냐고 본인의 재물운은 11월부터 풀린 대요하고 얼른 말 돌렸습니다.

그래요? 하시면서 좋아라 하십니다.

그렇지만 남편 신수운에서도 가택효에 응이 있기에 이분도 누가 와서 사네요?

했더니 외국 여자가 와서 산다고 합니다. 드디어 여기서부터 기선 완전 제압했습니다. 이후부터는 내가 페이스 잃지 않고 딱 딱 맞춰드렸습니다.

어휴 아까 이런 점을 보려고 온 게 아니라며 일어나서 가겠다고 했을 때 나는 당황했습니다. 이럴 땐 당황하지 말고 잘 달래서 점 보게 해야 합니다.

그리고 형이 동해야 돈 나가지 재가 동하면 나의 신수이기 때문에 나에게 돈이 온다고 통변하시길 바랍니다. 아 저 죽일 놈의 통변 덕에 환장할 뻔 했습니다.

이 점사의 핵심은 세효 손효 나는 남편이 싫다는 것과 돈을 원한다. 그리고 동거지상의 남자를 나는 무시하지만 돈이 들어오기 때문에 통관되어 봐준다는 뜻이 있습니다. 자녀들과 같이 살기 때문에 음흉한 사이 같진 않았습니다.

이분 그래도 담에 오셔서 맥주 한 박스, 소고기, 갓김치, 멸치, 묵은지 한 뭉탱이 가져오셔서 저 주셨답니다. 며칠 후 저 동거지상 기사라는 분도 데리고 오셔서 점 봤습니다.

육효점을 처음 치시는 분들 스스로 괘를 내달라고 하면 저리 펄쩍 뛰는 사람이 없게 육효점을 빨리 대중화 시켜야 이런 일이 줄어들 것 같습니다. 여러분들도 열심히 전파하시길 바랍니다.

10) 남편의 직장운 …월파의 예시 2 (수지비 4효동)

내 또래 여자분 둘 방문 그 중 한 분이 남편 직장신수부터 보시겠다고 합니다. 남편은 무역업종 직장인이라고 합니다.

```
▶ 간土궁 (수지비)
..........................
財 子 - - 應
兄 戌 ―                    酉月
孫 申 -//- (財 亥)
官 卯 - - 世
父 巳 - -                   午日 (자축공망)
兄 未 - -
```

남편이 주인공이니 묘목 관효가 용신입니다. 월일 대입하여 관의 왕상을 보려고 쓱 보면 월파가 보입니다. 게다가 묘목이 휴수한데 동효가 때립니다.
　대부분이 과거형이니 동효를 주시합니다.

　관효 입장에서 손효는 관효이니 문제가 있었습니다.
　나는 통변에 있어 약간 갈등하다가 휴수함을 간과할 수 없어 내가 이리 말합니다. 혹시 이달에 후배 때문에 직장에서 난처하였다고 하지 않더냐고 하니 힘들었다고 해요 하고 말해줍니다. 미래 일이라면 직장을 관둘 수도 있는 상황이나 과거형이라니 신수의 진단은 다 나왔습니다. 월파는 9월 8일부터 풀릴 것이니 酉달이 며칠 안 남았으니 다 왔고 걱정하지 말라고 했습니다. 얼굴이 평온해 지십니다.
　암동 자수가 확실히 활동해야 하는데 명동한 신금이 그래도 우리 남편을 건드렸습니다.
　암동이 그나마 있어 직장을 나오진 않았어도 무척이나 힘들었다고 하니 암동으로 모두 해결된다는 말은 하지 마셔요. 월파가 더 심했고, 동효가 남편을 냅다 때린 것도 있었습니다.

11) 오랜만에 래정점 (화택규 초효동)

아침에 동인 법사님 전화, 법사님의 늘 고민은 고객들이 묻지 않고 줄줄 말해주는 것을 좋아해서 고객들의 심리를 충족시켜야 한다는 것입니다.

그 때문에 신수를 보지 않고 래정점에 도전 해봤다고 합니다.

내가 늘 하는 말은 래정점이란 그분이 왜 왔는가? 인데 그럴려면 응의 상황, 즉 응의 신수를 보라고 그리고 동한 것이 극하는 것이 1순위 - 그 다음은 하늘의 비밀 - 그다음은 휴수한 것으로 보시라는 것입니다.

동인 법사님이 고객이 전화로 온다고 하기에 턱하니 이런 점사를 받았다고 합니다.

```
▶ 화택규 (간土궁)
......................................
父 巳 ―
兄 未 - -                酉월
孫 酉 ―世
兄 丑 - -
官 卯 ―                  戌일(자축공망)
父 巳 ―/ (官 寅)  應
```

이 점사는 급소통변으로 가야합니다. 래정점에선 동한 효가 극하는 문제를 가지고 온다. 그러므로 이 점사는 부효가 동하여 자손을 극하였으니 자손 얘기를 묻겠구나 이걸로 끝나서, 문을 열고 들어오는 순간 자손 문제 땜에 오셨지요? 하고 들이대면 됩니다.

이렇게 단순하게 보면 되는데 우리 동인 선생님은 꼼꼼하게 추리하였다고 합니다. 왜냐하면 고객들이 무속인들은 앉자마자 줄줄 말해주니까 그걸 한 번 해보시려고 했답니다.

응의 신수점도 되니까 법사 선생님은 상대 응을 봤다고 합니다. 부효이면서 동하여 관효로 바뀌니 부변관으로 이사로 갈등 할 수도 있고, 대출받은 사람일 수도 있고, 장소이동 직장이동에 대하여 물을 수도 있다로 보고, 동변효 둘 다 휴수하니 응 자신의 갈등문제를 물을 것 같다고 체크했다고 합니다.

다음 문제 있는 것은 하늘의 비밀이니 관효가 휴수하면서 월파를 당했으니 직장 남편인데 나이 대를 알아야 직장인지 남편인지를 알 수 있습니다.
직장을 관둘 뻔 했다든지, 남편이라면 아팠던지 싸웠든지를 체크 했다고 합니다. 비신에 재효가 없으니 돈 문제를 물을 것이니 돈, 남편, 자녀, 집 총체적으로 물어보러 오신다는 것을 감 잡았다고 합니다.
자식 남편 자신 돈 집이나 문서 이럴 거라면 현재 모두 막히고 체한 상태에서 여러 가지를 물으러 왔는데 그중에서도 자식을 먼저 물을 것이다 라고 한마디 해 주면 될 것 같습니다.
그냥 역학인이라면 가족 중에서 주인공이 누구냐고 묻고 그 사람 신수를 먼저 봐주면 되고 신수가 나오면 휴수한 이야기를 물으라고 하면서 자세히 분점하면 끝입니다. 그런데 이렇게 무속인들에게 길들여진 고객들은 우리가 먼저 당신 이런 이런 문제 때문에 오셨으니 거기에 대하여 점칩시다하면서 래정점에 입각하여 말해주면 되니까 다시 신수를 치지 않습니다.

나는 예전에 래정점을 보고 기다렸지만 요즘은 그냥 신수부터 가고 있습니다.
점치는 습관이 되면
결과 : 자식 보러 왔지요 하고 대기하셨는데 따님과 함께 래방했다고 합니다.
일단 차 한 잔 드리고 이제 점 보자고 하면서 자식문제로 오셨지요 하니 둘이 동시에 네 하셨다고 하십니다.
자녀는 공무원 시험점 계속 재동해서 어렵다고 했고, 시부모, 친정부모 건강 묻고 하셨다고 합니다.
그냥 자녀문제가 가장 관건이었다고 합니다. 그러니까 동한 게 극한 것만 물으심 됩니다.

12) 제가 새해에는 바람나지 않나요? (감위수 상효동)

선생님 웃지 마시고 꼭 답 좀 해주셔야 해요.
청양 아기 셋 둔 아기엄마, 참 순진하고 나에게 잘 의지합니다. 내가 벌써 또 웃음이 나옵니다. 무슨 말인지 말해봐야 알지했더니 나름 아주 심각하게 선생님 제가 올해 바람나나요?

내가 왜? 어떤 대상이 있어야 바람이 나지 막연하게 바람 나냐고 하면 어떡한다니? 했더니
아기 셋을 두었는데도 자꾸 처녀 줄 알고 중매가 들어오고요. 이상해요. 합니다.
이 아기 엄마는 가끔 남편과 싸우고 나에게 편들어 달라고 울고불고도 잘 했고, 친정 엄마도 돌아가시고 친정에 의지 할 사람도 없고 남편과 아이만 보고 사는 언제나 순진하기만 합니다.
그래서 내가 음 그려 얼른 봐줄께 하고 그냥 주사위를 던졌습니다.
(적당한 말을 찾아서 대충 말해주려고...)

▶ 감水궁 (감위수)
....
兄 子 -//- (孫 卯) 世
官 戌 —   寅月
父 申 - -
財 午 - - 應
官 辰 —   辰日 (술해공망)
孫 寅 - -

감위수 6충 괘는 저번에 남편이 하던 일 접고, 친구와 동업하겠다고 하여 한번 싸운 것, 혹은 처녀인 줄 알고 자꾸 아들 만나달라고 하던 아들을 만나서 저 유부녀이고 좋은 처녀 있음 중매 서주겠다고 했던 일도 있을 수 있습니다.

세효에 형변손으로 바뀝니다. 결국 손효의 마음가짐이 저 아기엄마의 마음이라 남자 거부가 됩니다. 내가 으음 바람 안 난데 내가 원하는 남자가 안 나타난대 주변에 나에게 친절하게 하는 남자가 있어도 내 눈엔 안 찬대 했더니 맞아요 선생님 합니다.

제가 이 사람 저 사람 사귄 것은 없지만 보면 모두 제 눈엔 아닌 것 같아요. 그려 이방 저 방 해도 자기 서방이 젤 나은거야 했더니 그런 것 같아요 함

세효에 손효가 붙으면 여러 통변이 있지만 이런 순진한 부인은 나는 내 남편 이외에는 싫어요가 있습니다.

13) 40대 직장인 신수 (천산돈 2효동)

금융업종에 근무하시는데 우리 동네서 근처인데 겸사 집을 몰라서 간신히 찾았다고 하십니다.

```
▶ 건금궁 (천산돈 ) 2효동
................................
父 戌 ─
兄 申 ─ 應              丑月
官 午°─
兄 申 ─
官 午 -//- (孫 亥)世     亥日(오미공망)
父 辰 - -
```

신수점부터 봅니다.
신수점 공식대로 가볼까요?
세효 본다 – 세효에 임한 육친 본다– 왕상 본다 그리고 동효 그리고 약한 것 본다.
세효가 동하니 자신의 갈등지상, 불편했다 편했다, 가택효니까 이사문제, 직장 관효가 약하니 직장을 관둘까말까? 직장관계 물을 것이고, 재가 복신이니 돈 문제나 아내문제 이 중에서 뭐가 해당 되냐고 물으니

아내가 남편의 카톡 보더니 헤어지자고 한다고 해서 한 달 전에 집에 나와서 있는데 이혼을 강행할 것인지 물으시고, 직장관계는 승진에서 밀린 것, 이사를 6월에 해야 된다고 하고 가장 큰 문제는 아내가 어떻게 나올 건지가 관건이라 자꾸 맘이 신숭 생숭한 것이었고 재 복신이 물으러 온 핵심이었습니다.

그 문제는 다시 분점으로 해결하고 승진문제도 다시 분점으로 해결하였습니다.
신수점에선 가장 약한 것만 물어보세요. 괜히 강한 것 좋다고 했다가 망신당한 답니다. 이 점에서도 관약하고, 재약하고, 가택효 동했으니 이것만 해당되었습니다.

14) 부적 부쳤지요? (화뢰서합 상효동)

50대 여자분 이사를 가야할지 말아야할지 하시기에 지금 점을 칠 수 있는 것은 집을 봐 놓은 상태면 점단할 수 있고 안 봤으면 못 치고 현재 사는 집은 어떤 영향이 있는지는 볼 수 있다고 하니 지금 이 집은 어떤 영향을 주는지 보겠다고 합니다.

가족이 모두 있어 집터에 관한 점이면 5효와 2효의 관계를 보고 식구효가 가택효에게 극 당하지 않으면 좋습니다. 그런데 이분은 혼자 자신에게만 영향이 어떤지를 물으신 것입니다. 이 집에서의 신수를 보려고 한 것이니 이것도 신수점처럼 보면 됩니다.

```
▶ 손 木궁 (화뢰서합)
..........................
孫 巳 —/ (財 戌)
財 未 - - 世              卯월
官 酉 —
財 辰 - -
兄 寅 - - 應              卯日 (진사공망)
父 子 —
```

세효 미토 재효 .... 월일 대입하면 휴수함으로 이집에 대한 미련 없음이 보입니다. 그런데 묘하게도 손이 동하여 세효와 세효에 임한 육친을 생조합니다.

가택점에서 손효동이라 이젠 이런 것 통변 뻔하지요? 뭘까요? 손효는 (기도 부적 굿 등 이중에서 만만한 것 부적) 내가 천정에 부적 부쳤지요? 이것 땜에 돈이 되는데 6충을 만드니 여전히 이사 갈까 말까 한다고 했더니 스님이 부적을 써주셔서 방마다 벽 쪽에 부적을 부쳤다고 하시며 깜짝 놀라십니다.

여기서 손효는 부적이고 상효니까 위쪽이지요? 게다가 6충은 유지 안 하겠다 즉 가겠다인데 이럴 땐 그냥 심리로 보시면 됩니다. 갈까 말까 계속 그런다인데 제가 부적 땜에 아까우니 1년 더 버텨 보셔도 될 것 같다고 했습니다.

15) 제가 맘이 왜 이런 가요 (수풍정 3효동)

지금 40대 중반 여자 분이고 주부인데 직장을 안 다니고 집에 있다고 하십니다.

```
▶ 진木궁 (수풍정)
.........................
父 子 - -
財 戌°— 世          辰月
官 申 - -
官 酉 —/ (孫 午)
父 亥°— 應          子日 (술해공망)
財 丑 - -
```

지방 사시는 분인데 나도 자세히는 모르시는 분 저번에 이 이름이 좋으냐 저 이름이 좋으냐 물으셔서 대답 한 번 해드린 분입니다.

세효 공망에 월파에 저런 현상도 유혼과 같이 통변하면 됨 넋 빠짐 얼빠짐입니다.
핵심은 이 달 지나면 되는 것입니다.
관이 동하면 돈 나가는 일, 직장 때문에 남편 때문에 고민하다.
가택 효 2효 부효 공망이 보이기에 내가 식구가 늘었냐고 하니 어머니가 들락달락 하시다가 돌아가심 아하 그래서 공망으로 부효가 찍혔습니다.

부효가 월파로 깨지니 어머니, 공부로 공망으로 맘이 붕 떠 있어서 결정을 못하고 있음이 보입니다.
공부하시려고 하냐고 하니, 공부를 할까 온라인 수강을 할까 고민 중이라고 해서 내가 하지 말라고 했습니다. 이유는 세효에 재를 잡았기 때문입니다.

직장만 다니시면 이런 공허감 맘 붕 뜬 것 다 가라앉는다고 적극 추천하니 맘이 좀 나아졌다고 합니다.

이 점사를 잘 정리해보면 6충으로 뭔가 깨졌고, 세효 월파도 자신이 충격 받았는데 그 이유는 동거지상의 2효 어머니가 딸집에 들락 달락 하다가 돌아가셨기 때문에 현재는 집에 없다는 것이었고, 관변손은 직장을 다닐까 말까 고민하는 것이었으며, 부효 공망은 공부를 해볼까 결정을 안했으나 세효에 재효 잡아 권하지 않고 직장이나 잡으라고 했습니다. 이달만 지나도 안정 될 분입니다.

16) 이 식당에서 계속 일하면 어떤지 (수산건 2효동)

여자분(40대)이 지금 다니는 직장운(대형 음식점) 이 어떨지 물음 남자분과 두 분이 같이 오셨습니다.

```
▶ 수산건 (태金궁)
..........................
孫 子 - -
父 戌 ―                    辰월
兄 申° - - 世
兄 申 ―
官 午 -//-(孫 亥)          子일(신유공망)
父 辰 - - 應
```

내가 이 점사를 보는 순간 동효 오화가 세효를 극하고 회두극 맞았기에 냅다 지른 말은 그 직장에서 한 사람이 자신을 괴롭혔는데 그 사람 나갔네요 했더니 두 분 다 놀랍니다. 그랬다고 합니다.

그 직장에 잘 다녔는데 한살 언니뻘 되는 사람이 괴롭혀서 이 본인이 그만 두었는데 그 직원이 나가자 그곳에서 다시 나와 달라고 해서 갔다고 합니다.

에헤이 그것까지 맞췄음 더 귀신이었는데 아깝습니다. 근데 그걸 어떻게 아냐구요? 저 세효 공망 아직도 계속 있을지 말지 결정 안 났음이 보입니다.

그건 건드리지 않았습니다. 어쩌면 저 공망이 나 겸사에게 말 다 못해요로 응했을지도 모르고 그러거나 말거나 하여간 여기 있음 괜찮다고 더 있으라고 한 것은 일진이 손효로 재를 만들어 주기 때문입니다.

17) 새해 신수 (화택규 상효동)

고민이 있어서 입춘 넘어서 오신 주변 가게 여사장님 50대.
내가 새해 신수부터 보자고 유도 산대로 뽑음

```
▶ 화택규 (간土궁)
..........................
父 巳 ─/ (兄 戌)
兄 未 - -                    寅월
孫 酉 ─ 世
兄 丑 - -
官 卯 ─                      子일(술해공망)
父 巳 ─ 應
```

신수점 급소통변은 약한 것을 그냥 건드리면 됩니다. 세효 손효 내 문제, 자손 문제 물을 것이고 동한 것을 보면 장소이동, 부모 때문에 집 때문에 고민하는 것이 보입니다. 형효도 약하지만 형제 얘기는 대부분 안 묻습니다.

내가 왜 장소를 옮기려고 하세요? 하니 그게 나오냐고 함
체력이 떨어져서 이 가게를 접고, 시댁 지인이 같이 일하자고 하는 것이 있어서 왕 고민 때리다가 왔다고 하십니다. 그럼 저 점사 신수점 공식에 넣어서 다시 풀겠습니다. 세효를 본다. 세효에 임한 육친을 보고 휴수하면 그 문제를 얘기한다.
나는 손효를 잡아 직장이 싫어요. 남편이 미워요. 자손 문제도 묻고 싶어요로 응합니다. 다음 보니 약한 것이 없어서 동효가 부효이니 부효는 집, 문서, 고치다, 혹은 장소를 옮기다, 부모로 나를 극하니 나는 그 문제로 지금 문제입니다. 라고 말하면 다 말합니다.

그래서 새로 오라는 곳의 재물운, 동업시 인간관계를 보고 자손 둘 문제를 다 풀어 드렸더니 후련하다고 가셨답니다.

18) 이동하는 곳이 더 좋은지요 (천산돈 5효동)

본인이 물음 이쪽 백화점에서 일하는 여 직원인데 저쪽 백화점으로 옮기는 것이 더 좋은지 그것이 궁금해서 전화 했다고 합니다.

저쪽으로 갔을 때의 신수점처럼 살피면 됩니다.

```
▶ 건금궁 (천산돈) 5효동
  ..............................
  父 戌 ―
  兄 申 ―/ (父 未) 應         戌월
  官 午 ―
  兄 申 ―
  官 午°- -世               亥日 (오미공망)
  父 辰 - -
```

눈치 빠르신 분들 벌써 세효만 보면 답 나왔지요. 세효 휴수는 갈 의지가 없다. 공망은 안 가겠다도 되고, 아직 결정을 안했다는 의미도 됩니다. 이 분은 썩 그 곳이 맘에 들지 않았습니다.

대부분의 직장 비교 점사에서는 관이 중요한 게 아닙니다. 관은 처음 직장 얻을 때 관운이 필요하고 같은 계통이라면 세효 손이 더 편합니다. 재도 월급이니 봐주면 좋고 동하여 날 때리면 못 가던지 가도 괴롭히는 사람이 있거나 그 사람 땜에 관둬야 하니 동효가 세효를 극하면 권하지 못한다고 하면 됩니다.

세효 공망에 저 술토 월장 고장지에 빠져 있는 것이 보입니다. 공망은 안 간다라는 의미도 있지만 휴수하고 저리 술토에 빠져 있으니 나는 직장문제 나의 문제로 한 달 내내 우울 답답하고 고민 했어요가 보이니 전화할 만합니다.

재효는 복신이지만 일진 해수가 살려주니 통과

형효 동하는 것은 나도 잘 모름 - 친구가 이동 합니다도 되고 돈 나갈 일도 됩니다. 이럴 땐, 현재의 직장에선 어떤가를 점치고, 이 점사와 비교해야 답이 더 정확합니다. 세효가 저래서 아마 안 갈 것이라고 하니 알았다고 합니다.

19) 엄마가 혼내야 공부하는 아이 (태위택 3효동)

아들이 셋인 데 그 중 둘째 아이가 6학년 올라가는데 공부 좀 할지를 이 아이의 엄마가 묻습니다. 이 문제는 부효가 동했을 때 반드시 아이가 문제가 생긴다는 것이 아닌 다른 의미도 있다는 것 때문에 올립니다.

```
▶ 태위택(태金궁)
........................
父 未 - -世
兄 酉 —                    卯월
孫 亥 —
父 丑 -//-(父 辰) 應
財 卯 —                    子일(오미공망)
官 巳 —
```

일단 자손의 상태부터 체크합니다. 자손은 일진에서 왕합니다. 그리고 부효는 공부의 상태를 보는데 약합니다.

이 점사의 물음이 아이가 무탈한지, 아이가 불량배에게 맞는지, 선생님과의 트러블이라든지 하여간 우환점으로 물었다면 문제가 있답니다. 그런데 엄마는 공부쪽으로 중점을 두었습니다. 학교 가는 것도 아주 좋아한다고 합니다. 그러면 동효에 의해 자손이 저렇게 극을 받으면 아이가 문제가 생긴다고 보지 마시기 바랍니다.

아이는 일진에서 생조 받아 튼실한데 동한 부효를 엄마로 읽었기에 그래서 나는 이렇게 먼저 물었습니다. 엄마가 공부하라고 해야 책을 조금 읽는데 얜 엄마가 뭐라고 해야 공부 좀 하나요? 했더니 네 그렇다고 맞장구치십니다.

엄마가 혼내도 아이는 멀쩡하고 좀 혼내야 공부할 것 같구먼 했더니 막 웃으심 아까 전에도 혼냈다고 합니다.

공부와 엄마는 같은 글자이며 아이는 왕하고, 부효는 약하기에 엄마에게 핀잔 먹으면 책을 좀 보는 아이라 이 아이는 공부하라고 혼내야 공부합니다.

20) 새해 신수 (천산돈 2효동)

위의 아기 엄마 전화로 중요한 것들 물어보고 마지막으로 물어 본다며 선생님 그럼 저 올해 신수는 어떤가요? 하고 묻습니다.

이 아기엄마는 중요한 것이 있으면 늘 나에게 묻는 습관이 있고, 12월 말일에 복채 결산해 줍니다.

그러므로 재물운이나 이런 것을 봐주는 게 아니라 저 동효 하나만 읽어주면 됩니다.

```
▶ 건金궁 (천산돈)
..........................
父 戌 - -
兄 申 - -                          寅月
官 午 ―  世
兄 申 ―
官 午 -//- (孫 亥)              辰日(술해공망)
父 辰 - - 應
```

왜? 올해 이사 가려고 해요? 했더니 위의 형님들이 가까이 사는데 그들의 자녀가 오면 자신을 불러서 밥 차리라고 하고, 제사 때에도 자신만 일을 하게 되고, 모두 늦게 온다고 합니다.

남편도 막내다보니 아무 소리도 못하고 있고 더 이상은 못 버티겠다고 합니다. 내가 멀리로 가 얼른 도망가라고 했습니다.

가택효가 동하였지만 회두극 맞아 못 갈 수도 있지만, 그냥 좋게 관이 회두극 맞아 이사로 고민하던 것이 풀린다로 보았습니다.

21) 50대 남자분 신수점 (풍택중부 4, 5, 상효동)

부인과 함께 우리 집에 처음 오신 분들인데 남자 분부터 신수를 보았습니다.

```
▶ 풍택중부 (간土궁)
..........................
官 卯 ―/(兄 戌)
父 巳 ―/(孫 申)          辰월
兄 未 -//- (父 午)世
兄 丑 - -
官 卯 ―                    卯일(술해공망)
父 巳 ―應
```

나도 이런 괘 처음 봅니다. 그래도 공식에 넣어서 풀어봅니다.

세효도 묶이고 모두 동효가 변화한 효랑 6합으로 묶였습니다.
묶이다 그냥 다 묶인 상태라고 하면서 본인은 부효로 변화하니 집 혹은 문서 장소로 묶이고 5효도 문서며 그것이 또 묶이고 관 직장도 묶이었다고 이게 뭐냐고 대 놓고 물었습니다.

하시던 일이 컴퓨터와 관련된 일로 중개인처럼 하다가 그걸 접겠다고 하였고
지금은 임대업을 할까? 택배를 해볼까? 고민 중이라고 합니다.
택배는 다시 분점으로 점을 치니 계절장사로 나와서 권하지 못한다고 했고, 임대업은 뭐 점까지 갈 필요도 없이 상식적으로 이게 훨씬 낫지 않겠냐고 했더니 그건 물을 것 없다고 하시기에 그래도 기본적 상식은 싼 것 잡으면 지금도 싸고 앞으로도 돈이 안 되니까 열 곳 정도 리스트 작성해오면 좋은 곳 찍어드리겠다고 하였습니다.

저 위에서 재효가 복신되었으나 손효가 변효로 나와 있어 당장의 현금이 없지

부동산이며 현금화 할 수 있는 분입니다.

　재효가 복신되어 돈 관계 부인 여자관계 물으라고 했더니 지금 오신분과 궁합 여자 분이 보게 되었습니다.

　저렇게 신수점에서 6합이 된 사람들은 당사자가 현재의 직업이 아닌 뭘 할까 고민 중이었음을 발견하였습니다.

　장소도 물색이중이고 이걸 하면 돈 되나 이걸 하면 잘할 수 있나 이런 행복한 고민이었습니다.

　내가 저 합중에서 묘목을 충 하는 유달이 와야 가장 먼저 풀리지만 저 손효들이 생조받는 미월부터 하나씩 풀릴 거라고 하니 지금 3개월간 묶인 게 맞다고 하십니다.

　그러거나 저러거나 저런 상황 만나면 하던 일 접고 새 일을 알아보는 중이라는 것만 아셔요.

22) 돈을 물 쓰듯 쓰라고 처방 한 분 (천뢰무망 상효동)

전문직종에 근무하시면서 불교, 명상 등을 공부하시는 60대 남자 분입니다.
요즘 따라 이곳저곳 모임이나 단체가 많아서 걱정이라고 하시면서 올해 신수가 어떨지 물으셨습니다.

```
▶ 천뢰무망 (손木궁)
.........................
財 戌 ―/ (財 未)
官 申 ―                  辰월
孫 午 ― 世
財 辰 ― ―
兄 寅 ― ―                未일(자축공망)
父 子° ― 應
```

세효 오화를 월일에 대입하면 휴수하여 방전 되었습니다.
초효 2효는 땅의 괘, 3효 4효 사람의 괘, 5효 6효 하늘의 괘, 다시 내려와서 유혼 4, 귀혼 3효는 귀신의 괘인데 천뢰무망은 세효가 그냥 4효이고 유혼은 산뢰이 괘가 되어야 하지만 이렇게 유혼괘가 아니어도 저렇게 4효에 턱 걸리면서 휴수하면 마치 유혼과 같은 얼빠짐 넋 빠짐 현상이 나옵니다.

세효는 편안함을 추구하지만 월의 진토, 일진 미토, 동효 술토가 ... 세효 사화의 힘을 쫘악 빼고 있으니 나는 방전에 체력약화가 겹쳤습니다. 재가 동하니 밥먹자는 혹은 술먹자는 소리가 여기저기서 들립니다.
부르는 곳이 너무 많다고 하십니다. 그런데 본업과 요즘 들어 중요한 모임이 있는데 이 두개는 신경 써야 한다는데 불러도 너무 부르신다고 하십니다.
세효 손효 오화를 강화시키려면 돈쓰든지 기도 제사 부적인지라 내가 5월 5일 입하 巳달 오기 전까지는 형효를 써서 세효를 강화시키려고 돈을 물 쓰시듯 하시라고 그것만이 살길이라고 당부 드렸습니다.

모임 못 나가면 회비라도 부치시라고 그걸로 때우시고 한 달만 참으시면 기운이 또 나신다고 했습니다.

기도는 늘 명상을 하신다는데 그것 가지곤 역부족임을 이 괘를 통해 살필 수 있습니다. 기도 많이 되신 분은 손효가 강하게 나옵니다. 그런데 지금 약화되었기 때문에 저 사화를 강화시키는 형효 처방을 내린 것입니다.

막 써도 일진에서 돈은 고정적으로 와 있으니 부럽습니다.

질병, 수명, 건강 점사 실관사례

앞에서 강조한 바 있듯이 질병점은 전문 병원의 진단이 점사보다 먼저입니다.

의무(醫巫)동원(同原)이란 말이 있듯 의학과 무(巫)는 근원이 같았습니다. 또한 의와 무가 서로 분리되어 지금 의는 제도권 내에 진입되어 융숭한 대접을 받고 있습니다. 그러므로 의가 승리한 것 같지만 보완대체의학 속에는 심령치료, 기공치료, 기도요법, 최면치료 등을 볼 수 있고, 치병 굿이란 것이 있어 의와 무는 아직도 서로 공존하고 있다고 봅니다.

자기 질병은 세효가 왕상하면 다 이겨냅니다.
자기 질병은 세효, 손효(약), 관(질병, 위치나 괘로 파악)을 다봅니다.
타인 질병, 건강점은 그 해당 용신이 극 받지 않으면 문제없습니다. 그 용신이 약하면 생조해 주는 달 많이 나을 것이라고 하고, 근병, 구병 잘 구별하고 잘 물어보고 점단 하셔야 합니다.
사실 우려점이나 건강점, 수명점은 거의 비슷합니다. 핵심은 동효가 용신을 극하지 말자입니다.

1) 운향 선생님 친구의 병점 (천산돈 5효동)

저 멀리 대전 봉 운향 선생님(50대 후반) 전화. (봉 선생님은 나도 봉, 선생님도 봉이라 부름)

봉 선생님이 나에게 봉 내 친구가 혈변이 비친다고 죽을병인지 궁금해서 점단했는데 어띠야? 하십니다. 직접 괘 내셨다고 하시며 통변을 해달라고 하십니다.

```
▶ 건금궁 (천산돈) 5효동
..................................
父 戌 —
兄 申 —/ (父 未) 應        卯月
官 午 —
兄 申 —
官 午 - - 世              申日(진사공망)
父 辰 - -
```

젤 궁금한 것이 친구이니 형효 용신을 찾아 월일에 대입하여 왕상을 봅니다.

5효 신금이 동하여서 신금이 용신이고 일진에 병(나란)되어 튼튼한데 저리 형효가 동하여 부효를 화출하면 父는 형을 수선하다, 고치다도 있으니 수술가능성 있음을 감안합니다.

급소 통변은 형이 용신이면 관만 동하지 말자. 관이 동하면 죽을 수 있기 때문입니다.

운향 선생님 절친 이라고 걱정이라고 하시면서 검사에게 사모님도 바꿔주십니다.
저기서 더 물으시려고 하시기에 전문기관 가서서 검사 받으시라고 했습니다.

관이 2개면 병 2개 왕상하니까 병이 있긴 있습니다 그러나 이 괘에선 죽지 않는다만 볼 것이고 수술도 할 것 같다고만 말했습니다.

2) 본인의 건강점 (수지비 상효동)

지방서 전화 상담 55세 여자분 이 얘기 저 얘기 다 묻고 자신의 건강점 물었습니다.

```
▶ 곤土궁 (수지비) 상효동
................
財 子 - - 應
兄 戌 ―                    寅月
孫 申 - -
官 卯 - - 世
父 巳 -//- (兄 辰)          卯日 (자축공망)
兄 未 - -
```

세효 본인에게 관이 임했고 일진 관이 있습니다. 이럴 때는 예전부터 있던 병이며 왕상 하니까 이길 만 합니다.

곤괘의 병은 배, 뱃속, 만만한 위장 찍고 사화 부효가 동하였기에 내가 위가 좀 아팠다가 안 아팠다가 한가요?

했더니 키득 키득 웃으시며 위 수술 했다고 하셨다고 합니다.

여기서 부효동이 수술 받았다로 확실히 알았습니다.

여러분들도 건강점에서 부효가 동하거든 그 부위를 수술 받으셨나요? 하고 던져 보시고 확인해 보시기 바랍니다.

세효가 관이 임했어도 강하면 이겨내니까 부정적인 소리는 안하기 입니다.

3) 70대 매형이 심장 마비로 쓰러짐 사시는지 물음 (뢰택귀매 3효동)

원광 스님 전화로 미국 사시는 70대 매형이 심장마비로 쓰러져서 못 깨어나고 있다고 하는데 사는지 죽는지 알려달라고 하십니다.

```
▶ 태金궁(뢰택귀매)
................
父 戌 - - 應
兄 申 - -                    子월
官 午 —
父 丑 -//-(父 辰)世
財 卯 —                     辰일(신유공망)
官 巳 —
```

용신은? 비겁 누나의 남편은 관 그러므로 관이 용신입니다.

그럼 여기서 관은 4효 오화 관, 4효면 유혼에 임해서 통변은 거동불편 혹은 산송장 또는 식물인간 입니다. 게다가 월파라 이 달에 확실하게 아픕니다.

관의 힘을 빼는 부효가 진신 되면서 관의 힘을 빼면서 6충이니 구병이라면 가망이 없다고 봐야 할 듯 합니다.

그러나 근병이라면 충즉생으로 금방 낫는 병이 됩니다.

병원에서 뭐라고 하더냐고 하니 깨어나야 되고 안 깨어나면 힘들다고 하셨다고 함

내일 사날인데 깨어나시길 바라는데 연세를 고려하면 아무래도 곧 돌아가실 듯해서 6충은 빠르면 3 4일 늦으면 2주 안에 돌아가신다고 했더니 (결과 : 그 담날 깨나셔서 건강해졌다고 합니다. 근병으로 응했음을 볼 수 있습니다)

4) 약 과다 복용 시어머니 건강 (감위수 초효동)

시어머니 건강점에서 약 과다 복용괘 나왔습니다.
80대 시어머니인데 한번 같이 보기로 합니다.

```
▶ 감水궁 (중수감)
..............................
兄 子 - -  世
官 戌 —              寅월
父 申 - -
財 午 - -  應
官 辰 —              卯일(자축공망)
孫 寅 -//- (財 巳)
```

누구의 건강? 시어머니, 용신은 부효입니다. 기신이 동하면 문제 생기는데 기신은 재효가 됩니다.
부효는 신(申)금 4효로 월파 맞고 휴수하여 휘청하셨습니다.
면역력 떨어지고(월일 휴수하면 면역력 약화) 이번 달에도 아프실 만한 하셨습니다.
이렇게 휴수하다고 죽는 것은 아닙니다.
왜냐하면 월일은 사람을 못 죽이고 환경만 나쁘게 하기 때문입니다.

기신 재효 오화 쿨쿨 정효로 자고 있는데 손효가 자꾸 동하여 생조하지만 일어나진 않았습니다. 항상 동효가 사람을 죽입니다.
원신이면서 질병인 관효(진토 술토)는 휴수하니 질병도 약하고 원신도 약한 상태임을 읽을 수 있습니다.

왕상한 손효가 관효를 때리는 것이 보입니다. 월 일 동효 모두 손효니까 시어머니가 약을 너무 과다하게 드신다고 하네요. 했더니 며느님 말씀이 인사돌하고 다른 한 가지 약만 드시라고 했다고 합니다.

괘에서 보이는 것만 3개 드시는데 가셔서 확인해 보시고 좀 한 두 달 끊었다가 드시라고 하시라고 하니 알겠다고 하십니다.

휴수하다고 위험한 것은 아닙니다. 길흉은 항상 동변효에 있음만 아시면 됩니다.

◆ 자아 여기서 천금부에서 자수복덕다반무공이란 말이 있습니다. 손은 복덕의 신이지만 많이 나타나면 오히려 공이 없다는 말이 되는데 질병점에서 손의 중첩되어 많이 나타나면 이것은 무엇이 많은 것이라고 했나요? (약)

여기서 비약시키면 재다(財多)는 (밥, 음식 과다)

관다는? (병이 많다)
- 신수점에서 부다출현 (학생이라면 책, 학원, 일반인 부동산)
- 재물점에서 형다출현 (일반 빚쟁이)
- 재물점에서 관다출현 (대출금 빚)

이 많다고 보시면 됩니다. 연세가 드시면서 약을 한 주먹씩 드시던데 어른들은 병이 원신이기 때문에 약 많이 드시면 건강에 해롭습니다. 병 잡으려다가 원신 잡게 됩니다.

5) 자궁암 3기 엄마 수술 안하고 이대로 있으면 (천화동인 초효동)

70대 친정어머니는 무속인이신데 자궁암 3기로 판정 받았다고 합니다.
어머니는 계속 피가 멈추지 않으신다고 합니다.

오늘 검사 때 언니분이 어머니 모시고 병원 갔는데 비용이 100만원이 나왔고 그로 인해 어머니는 수술 안하겠다고 하시고 딸과 아들이 있지만 모두 부유한 사람이 없으니 걱정이라고 합니다.
그냥 이대로 놔두면 어머니가 어찌 되시는지 딸이 묻습니다.

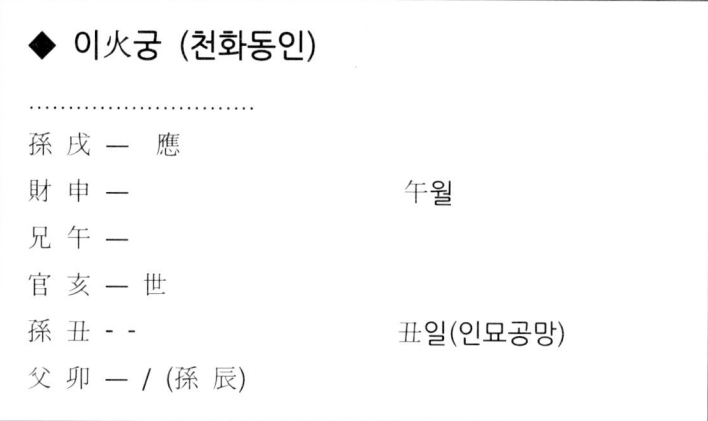

어른들 구병에 위험한 공식은
재동이 가장 치명타입니다 이유는 용신 부를 극하기 때문입니다.
다음으론 부변재(회두극) 변하여 부를 극하니까 위험하고 부변손(어르신이 편안함을 찾으셨다) 즉 돌아가신다는 의미가 있습니다.

이 괘에선 초효동 부변손이 걸렸습니다.
나는 변효로 응기를 잡아 내년 4월이 가장 위험하다고 했습니다.

현재 묘목 부효 너무 월일 휴수합니다. 저럴 경우 미월도 위험합니다. 저번에도 입묘되는 날 돌아가시는 것을 보았기 때문입니다. 내 연령이 작동하여 변효 진월 즉 4월까지는 잘 사셨음 합니다. (입묘월 미월에 돌아가셨다고 합니다)

6) 남편이 아프다고 병원 갔는데 병명이 안 나온대요. (지수사 초효동)

　　50대 후반 교포분인데 남편이 아파서 대형병원에 갔는데 각 장기별로 문제는 없다고 하는데 남편은 가슴이 뻐근하고 한데 왜 아프신지 알고 싶다고 합니다.

```
◆ 지수사 (감水궁)
    ..........................
    父 酉 - - 應
    兄 亥 - -                未월
    官 丑 - -
    財 午 - -  世
    官 辰 ―                  子日 (오미공망)
    孫 寅 -//- (財 巳)
```

　　남편도 관, 병도 관이기에 관이 용신입니다. 관을 먼저 봅니다.
　　진토 관, 축토 관 이렇게 다현되면 사연이 있는 것이 용신입니다.
　　4효의 축토가 미월의 월파 맞은 관이 남편입니다. 이제 동효를 봅니다.

　　손효가 동하여 남편을 때리니 병 때리고 남편 때리니 좋은 현상이 아닙니다.
　　병 잡다가 남편 잡는 격이지요. 손효가 일진에서 생조 받습니다.

　　오화가 암동을 쳐서 그나마 남편을 죽이진 않지만 암동보다는 명동된 저 인목 손효가 원인이기에 기존에 드시던 약이 너무 세었다고 하는데 무슨 약을 드셨냐고 하니 우황청심환이랑 몇 종류의 먹는 약이 있었다고 합니다.
　　그 중에서 청심환을 자주 먹었다고 합니다.
　　그럼 일단 그 약 끊으시고 병원서 준 약만 드시라고 하니 병원서는 그냥 약국에서 한 가지 약만 처방해주셨다고 합니다.

　　일단 약을 줄이던지 안 먹던지 해야 하니까 기존의 약을 그리해보라고 했습니다. 알았다고 끊으셨습니다.

7) 저 85세까지 사나요? (산화비 5효동)

40대 미○이 사연.

유방암 작년에 걸려서 치료 잘 받고 이제 거의 끝 무렵인데 언니 나 결혼도 해야 하고 재발하면 나 어떡하지 어떡하지 겁을 잔뜩 먹고 누구도 재발해서 죽었고 누구도 재발해서 죽었다고 공포감을 가지고 있기에 하루가 멀다 하고 재발하느냐고 묻습니다.

살리려는 마음과 측은지심이 생깁니다. 그 아이의 겁을 제거 시켜주려는 점사를 유도합니다.

그래 몇 살까지 살고 싶은데? 했더니 85세까지만 살고 싶다고 합니다.

그래 하늘에게 정성껏 물어봐 대답해 줄 거야 했더니 훅 걸려들었습니다.

```
▶ 산화비 (간土궁) 5효동
  ..........................
  官 寅 —
  財 子 -//- (父 巳)        未월
  兄 戌 - - 應
  財 亥 —
  兄 丑 - -                 巳일(오미공망 )
  官 卯 — 世
```

이런 점사의 공식은 우려점과 같습니다. 동효로부터 세효가 극 받지 말자입니다.

세효 묘목 지금은 힘이 없으나 명동(明動) 자수와 3효 해수를 암동까지 힘을 합해 묘목을 살립니다. 동효가 극하면 85세까지 못사는데 극함이 없습니다.

대신 85세 午달에 죽습니다.

왜? 원신이 동하면 원신 충 할 때 죽기 때문입니다.

내가 으음 너 85세 양력 6월에 죽는다고 하니까 잘 준비해 했습니다.

관은 그 때 짜도 되니까 벌써부터 관 짜고 들어갈 생각하지 말라고 하늘이 그러네?

했더니 저엉~ 말 진짜지? 언니 합니다.

※ 여기까지 읽으신 독자들에게 육효점 꿀 팁 하나 드립니다.

(대부분 육효점은 70퍼센트 정도가 이런 우려점이랍니다. 건강점, 수명점, 우려, 무탈. 용신 안 잡히면 네가 두려워하는 게 뭐냐고 물으시면 대부분 우려점입니다. 동효가 안 때리면 무탈하다고 하면 됩니다)

8) 도대체 우리개가 언제 죽나요? (수풍정 2효동)

　40대 중반 노처녀 분 여동생과 함께 사는데 18년 된 요크셔테리어 인지 사람 수명으로 이미 저승 갈 나이가 훨씬 지났다고 합니다.
　여동생이 개를 금이야 옥이야 보살피지만 한방치료 약값 이런 것은 죄다 언니 분이 내는데 40만원 60만원 죽을 맛이라고 합니다.

　동영상으로 보여주는데 정말 걷는 모습은 어정쩡합니다. 자연사로 언제 쯤 죽을 것인지 알고 싶다고 해서 점단 했습니다.

```
▶ 진木궁 (수풍정)
　.........................
　父 子 - -
　財 戌 ― 世              未月
　官 申 - -
　官 酉 ―
　父 亥 ―/ (孫 午) 應      巳日 (신유공망)
　財 丑 - -
```

　용신부터 찾습니다. 손효 용신입니다.
　개 손효 죽이기 공식은 부 동하여라 혹은 손변부 회두극도 잘 죽습니다.
　2효에서 부변손 부효가 먼저 동하여 손효를 때리려고 비신에서 일어나서 찾아보니 이 손효 저 일진으로 피해 있습니다. 그럼 못 죽입니다.
　변효 손효는 동효만을 생극할 수 있는데 오화 변효가 동효를 화극수 못하여 조건은 되는데 오행의 생극은 안 됩니다. 해수가 아무리 동해도 변효나 일진의 손효를 극할 수 없음으로 올해는 까딱없는데 했더니 그럴 거라고 죽을 듯 하면 살아나고 한다고 합니다.

　그럼 내년은 어떤가? 점단하니 택화혁 초효동 묘목 손변관 변효가 진토라 내년

4월 같어 했더니 대개 개들이 5, 6월에 죽는다고 합니다.
　개는 차가운 것을 싫어해서 더운데 에어컨도 못 켠다고 합니다.

　밖에서 키우는 개들은 잘 살던데 했더니 수명이 그래서 길지 못하다고 합니다.
　오호 그런 거였구나　새로운 지식을 배웠습니다. (이 개 그 때 죽어서 겸사 그 회사에서 유명인사 되어서 몇 명 점 보러 오심 개야 고마워)

9) 아이가 아프다고 하는데 거짓말인지 진실인지요? (수지비 상효동)

중학교 다니는 딸이 요즘 하도 거짓말을 해서 아이가 진짜로 아프다고 하는 건지 거짓말인지 엄마가 알려달라고 하십니다.

```
▶ 곤土궁 (수지비) 상효동
..........................
財 子 -//-(官 卯) 應
兄 戌 —                    辰月
孫 申 - -
官 卯° - - 世
父 巳 - -                   卯日(자축공망)
兄 未 - -
```

일단 아이를 보면 4효 손효가 용신으로 잡았는데 진월에 생조 받아 이겨 낼 만한 하고 관효를 봅니다.
  3효 묘목 관이 공망으로 뚜렷한 병명은 없지만 일진에서 생조하고 상효에 관효가 또 있습니다.
  3효는 곤괘임으로 배가 아픕니다.
  그로 인해 건괘 상효의 묘목 관을 통변하면 머리도 아픕니다 원인은? 저 상효 재효 쥐알통 만한 음식물이 그랬으니 음식 잘 못 먹었다고 하네요. 했더니 아침에 빵을 조금 억지로 먹였더니 그게 탈이 난 것 같다고 합니다.
  자꾸 머리 아프다고 한다고 합니다.

  인체의 그림 상으로 상효는 - 머리
  곤괘의 관은 - 배
  원인은 재 음식으로 인해서 입니다.
  그래도 생조를 받으니 아이는 버틸 만합니다.
  아이가 워낙 거짓말로 엄마를 속이니까 엄마가 세효 묘목 관이 임하여 의심병이 걸렸습니다.

10) 남편이 걷기가 힘들다고 함 (화지진 초효동)

지인 남편은 자영업(50대 후반) 원래부터 다리 한쪽이 불편했었음 이빨 교정 후 살이 쪽 빠지고 밥도 제대로 못 먹고 자꾸 요즘 걷는데 다리가 아프다고 한다고 큰 병이 아닐런지 물었습니다.

내가 수백 번 강조하지만 전문적인 곳에서 즉 병원 먼저 가서 의뢰를 해야 하는 게 순서이고 우리는 그냥 보조수단으로 하기 질병점은 병원이 먼저입니다.

근데 나랑 워낙 친하니까 물은 것입니다.

질병점은 본인이 물으면 자신에게 붙은 세효의 육친과 왕쇠, 관, 관의 위치, 약 의사도 보이지만 남편의 질병점은 질병도 관이고 남편도 관인지라 보기 힘듦 죽고 살고, 약하고 강하고만 보여 집니다.

남편도 관이고 질병도 관 같은 글자면 그 관이 왕상 하면 병도 강하고 남편도 강함 그 관이 휴수하면 병도 약하고 남편도 약하고 입니다.

이 중에서 뭐가 더 나은가? 왕상한 것이 더 나은 것이 됩니다.

이걸 토대로 아래 괘를 봅니다.

▶ 건金궁 (화지진) 초효동

官 巳 ―
父 未 - -   卯月
兄 酉 ― 世
財 卯° - -
官 巳 - -   巳日 (인묘공망)
父 未 -//- (孫 子)應

용신은 사화 관, 월일 비교하면 일진과 나란하여 강합니다.

병도 강하고 남편도 강하니까 버틸 수 있다는 얘기가 됩니다.

이 괘의 기신은 孫, 약도 되지만 남편에겐 이것이 관(자신을 극함)

입니다. 손효 이 글자만 안 동하면 큰 문제없음을 알 수 있습니다.
내가 해줄 말은 버틸 만한데 전문적인 곳에 가보시라고 했습니다.

왜? 뜬금없이 재효가 공망일까?
음식을 안 먹고 있다. 다이어트 중이다. 편식하고 있다도 됩니다.
임플란트를 해서 영혼 없이 씹기 때문에 음식을 조금만 먹는다고 합니다.
(이 점치고 1년이 지나고 있는데도 병원 가서 이상한 것 진단 안 되었다고 합니다. 그러므로 일단용신은 강하고 보자가 이 점사의 핵심입니다)

11) 오빠가 응급실에 실려 갔어요 (뢰산소과 3효동)

　육효 수업 잘 받고 전주 집으로 내려간 홍씨 오빠와 여동생(30대) 중 여동생 이쁜이가 카톡으로 선생님 주무시냐고 묻고 난 아니했더니 오빠가 가슴이 아프다고 응급실 갔는데 아빠가 너도 오라고 했다고 하여 그래서 급히 괘를 냈는데 아래와 같다고 합니다.

```
▶ 뢰산소과 (태金궁) 3효동
.....................
父 戌 - -
兄 申 - -              卯월
官 午° ― 世
兄 申 ―/ (財 卯)
官 午° - -            寅일(오미공망)
父 辰 - - 應
```

　형제효 3효 신금 귀혼에서 재로 변화했습니다.
　일단 안심한 것은 동효가 형효를 안 때린 것이고 스스로 변화여 재로 변화하니 저걸 뭐라 통변할지 머리 굴립니다.
　계속 카톡으로 걱정하기에 관효가 공망이라 병명 안 나올거야
　탈진에다가 과식급체 아닐까? 했더니 병원서 심근경색 같기도 하다고 하는데 울 오빤 심근경색 사주가 아니라고 걱정이라고 해서 나도 아이구 빨리 병원가보라고 카톡으로 걱정하는 문자를 보냅니다.
　오늘 결과를 카톡으로 알려주는데 병명 없음으로 퇴원했다고 합니다. 그럼 뭐야 형효가 저리 신금으로 비리비리하다가 재로 변화하여 쌩쌩해졌다는 건가?
　저 귀혼 상태는 알고 보니 병원서 링거 꼽고 정신이 제정신이 아닌 상태였다고 합니다.
　병명 없음으로 퇴원이라는 것은 처음 봅니다 예전부터 저 오빠 약골이라 종종 이런 일이 있다고 합니다.

12) 40대 여자분 건강점 (천화동인 2효동)

40대 중반 여자분.
자신의 건강, 예전에 갑상선 암인지 걸렸었다고 하십니다.

```
▶ 이火궁 (천화동인)
..........................
孫 戌° ― 應
財 申 ―                    寅월
兄 午 ―
官 亥° ―世
孫 丑 -//- (父 寅)          丑일(술해공망)
父 卯 ―
```

자신의 건강점은 세효 보기 왕상대입 병 보기 약 보기입니다.

우선 세효 관 해수 공망에 월일 휴수합니다. 휴수하면 곤란 면역력 약함, 관 공망 의미는 병명 못 찾는다, 세효 자체가 관이니 고질병, 오래가는 병인데 그거야 뭐 지병이 있는 것이고 관이 약하다 그럼 나도 약하고 병도 약하다 (나도 강하고 병도 강한게 차라리 낫습니다.)

동효 손효가 날 극하니까 질병점에서 손효는 약이라고 봅니다.
손효가 너무 많으면 약 과다 복용으로 병 고치려다가 세효 나도 잡는 결과를 낳습니다.

저 상효 술토 약 공망은 띄엄띄엄 먹는 약이라 물어보니 변비약이라고 하고,
또 먹는 약 대라고 하니 갑상선치료 후 먹는 약이 좀 쎄다고 합니다.

그건 뭐 어쩔 수 없고 또 대라고 하니 건강 보조 식품도 약이냐고 (법으론 아

니지만 내 몸 아프지 말라고 먹는 거니까) 약으로 보자고 하니 칼슘제, 종합비타민, 탈모 땜에 뿌리는 약 있다고 합니다.

　나의 몸이 좀 회복되거든 먹게 쉬었다가 먹던지 맨 날 먹지 말라고 쉬었다가 신월부터 먹으라고 했더니 알았다고 합니다.
　공부점에 부효가 과다하면 책 펴놓은 것이 많게 되고 이렇게 손이 많으면 약이 과다하다고 하면 됩니다.

13) 가슴 한 쪽이 아픈데 큰 병인지 (진위뢰 2효동)

40대 여자 애가 요즘 가슴 한 쪽이 아픈데 큰 병인지 물어 봅니다.

```
▶ 진위뢰 (진木궁)
 ..........................
 財 戌 - - 世
 官 申°- -              辰월
 孫 午 ―
 財 辰 - - 應
 兄 寅 -//-(兄 卯)     子일(신유공망)
 父 子 ―
```

그냥 보아도 답이 보이지요?
 일단 세효 관효가 임하지 않아 다행입니다. 그러나 세효 월파는 걸렸습니다.
 5효 신금 관효에 공망이니 병명 없습니다. 인체상으론 5효니 목도 되고 그냥 가슴 쪽도 된다고 보여집니다.
 4효 오화 손효의 암동은 관이 공망 풀리면 극하려고 대기하니 고맙습니다.
 가택효 2효 형제효 친구나 동료 돈 나가는 문제 등으로 걱정하여 그런 것 같다고 하니 카톡으로 으음 신경성이구나 합니다.

네가 나보다 낫다 형효가 극하는 것을 신경성이라고 보다니 신경성 그 좋은 말을 두고 이렇게 고민을 했습니다.
 고객이 나보다 나을 때가 많습니다.
 관이 아닌 형효가 나를 극할 때는 돈 걱정을 비틀어 신경성이라고 해야겠습니다.

14) 30대 남동생 오토바이 사고로 중태 (지풍승 2효동)

병원서는 뭐라던가요? 했더니 지켜봐야 한다고 했다고 합니다.
괜찮을 건지 물으시는데 중환자실이고 어제 수술 했다고 합니다.

```
▶ 지풍승 (진木궁)
..............................
官 酉 - -
父 亥 - -                         丑월
財 丑 - - 世
官 酉 ―
父 亥 ―/ (孫 午)
(복신 兄 寅°)                     戌日 (인묘공망)
財 丑 - - 應
```

병원서 기다려 봐야한다는 것이 이 점괘에선 용신 복신 공망 인목이 왕상하지 않아 희망적인 이야기가 아니라고 추측합니다.
 복신은 흠이 있다, 힘없는 용신 살리려고 원신이 동하면 원신 충하면 죽는다. 라는 공식과 함께 근병이라면 공즉생으로 살 수 있다는 말이 있습니다.
 나는 근병으로 보고 이달 넘어가면 인월만 되어도 살 수 있을 것 같다고 했는데 죽었다고 합니다.
 저 원신이 동한 게 화근이었고, 저거 충 하는 날 죽었나 봅니다.

죽는다고 보여도 의사도 기다려보자고 둘러 댔는데 내가 말하나요? 참 안되었습니다.
 전화 상담이었는데 일부러 복채 안 받은 게 차라리 나았습니다.

15) 70대 남편의 오랜 병수발 너무 힘들어요. (화지진 상효동)

엊그제 텔레비전에서 황혼 이혼과 함께 요즘은 배우자가 병이 들면 그에 따른 경제적 비용으로 인해 이혼하는 사례와 세태에 관하여 토론 하였기에 요즘은 병 나면 이혼하는구나 생각하고 있었습니다.

대부분 아내들이 아프면 남편이 짜증내는 하소연을 제게 하는 유형을 많이 들어봤습니다. 아내가 아프면 남편이 병원갈래, 가보자, 약사다 줄까? 좀 쉬어 이렇게 말하는 남편은 제가 상담 받은 경험으로는 거의 없습니다.

부인이 아플 때 남편들은 일반적으로 왜 병원가지 나에게 아프다고 하냐고 짜증내기 또는 내가 더 아프다고 먼저 눕기 등의 형태를 보입니다.

이 부인은 젊은 시절 남편이 하도 속을 썩이고 남편이 병을 얻어 긴 수발로 지칠대로 지쳐 있었습니다.
이 부인은 내가 점치는 사람이니 혹시? 올해? 희망적으로 숨 안 쉬시기를 바라는 맘을 내비치시기에 그냥 하늘에 우리 남편 건강이 어떠합니까? 물어보라고 그럼 다 나온다고 했습니다.
부인이 하늘에 간절히 기도하고 주사위를 내려놓았습니다.

> ▶ 건金궁 (화지진) 상효동
>
> 官 巳 —/ (父 戌)
> 父 未 - -　　　　　　　卯月
> 兄 酉 — 世
> 財 卯 - -
> 官 巳 - -　　　　　　　巳日 (인묘공망)
> 父 未 - - 應

누구의 건강? 관효 봅니다. 세효 뚫어져라 보는 사람 없기입니다.
어? 2효도 사화, 상효도 사화 용신이니 다현(多現)입니다.

이 두개의 용신 중에 쥐어 터진 것, 혹은 동한 효 즉 사연 있는게 용신입니다.
상효 관 사화가 동하여 술토 고장지로 쏙 빠지려는데 일진 사화 턱 버티어 병(나란 할 병) 되어 고장지에 안 빠집니다.
만일 사화 관이 월일 동효의 힘을 받지 않고 휴수하다면 곧 바로 고장지로 들어가서 돌아가십니다.

아버지(남편) 그냥 괜찮으신데요. 꿈도 꾸지 마셔요 했더니 막 웃으십니다.
돌아가시는 거 잘 맞추면 사람들 잘 안 옵니다.
남편이든 아내든 아프다고 훅 버리는 세태라고 마구 욕할 수 없습니다.
이렇게 안 되게 여러분들도 아프지 마시고 서로 잘 해 놓으시기 바랍니다.
나도 고도 비만 같은데 남편에게 잘해 놔야겠습니다.

16) 자궁 물혹 (산뢰이 2효동)

유방암 걸렸던 ○○이(41)가 미쳐서 전화 왔습니다.

자궁에 물혹이 나서 출혈이 생겨서 어쩌고 저쩌고 하기에 점이 우선이 아녀 일단 전문가 말 듣고 전화해 했더니 어젯밤 전화 와서 수술이 결정되면 현재 직장은 2박 3일 휴가 절대 안줘서 이곳 짤리면 직장을 못 간다고 울상입니다.

의사 선생님은 뭐라고 하더냐고 하니 수술은 간단한데 아직 수술해야할지 안할지 더 지켜보자고 했다고 합니다.

자궁의 물혹이 몇 센치 이상이 되면 수술해야 하는데 수술하면 직장은 못 쉰다고 하고 물혹은 커졌다 작아졌다가 반복한다고 하여 수술해야 할 정도인지를 점단 했습니다.

```
▶ 손木궁 (산뢰이)
..........................
兄 寅 ―
父 子 - -                    巳月
財 戌 - - 世
財 辰 - -
(官 酉 복신)
兄 寅 -//-(兄 卯)            寅日(오미공망)
父 子 ―  應
```

세효 술토 재 통과

관을 중점적으로 봅니다. 유금 복신 진토 밑에 웅크리고 앉아 잘 크고 있고 형효는 동해서 직접 우리 세효를 때리고 있고 저 관효는 복신이니까 흠이 있으니 관보다는 저 형효가 문제.

아직 시집도 안 갔고 돈 걱정으로 그러는 것도 아닙니다.

저번에 은이가 말했던 신경성인데 ...

병보다 저 신경성이 더 문제입니다.

  암에 걸렸던 사람들은 늘 죽음과의 공포로 인해서 심각하다고 합니다.
  저 인목이 복신 관효를 생해주는 비신 진토를 때려주는 것은 고마운데 우리 세효까지 파급되니 참 뭐라 말해주나 저번에도 평생점으로 유방암 재발 안한다고 그리 말했건만 엉뚱한 자궁에 물혹이 생겼다 하니 참 안되었습니다.
  유방암 걸렸던 약이 자궁 쪽에 문제를 일으킨다나 어쨌다나.

  너는 병이 널 힘들게 하는 게 아니라 네가 너무 근심해서 그게 문제래.
  8, 9월까진 크게 안자란다고 하니 맘 좀 잘 잡지 그래 라고만 했습니다.
  (결과 : 혹이 더 자라지 않아 수술 하지 않음 병원서 주는 약 잘 먹었다고 합니다)

17) 자꾸 신물이 넘어 오고 (뢰산소과 5효동)

4년 전 큰 병을 앓았던 제 친구가 배는 안 아픈데 신물이 넘어오고 임신한 것 같은 증상에 병원도 무서워서 못 가겠다고 하면서 큰 병을 앓은 사람들은 몸이 조금만 이상해도 혹시 한다고 겁먹고 있기에 나도 점치기가 두렵습니다.

내가 어리석은 질문이라고 어차피 안 좋아도 괜찮다고 해야 하니까 묻지 말라고 하였습니다. 그런데 친구와 일상의 이야기를 하다가 설마 큰 병일까 싶어서 점 단해주었습니다.

관이 왕상 하면 병원 가보라고 하려는 맘도 있었습니다.

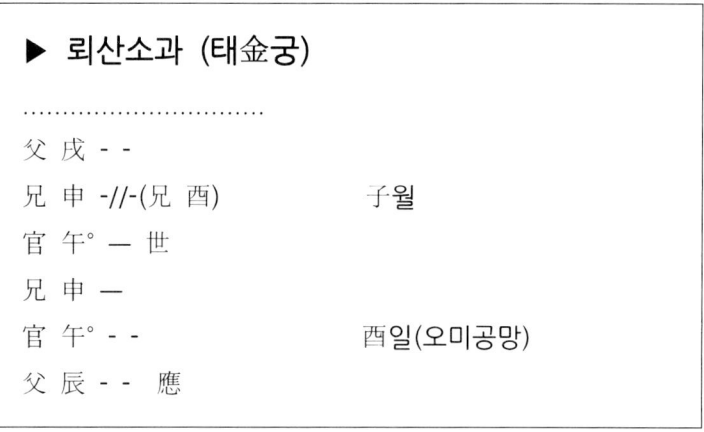

본인점이니 세효 관효 공망 떠올리니 오미 공망 딱 걸렸습니다.
근병은 공즉생으로 세효가 공망이면 곧 낫습니다.

『야학노인점복전서』 질병점 점단 보면 공망이 출공 할 때 낫는다, 일진이 와서 충 해줘서 낫는다 라고 되어 있습니다.
내가 느낀 경험은 공망 걸리면 1- 2일 내로 낫는 것을 많이 봤습니다. 그래서 시간으로 자시면 나을 거 같아 하고 말았습니다.

형이 동하니 돈 걱정 한 것 같은데 이번에 수입이 좋아서 잘 해결되었다고 합니다.

직원이 아파서 본인이 나가서 며칠 일한 것이 과로 같다고 하는데 그 또한 맞습니다.

세효가 월파에 휴수합니다. 재가 비신에서 원신 노릇해야 하는데 원신은 없고, 형만 동하니 직원들 급료 맞추랴 맘고생이 많은 것 같습니다.

재는 양생지원이라고 이 점괘에 딱 맞습니다.

나 몸이 아파요 라고 할 때 세효에 관 잡으면 원신 재를 봅니다.

장사가 잘 안 돼요 재가 약하니까 관귀의 소행인지 내괘 2효에 관이 있나 살펴야 합니다.

18) 베트남 올케 여동생이 죽는다고 하는데 죽느냐고 (풍수환 5효동)

방금 서산서 살고 있는 우리 베트남 올케(20대 후반) 전화가 왔습니다.
여동생이 너무 아파서 한국에 와 있는 친정엄마가 베트남에 간다고 하는데 어떨지 물어 봅니다.

베트남 우리 올케도 20대 후반이고, 지금 베트남에 살고 있는 여동생도 20인데 왜 죽느냐고 하니 많이 아파서 병원서 못 고친다고 죽는다고 하였다고 합니다.
여동생도 아이가 있고, 가정주부이면서 거기서 일을 한다고 합니다.
내가 괘를 내었습니다.

```
▶ 이火궁 (풍수환) 5효동
..........................
父 卯 ―
兄 巳 ―/ (官 子) 世        戌月
孫 未 - -
兄 午 - -
孫 辰 ― 應              辰日 (술해공망)
父 寅 - -
```

형제가 용신입니다. 3효 오화와 5효 사화가 형제효 이지만 동한 5효 사화가 용신입니다. 그냥 기계적으로 읽으면 회두극으로 죽는다고 말해야 합니다.
(근데 나이대가 젊고, 관이 약하니 호락호락 안 죽습니다)

사화가 형제효인데 월일 대입하면 휴수이고 그 휴수의 원인은?
부효의 원신 인목 묘목이 약합니다. 게다가 손효(약이 많고) - 진2개 술1 미1개로 약물과다 복용입니다.

관효 병 증세는 자수인데 약합니다. 일진이 진토가 관의 수를 고(庫)로 자꾸 빨

아들이고 있습니다. 진일이 관 자수를 잠시 재웠다고 봅니다.

  내일 사일이면 우리 형제가 힘 받고 저 자수가 날아가려면 일진 오일에 충 되어 날아가니 언니 내일부터 좀 나아지고 모레면 좋아진대 약을 좀 줄이던지 이 약 저 약 먹지 말라고 하니 알았다고 합니다.

  저 자수가 물의 관이기에 왜 물가에서 일했냐고 하니
게를 양식하는데 그놈들이 도망가서 그거 잡느라고 힘 뺐다고 합니다.
그럼 약을 왜 그리 먹었냐고 약을 잠시 끊으라고 하니
이 병원에 가서 안 나으면 저 병원 가서 약을 타 와서 같이 먹었다고 합니다.

  친정엄마가 가는 것은 형제효의 원신이니 잘 가는 것입니다.

  (결과 : 3일만에 다 나아서 다시 일한다고 함, 베트남은 전산시스템이 안 되어 있어 치료 기록이나 이런 정보가 없어 이 병원 저 병원 다녀서 약만 잔뜩 먹은 게 화근입니다. 나았다기에 복채 받아 왔습니다)

19) 우리 아기가 언제 괜찮아 지나요? (수천수 상효동)

두 돌인지 세 돌인지 남자아기 참 예쁜데 놀이방인지 갔다 와선 몇 시간 자고 또 자꾸 우는데 아기가 언제 나아지는지 궁금 하시다고 아기 엄마 울상

```
▶ 곤土궁 (수천수)
.........................
財 子 -//- (官 卯)
兄 戌 ―                    卯月
孫 申 - -世
兄 辰 ―
官 寅 ―                    子일(오미공망)
財 子 ― 應
```

아기 건강점 용신은? 손효 입니다.
월일 왕상휴수 대입하기 – 면역력 약하고 아기는 유혼에 있으니 거동이 불편할 정도로 힘듭니다.

관효는 왕합니다. 몹시 아픕니다. 게다가 동효가 재효 자수인데 오히려 관을 강화시킵니다. 재효가 비신에 두개이고 일진에도 있으니 3개나 포진 되어 있음을 봅니다.
건강점에서 재효는 밥, 음식입니다.
아기가 면역력이 많이 약한 상태이고 그 아기의 힘을 저 재효가 빼갑니다.
그럼 저 재효의 힘을 좀 차단시켜야 합니다.
재효인데 자수라 음료계통입니다.

아기가 음식을 너무 많이 먹었다는 데요 했더니 놀이방에선 요플레 하나 먹은 거 같아 좀 먹였더니 그게 과다한 모양이라고 하시기에 물 종류 많이 먹었다고 하니 우유를 끊어야겠다고 하십니다.

저 자수가 동하여 관을 강하게 시키면 관효는 머리 하괘 상괘 변효도 머리

상괘는 감괘이니 귀도 아플 수 있습니다. 일단 재효를 좀 중지시키고 손효 약 먹어야 할 것 같습니다. 아니면 원신인 형제들이 많이 놀아 주어야 형생손이 됩니다.

아가 얼른 나으렴 내일 축일이면 좀 나을 거란다.

(결과 : 우유 끊었고 축일 나아졌다고 아기 인증 샷 사진 왔습니다)

20) 불사신 시어머니 (풍천소축 초효동)

　80대 후반 시어머니, 몹시 민감하고 까탈스럽다고 하십니다. 교통사고에 병도 많으셔서 내가 점칠 때마다 돌아가신다고 하면 계속 6충 근병점으로 응해서 사셨습니다. 그래서 이 시어머니는 불사신 시어머니 별명 가지셨답니다.

　집에서 모시다가 이제는 요양원에서 계신데 아침 드시다가 기도가 막혔었는데 병원에는 안가시겠다고 자꾸 집으로만 가고 싶다고 하신다고 날 더러 어떡하면 좋으냐고 하십니다.
　기도가 막혀서 병원서 돌아가실지도 모른다고 했는데 앞으로 괜찮느냐고 물으십니다.

```
▶ 손木궁 (풍천소축) 초효동
.........................
兄 卯 ―
孫 巳 ―                申月
財 未 - - 應
財 辰 ―
兄 寅 ―                申日 (술해공망)
父 子 ―/(財 丑) 世
```

　용신은 자수인데 월일에서 강합니다. 부변재 되면서 6충됩니다. 부모효의 회두극이 되려면 축토가 너무 약합니다. 근병은 충 되면 금방 낫고, 구병은 2주 안에 돌아가시기에 연세를 고려하여 어르신인지라 구병으로 보고 6충을 기대해서 돌아가실 것 갔다고 했더니 몇 달 후 소식을 물으니 또 멀쩡 하시다고 합니다.
　이 점괘는 기도가 막힌 것이 근병으로 잡혀 금방 낫는 괘였습니다. 역시 당신은 불사신입니다. 내가 사심을 좀 넣었는지도 모릅니다.

　노인들이란 원래부터 병이 좀 있기에 근병보다는 구병으로 인식했다가 이런 일을 당하기 때문에 여러분들도 근병과 구병을 잘 구별하셔서 잘 점단하시기 바랍니다.

21) 난소 쪽이 괜찮을까요? (풍수환 초효동)

51세 여자분 신수점을 먼저 쳤는데 관효가 없기에 남편 직장 남친 물어 볼거냐고 하니까? 아니라고 펄쩍 뛰셔서 재빨리 짱구 돌려서 그럼 건강(질병) 물어 보실거지요? 했더니 그제야 유방암 수술 했었다고 합니다.

신수점에서 휴수한 것을 물어보는데 관이 없으니 당연히 대표적인 직장, 남편, 남친 중에서 물어 보실거냐고 물었다가 이분이 아니오? 하니 겸사 얼마나 놀랐을지 생각해 보셔요. 그래서 관이 또 뭐 있지? 질병? 이 남았기에 건강을 물으러 오셨냐고 얼른 말 돌렸습니다. 여러분들은 관이라는 것의 대표적인 것에서 예외인 것도 있다는 걸 아시기 바랍니다.

유방암 수술한 사람들이 왜 그리 많은지 아주 셀 수 없이 많이 만납니다.
내가 유방암 걸리신 분들은 다 날씬하시고 청결하시고 그렇더군요 했더니 너무 깐깐해서 그런 것 같다고 하십니다.
유방암이라는 것이 5년간 약을 먹으면 난소 혹은 자궁이 안 좋아진다고 하십니다. 이분 따님이 어린나이에 난소암이 걸리고 재발까지 했기에 아기도 못 낳는다고 하시며 눈물을 닦으십니다.
그러다가 자신도 혹시 난소 쪽에 문제가 생길지 물으십니다.

```
▶ 이火궁 (풍수환) 초효동
................................
父 卯 ―
兄 巳 ― 世            午月
孫 未 - -
兄 午 - -
孫 辰 ― 應            寅日(술해공망)
父 寅 -//- (兄 巳)
```

세효 형효로 튼튼합니다. 괘에 관효가 한 톨도 없습니다.

군이 관을 찾으면 3효 오화 밑에 자수 관효 복신으로 있는데 이정도면 난소 쪽은 무사합니다.

걱정 안하셔도 될 것 같다고 했습니다.
초효동은 근심 걱정으로 그냥 무시해도 될 듯합니다.
제 친구도 말했지만 암이란 정말 공포의 대상이라고 합니다.
이분도 그 공포감을 늘 안고 사시는 것 같았습니다.

22) 혈류암 (산천대축 4효동)

밤에 혜을당 선생님 전화.

사위의 형의 부인은 용신을 뭘로 잡아야할지 하시기에 재로 잡아요 했더니 잠시 후에 전화 왔습니다.

혜을당 선생님 사위의 형의 부인이 혈류암으로 입원 중이라고 합니다.

병원서는 그 형의 부인이 가망 없다고 했다고 합니다.

천만원 들여서 혈관을 이었는데 그것도 안 되었다고 하시며 애들도 있는데 어쩌면 좋으냐고 걱정하십니다.

그분이 아픈지는 2년 되었다고 하셨다고 합니다.

```
▶ 간土궁 (산천대축) 4효동
........................
官 寅 ─
財 子° - - 應              未月
兄 戌 -//-(孫 酉)
兄 辰 ─
官 寅 ─世                  午日(자축공망)
財 子 ─
```

5효 자수 재효가 용신인데 공망이며 월일 대입하면 힘도 하나도 없습니다.

구병에 용신이 공망이면 공즉사에다가 술토가 동하여 때리러 달려오는데 공망이라 지금은 괜찮다고 느끼려 할 때 일진이 공망을 풀어 줍니다.

그러면 저 동효를 막을 수가 없습니다.

자수용신이 힘을 받는 신월 입추도 코앞인데 괘는 저러합니다.

혜을당 선생님도 한숨만 쉬십니다.

이렇게 의학이 발달한 시대에도 어쩔 수 없나 봅니다. 아이를 두고 가는 엄마의 맘은 어떨까? 불쌍하기만 합니다. (결과 : 결국 돌아가셨다고 합니다)

23) 갑자기 눈이 안보여요.

아침에 지방 보살님 전화.

을미생 여자 분이 금초(벌초)를 한 후 눈이 안 보인다고 하는데 그 가족들이 보살님께 물어보라고 했다고 합니다.

내가 병원서는 뭐라고 하던가요? 했더니 병원은 가지 않았다고 하네요. 하십니다. 딱 걸림 이런 것을 섣불리 점단하시면 안 됩니다.

내가 보살님께 병원 먼저 다녀오면 점단하겠다고 하라고 시켰습니다.

여러분들도 아셨지요?

전문적인 곳을 먼저 가야합니다.

괜히 오지랖 점사 남발하지 않기 약속입니다.

(결과 : 주인공이 지병이 있었다고 하며 며칠 후 또 보였다가 안 보였다고 한다고 합니다)

24) 친구의 죽음 (천풍구 3효동)

30대 초반 새댁 방문, 알뜰한 고등학교 친구가 죽었는데 이불을 뒤 집어 쓰고 아파트에서 뛰어 내렸고 머리만 깨어져 죽었다고 합니다.

산후우울증이 있었지만 죽기 전에 통화하면서 입주도우미에 대하여 물어서 얘기해 주었는데 안타깝다며 혹시라도 자살이 아닐 수도 있지 않나요? 하기에 점단 하였습니다.

```
▶ 건金궁 (천풍구) 3효동

  ........................
  父 戌 ―
  兄 申 ―                    未月
  官 午 ― 應
  兄 酉 ―/ (官 午)
  孫 亥 ―                    丑日 (오미공망)
  父 丑 - - 世
```

형제효 용신, 귀혼에 임하여 제정신 아니었음을 봅니다.

갈등하다가, 셀프로 죽자하고 관으로 변화하여 회두극 맞았으니 이러한 생각을 자주 한 듯 보입니다. 자살이 맞다고 하니 몇 십년간 저축하여 5억 재산 만들어 놓고 써보지도 못하고 죽었다고 합니다.

형효 친구의 회두극으로 봐서 스스로 자신을 죽이다가 괘에 나옵니다.

초상 치르고 남편 쪽에서 친정식구들 이제 보지 말자고 했다고 합니다.

아기는 시댁서 맞기로 하고 유품이라도 챙기고 싶다고 친정엄마가 말하자 되었다고 남편이 다 알아서 할 거라고 했다고 합니다.

모 기업 연봉 7천 받던 친구라고 합니다.

저 괘 잘 보면 재효 복신 밥도 못 챙겨먹었다고 하니 비쩍 말랐다고 합니다.

남편은 직장도 없는 상태였다고 하는데

죽기 전 겸사 선생님 집 한 번 가보라고 새댁이 부탁했었다고 하는데 오지 않았다고 합니다. 오지 그랬니? 하는 마음입니다.

25) 90대 시어머니 수명점 (택풍대과 초효동)

 90대 시어머니 건강이 몹시 나빠졌는데 시아버지가 병원은 안 된다고 그냥 집에서 있다가 가게 한다고 억지 부리신다고 합니다.
 60대 며느님은 서울 있고 시댁은 저 부산 쪽에 있어 자주 못 가본다고 합니다. 건강이 어떠하신지 물었을 때 아래와 같은 괘를 얻었습니다.

```
▶ 택풍대과 (진木궁)
..........................
財 未 - -
官 酉 ―              丑月
父 亥 ― 世
官 酉 ―
父 亥 ―              丑日 (오미공망)
財 丑 -//-(父 子) 應
```

 부모님 돌아가신 공식 제 1순위 재(財)동 딱 걸렸습니다.
 부효는 4효 해수 2효 해수 월과 일에서 밀어주는 글자가 없으며 두 부효 중에 4효 유혼 거동불편, 산송장, 식물인간인데 축토 세 주먹(월일동효)이 어머니를 때립니다.

 응기를 뭘로 잡나? 용신이 동하면 합 하는 날인데 기신이 동했기에 그래도 자(子)날 이라고 보았습니다. 변효가 자수라 동효축 월일 축토에 묶였다구요?
 축토는 월일에 힘이 있고, 변효 자수도 힘이 있어야 묶입니다.

 자날 혹은 축일 치 되는 날, 이렇게 혼동이 오면 그냥 이달 안에 돌아가신다고 하면 됩니다. 큰 틀만 알려주면 되었지 꼭 날짜까지 욕심내기 없기입니다.
 아까 수업 끝나고 카톡으로 며느님이 화환 앞에서 사진 찍어서 돌아 가셨다고 문자왔습니다. 확실한 것은 이렇게 잘 보입니다.

『적천수』를 보면 죽었다고 표현하지 않고 졸(卒)하였다, 불록(不祿)하였다는 말이 있지요? 『예기』를 보니 죽었다는 표현도 신분마다 달랐습니다.

천자가 죽은 것을 붕(崩)이라 하고 제후가 죽은 것을 훙(薨)
대부가 죽은 것을 졸(卒) 이라 하는데 장수하다가 죽어도 졸
사(士)가 죽은 것을 불록(不祿) 이라 하는데 장수하지 못하고 요절하여도 불록
서인이 죽은 것을 사(死)라 했다고 합니다. 그냥 참조하시기 바랍니다.

학업, 시험 점사 실관사례

각 종 시험운은 본인점과 타인점이 있습니다.

본인점에서는 세효에 재효만 잡지 않으면 일단 좋은데 급소 통변으론 세효에 재 잡거나 형동(내 점수 라이벌이 빼감), 재동(직접 점수를 치니까 꽝) 이것이 걸리지 말아야 합니다. 언제 발표냐고 발표 월을 기준으로 봅니다.

그러므로 일진에 부효나 관효나 붙어 있으면 일단 지금도 실력이 좋은 것이 됩니다.

형제, 친구, 부인, 남편, 자손의 시험점에 세효를 뚫어지게 안 봅니다.

공무원 시험이 있다면 그냥 1차, 2차, 3차가 있음 따로 떼어서 보시기 바랍니다. 수능 시험 점수 잘 나오냐고 물으면 기왕 해야 하는 것이면 봐주지 맙니다. 점수 다 나와서 지원할 때 학교 고를 때 보라고 합니다.

수시 시험도 발표 월이 언제냐고 물으셔요. 면접 없으면 그냥 부효로만 봅니다.

로스쿨도 부효가 일단 우선으로 봅니다.

면접이 있다면 관효도 부차적으로 봐야합니다. 부만 왕해도 안되고 관도 왕해야 합니다. 시험점에서는 공통적으로 재동, 형동은 꽝이라는 것을 알고 봅니다.

1) 11월 달 딸의 교원 임용고시 1차 시험운 (택뢰수 3효동)

```
▶ 택뢰수 (진木궁)
................................
財 未 - -   應
官 酉 —                    卯月
父 亥 —
財 辰 -//-  (父 亥) 世
兄 寅 - -                   酉日(오미공망)
父 子 —
```

누구의 시험? 딸의 시험이니까 세효 보기 없기입니다.
되는 공식은 부가 왕상하여라 재가 동하지 말아라 입니다.

용신 부는 일진에서 관생부로 지금도 실력이 좋고 공부가 많이 된 사람인데 이대인지 고대인지 다닌다고 합니다.

하늘의 모든 병은 즉, 길흉은 어디라고 했나요?
동변효 그 중에서 1회성은 대개 동효에서 길흉이 있습니다.
뭐가 동했나요? 기신 재입니다.
그러면 여기에서 답이 나왔습니다.
깊이 소설 쓰시느냐고 에이 저 작은 동효가 저 왕한 부를 극해봐야 얼마를 극하냐고 대들고 싶은 분 있나요? 잘되려면 재가 동하지 말아야 합니다.
이럴 경우 과락입니다. 다른 것 다 만점 받아도 꼭 한 과목에서 실수하는 것입니다. 설탕 알 만한 것이 동해도 그 여파는 엄청 큽니다.
그러니 냉정하게 판단하시기 바랍니다.

자아 그럼 야학노인이 동효에 대하여 뭐라고 했나 봅니다.

◆ 천하의 이치는 동(動)에서 나오는데 작용이 있으면 동한다. (183쪽)
- 그러므로 동효를 일진이나 월에서 충 한다고 작용이 없다고 하면 안 됩니다.

◆ 동효에게 어찌 공(空)이나 파(破)가 방해 되겠는가?
- 공망이 동하면 풀리고 일파 월파도 꺼리지 않고 가서 죽일 것 죽이고 도와줄 것 도와주고 설기해서 빼먹기도 합니다.

동효는 월과 일이 죽이지 못한다는 것을 자꾸 말씀드립니다. 그리고 비신도 월과 일이 완전히 못 죽이고 단지 용신의 상황을 악화는 시킬 수 있습니다.
그러므로 오직 동효만이 비신의 글자를 죽입니다.

2) 미용사 시험에 합격하나요? (지뢰복 2효동)

청범 선생님이 문자로 겸사에게 물어봅니다.

동생이 곧 미용사 시험 보는데 합격하는지를 물었고 시간점으로 점단하니 아래와 같다고 어찌 판별해야 할지 모르겠다고 하십니다.
여동생이 물었으니 세효가 그 여동생이어야 함

재효가 세효가 임했으니 급소통변으로 안됩니다.
청범 선생님은 사심으로 시험이 부효이고 관효가 진신이라 장원급제 깜이 아닌가? 좋게 보시려고 했기 때문에 제게 물은 것을 알 수 있습니다.
본인이 물었으면 항상 무엇부터 보나요?
세효와 세효에 임한 육친 통변부터 들어가야 합니다.

세효에 재효는 부효를 극하는 글자임으로 1차적으로 여기서 스톱이 됩니다.
겸사가 답장하길 세효에 재효 잡아서 바쁜 일이 생기던지 돈 버시느냐고 못 보시던지 봐도 합격하기 힘들것 같아요 해서 보냅니다.
(낙방 결과 소식 들음, 급소 통변 세효 재효가 원인입니다)

3) 삼수시키면 점수가 오를까요? (택천쾌 5효동)

아드님이 재수했는데도 성적이 시원치 않다고 삼수했을 때 어떤지 엄마가 물으시러 오셨습니다.
내가 아이의 의지는 어떠냐고 물으니 아이도 삼수 원한다고 하십니다.

```
▶ 곤土궁(택천쾌) 5효동
..........................
兄 未 - -
孫 酉 —/ (孫 申) 世        子월
財 亥 —
兄 辰 —
官 寅 — 應              巳日 (신유공망)
財 子 —
```

어머니가 궁금한 것은 부효 공부입니다.
부효는 일진에 왕과 같은 직위니 성적이 오른다고 봅니다.
긴 점사의 급소통변은 일진이 중요합니다.
일진 부효는 지금도 공부된 상태이며 1년 내내 이 점사를 따라다님으로 결과는 잘 됩니다.

손효 상태 보니 월일 휴수하고 동하여 갈등이 많음을 볼 수 있으며, 퇴신으로 되었다가 공망으로 화하니 그냥 맘이 안 잡히고 힘듭니다.
이럴 땐 가만 놔두면 축월이 오면 맘을 잡게 됩니다.
저리 약한 애를 엄마가 충고해주면 역효과가 발생합니다.
부효는 엄마도 되고 공부도 되는데 부가 동하여 손을 때리지 말라는 뜻입니다.

자손의 엄마는 육친 상 형제효가 되니, 이 자손은 형효가 그래도 필요한데 형효들은 일진에서 생조 받고 있음을 볼 때, 친구들은 모두 잘 된 상태로 보입니다.

친구들과 놀러간 중에 한 친구가 고대 합격했다는 소식 들었다고 합니다.

여기서 발견한 육효이론 중에 진술축미는 고장지에 해당하여 각각 고에 빠지지만 왕상하면 안 빠지는 것은 당연하고 이 중에서 축토 만큼은 특별 대우 해줘야 합니다.

축토는 토생금으로 금을 생조하는 것이기에 이렇게 일진이나 월에서 와주면 금이 생조 받는다고 보시고 고(庫)에 빠진다고 이론에 적용하면 낭패 납니다. 그러므로 고장지의 이론 중 금은 축토 속에 빠진다고 보지 마시기 바랍니다.

4) 모대학교 수시합격 가능한지 파드메 선생님 고객 점사 (건위천 4효동)

```
▶ 건金궁(중천건)
...........................
父 戌 — 世              申월
兄 申 ° —
官 午 —/(父 未)
父 辰 — 應
財 寅 —                 午일(신유공망)
孫 子 —
```

이 학생은 수시 일반전형이 가장 유리하다고 합니다.
수학 등급이 좀 안 좋게 나왔다고 합니다.
육충으로 충중 봉합입니다.
손효를 용신으로 보면 일지 관효가 부효에 힘 실어주고, 형효가 공망되니 합격할 수 있겠는지요.? (여기까지가 파드메 선생님 글)

겸사답변 : 점수가 좋습니다. 면접보아도 좋고 일단 아름답습니다.
손효는 중요치 않습니다. 일진이 관효면 이미 점수가 좋다는 것입니다.
이 정도는 나와 줘야 좋다고 하는데 잘되시길 바랍니다.

파란낙엽 선생님 보충 답변 : 파드메 님께서는 손효를 용신으로 보셨는데요.
제 생각은 시험점이므로 부효를 용신으로 봐야한다고 생각합니다.
그리고 면접이 있다면 관효도 봐줘야 하는 것으로 알고 있구요.
손효는 단지 시험 보는 자손의 자신감을 살피기 위해 참고적으로 보는 것이 아닌가 싶습니다. 아무튼 그런 측면에서 이 점괘의 괘상을 본다면 용신인 부효가 일진에 왕상하여 현재 시험공부도 많이 되어 있는 것 같고 실력도 대단히 뛰어난 것으로 여겨집니다. 그래서 그런지 손효를 보면 현재 자신감도 충만해 보이는 것 같습니다. 그런데 본괘에서 육충괘가 나온 것으로 보아

어쩌면 이번 시험이 첫 번째 시험은 아닌 것으로 추정되는군요.

파란 낙엽 선생님이 잘 설명해 주셨습니다. 시험점은 일진에 관효는 관생부함으로 성적이 충분합니다. 이 일진에 관효만 보아도 급소통변이 됩니다. 그러나 형동, 재동은 꽝 입니다. 형동은 부효의 힘을 빼서 라이벌이 더 잘 보게 되고, 재동은 직접 점수를 극하여 점수를 못 받게 합니다. 또 그러나 부효가 약해도 점수만 본다면 합격 가능합니다.

용신이 동한다는 것은 그렇게도 중요한 의미가 있습니다.

그런 점사 아래에 예시합니다.

5) 모 교대 시험 합격가능한가요? (천풍구 초효동)

항상 온화하게 말씀하시는 임 선생님 조카가 직접 괘를 냈다고 하십니다.
몇 개의 교대를 점단 하신 것 중에서 카톡 방에서 같이 풀었는데 축월 합격했다고 결과 나온 점입니다.

```
▶ 건금궁 (천풍구) 초효동
..........................
父 戌 —
兄 申 —                    子月
官 午 — 應
兄 酉 —
孫 亥 —                    寅日(술해공망)
父 丑 -//-(孫 子) 世
```

일단 변효로 6충은 뒤에 통변하기로 하고, 점수를 봅니다.
지금 점수가 약합니다. 그런데 이렇게 용신이 대놓고 동하면 합격합니다.
발표가 축월이었다면 발표달도 중요한데 축월이면 부효가 더 강화 됩니다.

하여간 지금 이 글을 쓰는 것은 인월이고 답은 축월 끄트머리에 왔답니다.
서울만 간 점사입니다.
6충 통변은 합격 되어도 본인이 안 가겠다도 됩니다.
그러거나 말거나 이 점사는 합격했다는 것, 휴수해도 용신이 동하면 합격 하더라는 것이 핵심입니다.
승진수에 있어서도 힘없는 관이 동하였더니 승진 되었습니다. 몇 번 경험 해보았습니다.
용신이 동하는 것이 관건이랍니다.

6) 속기 시험 준비 중인데 이번 달에 공부가 잘 될지 물음 (택화혁 3효동)

우리 집에는 시각장애인 선생님 두 분이 육효를 배우셨고, 검사 남편에게는 주역강의를 함께 들었답니다.

그런데 이 두 분이 검사마냥 똥똥합니다. 한 분은 강 선생님이시고 한 분은 윤 선생님이신데 이 점사를 공개적으로 수업시간에 풀어서 우리 박장대소 했답니다.

이 점은 강 선생님이 친 점입니다.

```
▶ 택화혁 (감水궁)
..................
官 未° - -
父 酉 ―                    卯月
兄 亥 ―世
兄 亥 ―/ (官 辰)
官 丑 - -                  戌일(오미공망)
孫 卯 ― 應
```

세효가 휴수하여 점친 본인이 공부가 잘 안 되는 것은 알겠는데 왜 형효가 동하여 회두극 맞는지를 몰라서 이걸 어떻게 읽느냐고 하시기에 칠판에 이 괘를 써 놓고 내가 설명 들어갔습니다.

세효 해수 나는 지금 공부가 막 땡기지 않습니다. (월일 휴수)

그 이유는 일진 술토가 저 5효 유금 부효를 생조해서 전 기본 실력이 있기 때문이지요 그런데 내 동료 저 윤 선생님 해수 동료가 자꾸 공부하라고 해요 자기도 안하면서 했더니 윤 선생님이 아니 우리가 알려주지도 않았는데 그게 나라는 것을 어떻게 맞췄냐고 난리난리 입니다.

해수가 동물로 뭐냐고 했더니 더 웃으십니다.

하필 형제 효가 해수냐고 해서 우리 많이 웃었답니다.

윤 선생님도 속기사 시험 준비 중이라고 합니다.

저 괘로 본인과 윤 선생님 사정이 나와서 어찌나 웃었는지 모릅니다.

물론 둘이 공부해라 공부해라라는 말을 겸사는 들은 적이 없습니다.

그런데 교감이 되니까 이렇게 보이게 됩니다.

논산 사시는 김세현 선생님이 이 괘는 평생 안 잊을 거라고 어찌나 웃으시는지 모릅니다.

저 점괘에서 해수 동한 것은 큰 문제가 아닙니다. 세효가 휴수하여 방전 된 것이고 의지력이 약화 된 것입니다.

이 글 다 썼는데도 해수가 뭔지 모르는 선생님들 자수 하셔요. 해수는 동물로 돼지이고 뚱보 셋 중에서 하나이니까 윤 선생님을 콕 찍은 거랍니다.

7) 내년 1월에 보는 시험에 합격할까요? (택산함 5효동)

내년 1월 모 시험 1급 자격증을 따려하는데 시험운이 있느냐고 본인점이라고 전화로 물은 상담내용을 제가 같이 봅니다.

```
▶ 태金궁 (택산함)
................
父 未 - - 應
兄 酉 ―/ (兄 申)            戌月
孫 亥 ―
兄 申° ― 世
官 午 - -                    卯日(신유공망)
父 辰 - -
```

1월이면 축월로 놓고 봐도 되고 거기까지 계산 때려야 합니다. 왜냐하면 월은 30일만 왕 노릇을 하고 패스하기 때문입니다.
태금궁에 축월이면 점수는 父월이니 가능함을 간파합니다.

그런데 세효도 공망으로 흠이 있고, 세효에 형효는 경쟁이 많다는 뜻도 됩니다. 그러나 이점에서 옥에 티는 시험점에서 동하지 말아야 할 글자 중
형동 - 내 점수 경쟁자들이 다 빼감
재동 - 점수 극하니 꽝 혹은 과락
이 둘 중에서 하나가 걸렸습니다. 시험점 급소 통변 형동 재동 꽝이라는 것 이제는 귀에 딱지 앉습니다.

부효가 비신에 두개 월에 또 하나 책은 펴 놓고 있으나 본인 공망이니 집중 못하고 있고 현재 공부는 되어 있다고 볼 수 있으나 경쟁자들도 그 정도는 되어 있고 내가 이대로 준비하면 떨어져요 했더니 후년은 어떤가를 묻습니다.
지풍승괘 나오기에 후년엔 세효에 재 임하여서 안 본대요 했더니 그러냐고 하

십니다.

  이대로 공부하지 말고 방송강의나 더 엄격하게 (관을 억지로 동하게 함 즉 관을 쓰라는) 공부해야 된다고 했습니다.

  퇴신은 왕상자 잠시 불퇴이니 담달에 퇴신 된다구요?
  내가 보는 관점은 될 점사는 형이나 재가 동하지 말 것 그리고 부가 왕상할 것입니다.

8) 아들이 공무원 시험 봤다는데 합격했나요? (택산함 3효동 이런 점 치기 없기)

    육효 수업 중 기초반 김 선생님이 전화로 은주사위 사 놓으시고 내가 수업시간에 점 안치면 늘지 않는다고 점 좀 쳐 오시라고 했더니 축구경기인지 야구인지는 승부점으로 두 번이나 잘 맞으셨다고 하십니다.

    또 점단할 것을 찾으시다가 아드님 몰래 이번 공무원 시험 합격하는지 치셨다고 겸사에게 해석해달라고 하셨습니다.

```
▶ 태金궁 (택산함)
............................
父 未 - - 應
兄 酉 —                    午月
孫 亥° —
兄 申 —/(財 卯)世
官 午 - -                   申日(술해공망)
父 辰 - -
```

    선생님은 주사위로 연습하시려고 한 건데 하필 희생물이 아드님 점사입니다.
    여러분들도 제발 어차피 해야 하는 점은 점치시지 마시고 어차피 기일을 기다리면 되는 일들은 점단하지 마시기 바랍니다.

    금요일에도 어떤 선생님 곧 면접 보는 회사 되는지 점단 괘를 보냈기에 내가 구박했습니다.
    면접 결과가 나쁘다면 안하겠다고 했을 땐 점단할 수 있지만 희망으로 물어보는 사람에게 안 좋다는 말을 어떻게 말을 할 지 참 입장난감 대략난감 한 것들 만나지 마셔야 합니다.
    (하긴 이런 경험담도 필요하긴 한데 겸사가 다 가본 길이라 선생님들은 다치지 않게 하려고 강의록에 이런 점사 치지 않는다 써 드렸습니다)

이미 주사위는 던져졌고, 나는 해답을 써서 보내드려야 하는데 대략 난감입니다.

시험점에서 동하지 말아야 하는 공식 재동 형동 꽝이 나왔기 때문입니다.

재가 동하면 냅다 점수 극하고, 형동하면 내 점수 라이벌이 다 빼갑니다.

저 부효가 월장에게 화생토 되어 저리 잘 봐놓고 형동하는 바람에 내 점수 라이벌에게 빼앗겨 버렸습니다.

여러분들도 결과 나올 것은 기다리라고 하셔요. 되면 좋지만 안 되면 봐준 우릴 저주합니다. 저는 사람들이 결과 알려달라고 점쳐달라고 하면 그거 점 아니라고 기다리라고 하고 도망갑니다.

9) 면접일이 겹치는데 어디가 되나요? (풍화가인 3효, 태위택 초효동)

심당 선생님 따님이 내일 면접일 겹친다고 어디가 나은지 딸을 직접 바꿔주신다고 해서 이 점사는 따님 본인이 물었으니 본인점이 됩니다. 이런 점사는 쳐 줍니다.

▶ 손木궁 (풍화가인)	▶ 태위택(태金궁)
…………………………	…………………………
兄 卯 ─	父 未 - - 世
孫 巳 ─ 應 丑月	兄 酉 ─ 丑월
財 未 - -	孫 亥 ─
父 亥 ─/ (財 辰)	父 丑° - - 應
財 丑° - - 世 卯日(자축공망)	財 卯 ─ 卯일(자축공망)
兄 卯 ─	官 巳 ─/ (財 寅)

공기업 수준이라고 즉 개인회사가 아닙니다.
본인이 직접 물으면 세도 봐야하고 부관이 둘 다 강해야 합격합니다.
왼쪽 세에 공망이 붙었고, 오른쪽은 세효 월파가 보이지만 그냥 통과시켜서 봅니다.

척 보셔도 오른쪽 회사가 관변재로 튼튼합니다.
왼쪽은 세효에 재효가 임하여 고개를 갸우뚱하게 만듭니다. 게다가 관효가 복신 되었습니다. 그러나 부효가 약해도 동하면 점수는 잘 나옵니다.

오른쪽은 왼쪽 보다 훨씬 나아보입니다.
세효에 부효를 잡았습니다. 월파도 좀 걸리긴 하는데 발표는 월파 벗어나서 하니까 신경 안 썼습니다. 튼튼한 관효가 동하여 부효를 생조 하기에 오른쪽을 보았으면 좋겠다고 했더니 오른쪽에서 시험 보고 척 붙었다고 후에 연락 받았습니다.

10) 시험운 (택지췌 상효동)

50대 후반 부인이 오셔서 아들의 시험점을 묻습니다.

이 아드님은 현재 스카이 대학 중 한 곳을 다니는데 이번 5월 6월 시험 합산하여 11월 로스쿨 합격 판정 난다고 잘 보겠는지를 묻습니다.

괘를 얻게 주사위를 드렸습니다.

시험점에 부효가 진신이라 두 배 기쁨 장원급제로 예측이 됩니다.

할 말이 더 없습니다. 좋은 결과 있다고 하니 그간 남편으로 속상한 마음을 다 녹이고 가십니다.

저 괘는 현재 상태 부효가 많이 나왔다는 것은 책을 많이 펴 놨다는 것이고, 긴 점은 일진이 시험 끝까지 군림하니까 현재에도 실력이 되어 있고 따라서 계속 실력이 있다이며 일진에 탄력 받은 부효가 진신이면 장원급제 입니다.

검사가 보는 것은 일진과 동효만 보고도 압니다. 급소통변이 이뤄지는 것이랍니다.

취직, 승진 점사 실관사례

본인 취직점에서는 손효 잡으면 하늘의 형벌로 옛 직장과 같은 곳이 아니면 안 다니겠다는 맘이 자리 잡고 있어 기간이 오래 걸립니다.

손동해도 직장을 거부하는 것인데 변효가 힘이 없거나 손 동한 글자가 약하면 하나는 깨져도 다시 되는데 동한 효가 강하면 이것도 안됩니다.

자손의 직장운은 손효가 휴수하면 이 아이가 아직 맘이 없는 것이니 심리도 보고 재와 관이 강해지는 달은 급료도 괜찮고, 관이 강하면 이름 있는 직장입니다.

재는 약한데 관이 강하면 이름만 있는 직장임으로 인턴 생활을 거쳐서 재가 강하질 때 급료를 제대로 받는 것을 추측해주시기 바랍니다.

승진 시기도 항상 참고하여 그 달을 적용합니다. 이번에 연말에 승진 하냐고 하는데 관이 약한데 동한다면 그것도 가능하다고 하셔요.

시험운도 관운도 약해도 그 용신이 동하면 됩니다. (경험 상 입니다)

이러한 것들을 참조하면서 실관사례를 보겠습니다.

1) 아들이 정규직이 될까요? (천수송 상효동)

어젯밤 전화 서산 고객.
아드님이 이번에 정규직 되는지 물으시기에 점은 뭘 그냥 기다리지 그러세요 했더니 그래도 하시기에 맘 약해서 점단합니다.

```
▶ 이火궁 (천수송) 상효동
........................
孫 戌 —/ (孫 未)
財 申 —                    巳月
兄 午 — 世
兄 午 - -
(복신 官 亥)
孫 辰 —                    申日(인묘공망)
父 寅 - - 應
```

아드님과 정규직 중 더 비중이 있는 것은 정규직입니다. 따라서 명예 직업 관효 보자 고 찾으니 이 괘에 없습니다. 벌써 흠이 있겠구나 감 잡습니다.
비신에 관이 없으면 본궁의 납지를 그대로 올린다.
이화궁이 본 궁이니까 이화기묘 묘축해 해수 관효는 형효 3효 밑에 숨어 있습니다.
복신이라는 그 이름 자체가 흠이 있는데 그래도 일진에서 생조를 받습니다.
길흉은 동효이니 동효를 봅니다. 손효라 관도 비신에 없는데 손이 동한다면 관이 직접 타격은 안 받지만 이번에라고 했으니 관이 있어도 파극 받고 없어도 문제이니 참 말하기 곤란합니다.
이번엔 손이 동하면 급료만 생해주고 관은 안 되니까
겨울쯤 기회가 또 있다면 그때 될 것 같아요 하고 말합니다.
해자월만 와도 손효 퇴신 될 것 같고 월이 와주니까 그리 말하였습니다.

2) 다른 직장이 구해지나요? (택지췌 초효동)

40대 간호조무사 11월이면 1년이 되는 직장인데 오늘 관두라고 했다고 울상이 되어서 우리 집에 왔습니다. 이젠 나이도 많고 써주지도 않는다고 합니다.
　그만두게 된 사연은 원장에게 말대꾸한다고 성격차이라고 합니다.
　이 아인 경오 일주인데 식상도 없고, 좀 무뚝뚝하고 시키는 것은 잘 하는 애인데 원장이 무슨 말만하면 말대꾸하지 말라고 이 아이에게 했다고 합니다.

외과 의원 원장이 60대이신데 수술하면서 일이 잘 안되자 에이 씨발하는 소리도 하더라고 합니다. 나 이 대목에선 깜짝 놀랍니다. 의사도 사람이니 욕할 수도 있지만 이 아이가 옆에 있는데 어떻게 그러지? 합니다.

가만히 말을 들어보니 젊은 애들은 급료를 조금씩 주면서 올려주면 되는데 우리 아인 40대이니까 급료를 계속 올려주기 싫은 속셈을 알았습니다.
　내가 그냥 때려치우고 딴 데 가라고 하니 직장이 언제 되겠느냐고 물었습니다.

```
▶ 태金궁 택지췌 초효동
.............................
父 未 - -
兄 酉 ─ 應              酉월
孫 亥 ─
財 卯 - -
官 巳 - - 世            丑일(인묘공망)
父 未 -//- (孫 子)
```

세효에 관효 좋아서 반드시 되는데 휴수합니다.
　대개 인월이나 묘월이 관을 살리지만 희망용신을 잡고 있어 네가 이제부터 알아봐야지 하면 잡힌다고 했습니다.
　거기 사람 구해지면 관두고 한 달 치 월급을 주기로 했다고 합니다.

네가 거기 나와서 직장 알아보면 된대 걱정하지 말라고 달래서 보냈습니다.

(결과 : 그곳에서 사람 구해질 때 이 아인 다른 곳 잡혀서 다시 갔습니다. 희망 용신 관을 잡고 있어서 일진에서 왕상 해지는 날에 응사 된 것 같습니다)

"易學은 신비의 장막에 가려진 학문이 아니다!"

김진희 저 | 태을

周易의 모체인 八卦는 우주변화의 원리를 상징적으로 함축하고 있으며 이를 바탕으로 지은 역경은 사회 윤리도덕의 기준을 제시하는 철학서이자 미래예측과 人生事 추길피흉趨吉避凶의 지혜를 얻기 위한 인생 지침서이다.

3) 계약직 연장이 될지 (택뢰수 4효동)

엄마가 오셔서 따님 모 병원 근무하는데 8월에 계약기간이 끝난다고 연장이 될지 물으십니다.

```
▶ 택뢰수 (진木궁) 4효동
..........................
財 未 - - 應
官 酉 ─                    未月
父 亥 ─/ (官 申)
財 辰 - - 世
兄 寅 - -                  亥일(진사공망)
父 子 ─
```

용신을 잘 잡아야 합니다. 자손의 직장 연장 건입니다.
요청점사처럼 보기로 했습니다. 즉 세와 응의 관계로 정해서 읽었습니다.
세가 우리 딸 측이고, 응이 병원 측으로 보기로 했답니다.
연장이 안 되려면 가장 확실한 것은 우리가 극 받으면 안 됩니다.
동효가 우리를 때리던가 혹은 그쪽이 우릴 때리던가(물론 동효가 소통시킴 되고) 그냥 읽어서 기세를 봅니다.
세응 같은 글자이고 부효가 동하여도 우리를 영향 안주기에 외괘에서 부효 동은 부서가 바뀌는 것이니 부서 이동인데 병원으로 따지면 이쪽 건물에서 저쪽 건물이 아닐까요? 했더니 엄마는 괜찮다고 그 병원만 다니면 된다고 하십니다.

이 엄마 예전에 겸사에게 작은 가게 하는데 손님이 별로 안와서 다른 곳 알아볼까 한다기에 내가 안 된다고 여기 있어보라고 내 손에 장을 지진다고 가만 계시라고 했다고 합니다.
남편 몰래 뜯긴 3천도 여기서 다해결했다고 내가 은인이라고 하십니다.

4) 남편의 새 직장운 (택지췌 4효동)

지방 50대 여자분 전화로 상담.

남편 직장에 대하여 현재 다니는 직장(보험회사) 말고 새 직장을 언제쯤 구할 수 있느냐고 물으시기에 남편과 충분히 얘기 된 것이냐고 하니 금방 말씀은 못하시고 조금은 하십니다.

내가 부인마음과 남편 마음이 의논이 되지 않고 점만 본다고 다 해결 되는 것이 아니라고 하니 현재의 직장은 영업직인데 15일까지 영업정지 된 상태라고 조금은 새 직장에 대한 맘이 있는 것도 같다고 합니다.

```
▶ 택지췌 (태金궁) 4효동
................................
父 未 - -
兄 酉 —  應              未월
孫 亥 —/ (兄申)
財 卯 - -
官 巳 - - 世             卯일(자축공망)
父 未 - -
```

새 직장 관효를 보려고 하는데 그 관을 깨는 손이 동하다니 날 샜습니다.
『야학노인 점복전서』 천금부에 내가 맘을 일으켜 점치지 말라고 했는데 그 말이 딱 맞습니다.
당사자가 궁금한 맘을 일으켜야 답이 나오는데 묻지도 않았는데 부인 혼자 몸이 달아 점친 것이 나옵니다.

어머니들은 더 합니다. 자손들이 궁금해 하지도 않는데 이미 벌써 5년 후를 살고 있습니다.
2효 사화 관이 나와 있고 일진에서도 급료가 괜찮은데 그럼 뭘 하나요?

직장을 깨는 손효가 동하여 가려고 하지 않음이 보이니 말입니다.

여러분들도 점치는 횟수가 많아지고 경험이 쌓이면 아 이것은 점쳐야 할 사안이고 이건 상식선에서 해결해야 할 문제이다 라고 감이 옵니다.

전 이 점치기 전에 예상을 했습니다.

이제부터 엄마가 자녀만 걱정하여 몇 년 후를 묻는 것에서 더 나아가 남편 점사까지도 포함시킵니다.

그냥 경험으로 알아두시기 바랍니다.

이 결과 나와서 내가 부인에게 막 뭐라 뭐라 했습니다. 왜 당사자가 묻지도 않는 것을 묻느냐고 다시는 이러지 마시라고 했습니다.

5) 딸이 승진하나요? (뢰지예 5효동)

청범 선생님이 콕 맞춘 점사 올립니다.

고객 중에 따님이 모 대형 병원 간호사인데 승진이 언제 되겠냐고 하시기에 대개 몇 월경에 승진이 있냐고 물으니 모른다고 했다고 합니다.
그래서 그냥 괘를 내시라고 해서 아래와 같은 괘를 얻었다고 합니다.

```
▶ 진木궁 (뢰지예)
.....................
財 戌 - -
官 申 -//- (官 酉)          申월
孫 午 —應
兄 卯 - -
孫 巳 - -                   酉일(자축공망)
財 未 - -世
```

괘를 척 보는 순간 무엇이 가장 인상 깊나요?
관이 진신(進神)되고 있고 월 일 승세이진(乘勢以進기세를 타고 나감) 이 보이지요?
묻는 용신이 진신이면 기쁨 2배 딱 좋습니다.

지갑 다 털고 가도 되는 아름다운 괘인데 자손을 보니 휴수하여 청범 선생님이 승진수는 계속 있는데 왜 따님이 이렇게 자신감도 없고 의지도 없냐고 자손이 무슨 흠이라도 있냐고 갸우뚱 거리며 한숨을 쉬자니

그 어머니가 그 아이가 키가 150에 80킬로라 공처럼 생겼다고 외모에 자신감이 없다고 그런 게 나오냐고 신기하게 감복하셨다고 해서 그 말씀 듣는 순간 나는 웃음이 빵 터졌습니다.
자손이 휴수한 것이 그 때문이라니 제 몸무게랑 비슷하여 남 일이 아닌 듯합니다.

6) 취직점에서의 형벌 세효에 손효 잡기 (지산겸 2효동)

직장을 원하는 점사에 세효에 孫효를 잡는다는 것.
이것은 형벌입니다.
손효란 직장, 남편 점에는 무척 안 좋은 글자입니다.
따라서 직장에 대한 본인점에서 임하는 것이 가장 큰 벌입니다.

예전에 투 선생님도 이 글자를 잡고 2년여를 헤매다가 간신히 다른 곳에 들어갔습니다.
세효에 손효를 잡는 다는 것은 말은 하늘의 형벌이라고 근사하게 포장했지만 하필 본인에게 임하는 것이니 이것은 나의 심리상태를 반영한 것이기도 합니다.
손효는 재물의 욕망도 됩니다. 나는 재를 원한다 갈망한다.
그거랑 직장이랑 뭔 관계냐구요?
그러게 말입니다 생각 좀 해봅니다.

전의 직장에서 고액의 수입을 올리던 사람들일수록 세효에 손효를 잡습니다.
질문한 남 선생님(40대)의 취직점사부터 볼까요?

```
▶ 지산겸 (태금궁) 2효동
..........................
兄 酉 - -
孫 亥 - - 世            戌月
父 丑 - -
兄 申 —
官 午 -//-(孫 亥) 應      子일(오미공망)
父 辰 - -
```

세효 해수 손효 떡하니 잡아 놓았습니다. 일진에서 왕상하니까 의지는 좋습니다.

능력도 있는 사람이고 관이 약하게 동하여 오지만 세효 눈에는 차지 않습니다. 세효가 수극화로 차 버립니다.

내가 이 괘를 보자마자. 하늘의 형벌이야 했습니다.
본인은 내가 뭐? 왜 어째서요? 하는 표정입니다.
빨리 예전 직장의 고수익에 대한 맘을 잊어야 직장이 잡힌다고 합니다.

나는 옛 직장의 수준 정도면 갈 수 있어요 라는 맘이 있기에 이렇게 세효에 손을 지세합니다.
엊그제 텔레비젼 보니 월소득 200이 안 되는 사람들이 참 많았습니다.
세효에 손효는 난 직장을 거부합니다. 라는 맘을 읽어야 합니다.
한마디로 옛 직장처럼 좋은 조건을 찾는 것이니 하늘은 이젠 그런 직장 안 줄 꺼야 하는 것도 알아야 합니다.

그러므로 나 자신이 맘을 바꿔야 합니다.
안 바꿔도 몇 년 지나면 바뀌게 되더군요.
그 몇 년을 단축하려면 맘의 자세를 바꿔야 하고 내가 안 바뀌려면 이 알바 저 알바 혹은 이 직장 저 직장 조금씩 움직여서 방황하다가 몇 년이 지나면 자신도 그런 직장은 없구나를 스스로 깨닫게 됩니다.
여러분들도 자의든 타의든 고수익 좋은 직장 잃은 사람들 그런 사람들을 만나서 그들이 문의하는 직장 점에서 이런 손효 딱 붙는 점사를 보게 될 것입니다.
이러 저러 말이 필요 없어서 그냥 하늘의 형벌이여 하고 맙니다.
(결과 : 축월 즈음 이름만 걸어 놓은 직장 들어갔습니다)

7) 아드님 취직점 (천지비 상효동)

전화 상담, 엄마가 아드님은 대학교 4학년 내년 8월 졸업인데 취직이 안 되고 있고 서울에 있는 대학 다닌다고 합니다.

아들이 대학원 진학해야하는지 취업이 되면 대학원 안 다닐 예정이라고 하십니다. 그래서 아드님 이름이 어떻게 되는지 묻고 취업운에 대하여 하늘에 먼저 물었습니다.

```
▶ 건金궁(천지비) 상효동
..........................
父 戌 ―/ (父 未) 應
兄 申 ―                  子月
官 午 ―
財 卯 - - 世
官 巳 - -               午日(신유공망)
父 未 - -
```

자손은 월로 피해 있으니 아드님 인품 좋고 다 괜찮습니다.
월장은 월의 장수이며 왕이니까 자손은 월의 왕 자리에 임해 있습니다.
관효 보니 일진에서 계속 와 있으니 직장은 잡을 수 있습니다.
자월에 월파 관 4효가 하나 깨진 것이 보이지만 2효관 멀쩡하게 살아 있고, 재도 괜찮습니다. 주변에 메모지 있냐고 하니 있다고 하십니다.

이름 있는 직장운 계속 와 있는데 2 3(인묘월)에는 이름도 있고 돈도 괜찮은 곳이 걸리고 이 두 달을 놓치면 급료는 적은 인턴 생활해야 하는 직장운 와 있다고 하니 공기업도 괜찮냐고 하시기에 공기업도 이름 있는 곳이니 그렇다고 하였습니다. 동효는 공부를 더해야 하는 맘으로 읽어도 되고, 직장이 되지만 장소(부효)가 저 외괘에서 동하고 있으니 집에서 먼 곳에 취직된다고 읽으면 됩니다.

8) 남편이 언제 취직되나요? (택천쾌 상효동)

　서산서 전화 상담, 남편이 과외 학원을 같이 부인과 경영하다가 어려워서 자신은 알바하고, 남편은 현재 관련 직장을 찾고 있다고 합니다.
　그래서 언제 취직이 되는지 그게 답답해서 전화 했다고 합니다.

```
▶ 곤土궁(택천쾌) 상효동
  ..........................
  兄 未 -//-(兄 戌)
  孫 酉 一世              卯월
  財 亥 一
  兄 辰 一
  官 寅°一 應             巳日 (인묘공망)
  財 子 一
```

　남편의 직장점이니 세 뚫어져라 보기 없기입니다.
　이건 순수한 나의 점이 아닌 남편의 직장점이니까 세효 보면 안 됩니다.
　남편과 직장은 같은 글자입니다.

　이에 따라 관(官)을 봅니다.
　묘월에 관이 나와 있고 남편은 공망으로 저리 가택에 공망으로 가만히 있습니다. 공망은 남편이 아직 결정하지 않았다 도 됩니다.
　내가 남편이 지금 직장이 나와 있는데 돈이 너무 작아서 양에 안찬다고 그러고 계신데 지금 나와 있는 직장 놓치면 겨울 와야 하니까 부인이 잘 달래셔서 그냥 나가라고 하시라고 합니다.
　지금 나온 직장 들어가면 8월경부터 급료 올라가고 괜찮다고 하라고 했습니다.

　또한 만일 그곳에서 급료가 오르지 않으면 11월 12월에 새 직장 나오는데 거긴 급료도 많고 이름도 있는 직장이라고 그 때 다시 가면 되니까 그렇게 말씀드리라고 하니 부인이 알았다고 하십니다.

　지금 해수 재(급료)가 그렇게도 약한데 동효마저 때리니 이 남편 급료 때문에 저리 결정을 못하고 있습니다. 재가 오르는 것은 申酉월이고, 그냥 가만있음 亥子월에 木직장이 생조 받습니다.
　저 월장 묘목 직장 진월 청명절엔 없어지니 참 타이밍 잘 맞춰서 물었습니다.

1:1 심리(요청, 직원) 점사 실관사례

　심리와 요청점사, 저 직원이 일을 잘 하는 사람인가 등을 볼 때 세응의 상생관계를 봅니다.

　심리는 꼭 세응의 생극을 봅니다. 직원이 일 잘하는 사람인가의 척도는 일단 응이 왕상해야 실력이 있습니다.

　직원이 언제 구해지냐고 하면 재가 왕상할 때이며, 직원이 지금 어디 있느냐 하는 것일 때는 재만 단독으로 보지만 저 사람이 충성도가 있는지를 볼 때는 세응의 생극을 봅니다.

　요청점사는 응이 세를 극하지 않으면 들어줍니다. 이런 것을 참고로 실관점사를 봅니다.

1) 이 사람 직원으로 써도 되나요? (산풍고 상효동)

본인은 창업 하려고 거의 준비 된 40대 여자 분.
상대방은 동종업 폐업 중인 여자 40대를 직원으로 쓰려는데 인간관계가 어떨지 물었습니다.

```
▶ 간土궁 (산택손)
..........................
官 寅 ―/ (孫 酉)應
財 子 - -                    亥월
兄 戌 - -
兄 丑 - - 世
官 卯 ―                      辰일(오미공망)
父 巳 ―
```

세와 응, 쓰윽 봅니다.
여러분들이라면 권할 건지요?

못 권하지요?
응효 변하기 전에도 우릴 쉽게 목극토하고 편하게 우습게 봅니다.
응이 또 변하여 우리 세효 힘 빼가니까 이 사람은 아닌데 했더니 그럼 바쁠 때 알바로 몇 번 부르겠다고 하기에 그러라고 했습니다.
직원이 언제 구해지냐면 재 왕할 때, 사람 지정되면 세응 보면 됩니다.

2) 면접 본 아기 돌보미 아주머니가 일 잘 할까요? (산천대축 상효동)

아기 입주 도우미는 처음이신데 오늘 면접을 보았다고 새댁이 이 분이 일을 잘 하겠는가를 물었습니다.

```
▶ 간土궁 (산천대축) 상효동
................................
官 寅 —/ (孫 酉)
財 子 - - 應            卯月
兄 戌 - -
兄 辰 —
官 寅 — 世            辰日(신유공망)
財 子 —
```

세효 인목 관효 불안 걱정되어요 하지만 월에서 생조 받으니 맘에 들었다로 읽습니다. 한편 응효는 월일 힘없이 수생목으로 우릴 생조 하지만 반갑지 않습니다.

왜? 응이 월일 대입하면 힘이 없기 때문입니다. (항상 그 용신을 월일에 대입하기)
게다가 상효가 동하여 응효 힘을 빼니 저 분 아프고 더 힘 빠집니다.
응이 불쌍한데 또 게다가 술토 암동하여 응을 또 극하니 권하기 힘듭니다.

내가 그 사람 돈도 없고, 힘도 없고, 병도 많고 권하지 못하고 아기를 감당하기 힘들겠네 했더니 61세인데 그런대로 할까? 못할까? 의심하고 있다고 하여 지금 쓰던 사람 그냥 쓰라고 하였습니다.
저번에도 응이 약하니까 일 터져서 한 달도 못 채우고 간적이 있었고 지금 현재하고 있던 사람은 점치니 월일 튼튼하여 아기를 잘 보는 능력이 있었습니다.
인부들이나 고용인들 항상 월일에서 왕상해야 능력자라는 것을 잊지 마시기 바랍니다.

3) 사네 못 사네 (지천태 상효동)

아기 둘 둔 남동생 내외(40대) 이야기라고 하십니다.

남동생은 술을 한 번 먹으면 계속 술 먹게 되니, 올케는 힘들다고 못살겠다고 하고 집나가겠다고 하니 남동생은 칼 들고 자기가 죽겠다고 난리 난리였다고 합니다.

장모는 같이 사는 시어머니(묻는 누나의 친정어머니) 앞에서 저 새끼 가정폭력으로 고소할거라고 부채질 하니 묻는 누나는 동생이 잘못 했지만 장모가 저런 멘트 날리는 것은 괘씸하다고 합니다. 내외가 이혼 하겠느냐고 물으십니다.

```
▶ 지천태 (곤土궁)
..................................
孫 酉 -//-  (官 寅)
財 亥 - -            辰월
兄 丑 - -
兄 辰 —  世
官 寅 —             未일(술해공망)
財 子 —
```

세효는 남동생, 동생은 올케로 놓고 봅니다. 우리 동생이 부인을 좋아하는데 응효는 올케인데 응이 바뀌어 극하니 우리는 할 말이 없고 힘듭니다.

응효 올케의 심리를 보면 이혼할까 말까 갈등하고 변효 인목 이혼해는 했지만 휴수하니 밀고 못 나갈 것 같습니다.

항상 의지는 월일 대입하면 보입니다. 즉 입으로만 이혼해 합니다.

둘이 필요한 것은 통관 火 부효니까 어르신, 혹은 장소를 바꾸다.
어르신들이 잘 다독이시라고 하긴 했습니다.
(결과 : 부효가 통관인데 시어머니 떼어놓고 이사 갔습니다. 그러니까 부효 장소를 옮기다로 응했고 잘 산다고 합니다)

4) 누가 거짓말을 하고 있나요? (지택림 상효동)

따님이 중 1인데 초등 때 전교 1-2등 했다고 합니다.
모 과목 선생님이 전화가 와서 우리 딸이 컨닝을 한다고 알려주셨고 엄마는 딸에게 이게 뭔 소리냐고 하니 딸은 아니라고 울고불고 도대체 누가 거짓말인지 알려달라고 하십니다.

```
▶ 지택림 (곤土궁)
.........................................
孫 酉 -//- (官 寅°)
財 亥 - -  應              辰月
兄 丑 - -
兄 丑 - -
官 卯° ―  世              戌日 (인묘공망)
父 巳 ―
```

세는 우리 딸 측으로 보고 그 선생님을 응효로 봅니다.
세효 묘목 공망 진실이 아니다로 이미 답 나왔습니다.
그런데 신은 한 번 더 답을 알려주려고 뜬금없이 손변관으로 또 한 번 알려줍니다.
자손이 동하여 관효로 또 공망을 찍어 줍니다. 세로 봐도 거짓말.
자손으로 봐도 거짓말이라고 하늘이 자꾸 알려줍니다.

이리 봐도 저리 봐도 우리 딸은 거짓말쟁이 입니다.
딸이 거짓말 한 것 같아요 라고 말하면 이 엄마 낙망 하실듯하여 아주 조금 했나본데 하고 말하니 선생님께 같이 가자고 하니 그러겠다고 저게 말짱하게 거짓말한다고 기막혀 죽습니다.

5) 우리 아들을 자꾸 어떤 애가 껴안는다고 해요. (간위산 3효동)

학선 선생님 댁 차타고 갈 때 공주 쪽에 사시는 아기엄마 전화.

초등 3학년 아들(이 아이 아기였을 때 보았는데 얼굴도 희고, 사주 튼실, 둥그스럼 하면서 광채발산)이 학교에 가서 화장실에 가면 좀 이상한 남자 초등애가 살포시 껴안고 가고, 혼자 있을 때 또 와서 껴안고를 한답니다.

아들이 한 두 번은 봐줬는데 이상하고 싫다고 하여 담임선생님께 말하였는데도 계속 그런다고 어쩌면 좋으냐고 합니다.

```
▶ 간위산 (간土궁) 3효동
   ........................
   官 寅 ― 世
   財 子 - -                      巳월
   兄 戌 - -
   孫 申 ― / (官 卯) 應
   父 午 - -                      巳일(오미공망)
   兄 辰 - -
```

세효 우리 아이 측
응효 그 아이 측으로 봅니다.

응효 이녀석이 우리에게 금극목 하고 저 자신도 묘목으로 변화하니 이런 현상은 먼저 극했다가 안 했다 가의 무한 반복입니다.

내가 그 녀석 (귀혼) 좀 이상한데 우리 아이에게 그랬다가 안 그랬다가 하네요 했더니 그렇다고 합니다.

금극목이 문제라 금과 목 사이의 통관은 재효 입니다.

재는 여자, 음식이라 여자애를 항상 동반하고 다니던지 달콤한 사탕을 한주머니 씩 넣어가지고 가서 그녀석이 껴안으려고 하면 야 이거 먹을래 하면서 분위기를

바꿔주라고 하니 여자애는 좀 안 될 것 같고 사탕은 좀 해보겠다고 하면서 언제까지 그런 짓을 해야 하냐고 해서 망종 6월 7일 넘어서 다시 나에게 전화해달라고 했습니다.

  우리 아들 녀석이 너무 잘생겨서 그런 거니까 며칠 해보라고 했습니다.
  우리 셋(윤경옥, 묵등, 나)이 이 이야기로 꽃을 피웁니다.
  저 응효 신금 귀혼에 임하고 저 아이의 정신세계 빨리 치료를 받던지 해야합니다.

  어려서 저런 증상이 애정결핍인지 아니면 원래 그런 세계의 아이가 되려는 첫걸음인지 걱정됩니다.
  (결과 : 자꾸 그러해서 네 몸은 네가 지키는 거라고 엄마가 막 화내라고 했더니 그래서 화냈더니 안 그런다고 합니다 답은 쉬운 것이었습니다)

6) 거액 대출금 받으면 대출 도와준 사람이 어떻게 나오나요? (화뢰서합 무동)

어제 지방서 급히 오신 분.

거액 대출금을 받아야 하는데 도와주는 지인 분이 혹시 다른 의도가 있는지 몹시 불안 걱정된다고 잠을 못 자겠다고 하십니다.

대출금 받았을 때 그분이 어찌 나오는지 물음.

```
▶ 손木궁 (화뢰서합) 무동
..........................
孫 巳 —
財 未 - - 世            卯월
官 酉 —
財 辰 - -
兄 寅° - - 應           辰日 (인묘공망)
父 子 —
```

우려점은 동효로부터 세가 극받지 말자인데 동효가 없으니 무동입니다.
무동은 변화 없다. 아무 일 안 일어난다 입니다.
무동이라도 세응의 심리를 봅니다. 이괘는 그가 공망 입니다.
공망 공식 중에 진실이 아니다로 봐야 할까요? 먹은 맘이 없다로 봐야 할까요?
제가 보기엔 먹은 맘이 없다고 보여 집니다.
왜냐하면 무동이니까 무슨 일 있음 동하여 일을 발생시키기 때문입니다.

그냥 저 응은 형이 널 도와 줄게 그냥 내말만 들어로 보입니다.
괜히 혼자 겁먹고 그래요 아무일 없구먼 하고 웃고 말았습니다.
진월 오면 저 인목 힘도 빠지고 관심도 없게 됩니다.

대출받으면 수수료를 좀 챙겨줄 예정이라고 합니다.
점치려는 사람이 겁먹고 끙끙 앓으면 우리도 같이 겁먹습니다.

7) 의심하는 남편 때문에 힘들어요 (산풍고 2효동)

38세 여자분 실내골프장 직원이라고 합니다.

신혼 초인데 같은 곳에서 남편과 같이 근무하고 있고 답답해서 우리 집에 점 보러 온다고 지인 남자분과 같이 온다고 하니 남편이 못 믿고 계속 전화 합니다.

남편이 자신을 자꾸 의심해서 힘들어 죽겠다며 앞으로 어떨지 물었습니다.

```
▶ 손木궁 (산풍고)
..........................
兄 寅°─ 應
父 子 ─ ─                辰월
財 戌 ─ ─
官 酉 ─   世
父 亥 ─ / (孫 午)        酉일(인묘공망)
財 丑 ─ ─
```

남편과 나의 심리는 관보기 없기입니다. 항상 그 누구라도 심리는 세응이 용신

부인말만 들어보면 남편이 몹시 의심 병 환자에 구속하는 것 같은데 막상 괘를 보니 세효 부인이 유금, 남편이 인목 응효 공망으로 나옵니다.

나는 월일 힘이 막강하고 남편을 극하는 글자입니다. 한편은 남편은 공망이니 의심하지만 금극목으로 극당하여서 부인을 무서워합니다.

그러나 2효 부효 해수가 통관하니 문제는 없게 됩니다.

내가 이런 남편 꽉 잡아 놓고 욕하고 때렸지 했더니 크크 웃으며 때리진 않았고 이혼 하자고 협박 했다고 합니다.

부인 말만 들으면 남편이 무슨 폭군 같은데 괘를 보니 네가 더 폭군이라고 하니 웃겨 죽겠다고 합니다.

세효가 금으로 응을 극하지만 통관 해수 때문에 그나마 다행입니다. 그러므로 해수는 집이나 부모 문제로 부인이 남편을 함부로 하지 않는 것이 됩니다.

여러분들도 점치는 사람 말만 믿지 못할 때 있으니 심리 잘 읽으시기 바랍니다.

8) 이혼하려고요.(천산돈 5효동)

예전에 오셨던 분이라고 하면서 같이 온 친구가 있어서 속 이야기를 못했다고 합니다. 그래서 상담은 혼자 오는 것이에요 했더니 더 물어 볼게 있다고 하십니다.

남편이 두 번째 인데 동거 중이라고 근데 이 사람이 너무 빚이 많고 거짓말을 해 놔서 아이들과 독립하여 집을 나가서 자신이 살면 잘 살겠느냐고 합니다.

```
▶ 건金궁 (천산돈)
.........................
父 戌 ―
兄 申 ― /(父 未)應        辰月
官 午 ―
兄 申 ―
官 午 - - 世              未日(자축공망)
父 辰 - -
```

세효가 오화이고 남편은 응으로 봅니다.
내가 독립적으로 가려해도 남편에게 잡혀서 안 되는데요.
했더니 남편에 대한 불만을 폭로하고, 자신은 자꾸 독립하겠다고 합니다.
그러나 점사는 6합으로 묶여서 그가 놔주지 않는다고 했습니다.

여러분들도 보이지요? 저 응효 미토로 변화하여 우리 오화 묶습니다.
문서랑 묶인다고 하니 외제 차 7천 자신의 이름으로 할부 했고 이제 겨우 한 달 돈 냈다고 합니다. 그게 이유 같습니다.
일진 미토는 우리 세효 오화를 합기로 누가 나오라고 이끌기에 미토가 어머니도 되고 딴 남자도 되는데 새 남자가 있냐고 하니 아니라고 하는데 나는 자꾸 의심 갑니다.

9) 이혼이 될지 (천산돈 무동)

이혼하고 싶은데 이혼이 될까요?

외국인과 결혼한 부인 40대 여자 후배, 아이도 없고 10년도 더 살았다고 합니다.

남편이 그간 이 부인을 공부도 시켜주고 잘 했다고 합니다.

지금 한국에 와 있지만 남편이 아프다고 합니다.

```
▶ 건金궁 (천산돈) 무동
..........................
父 戌 ─
兄 申 ─ 應           巳月
官 午 ─
兄 申 ─
官 午 - - 世         卯日 (신유공망)
父 辰 - -
```

무동은 아직 변화 없지만 속내는 볼 수 있습니다.

부인 세효 오화 관효 잡고 의지 있습니다. 나 스트레스 받지만 견딜만 해요로도 볼 수 있습니다.

남편은 신금 공망 휴수하니 흠 있는 사람, 사화와 6합이나 공망으로 헤어짐도 보입니다.

이 점사는 내 의지에 달렸으니 이혼하자고 하면 응효는 들어줄 수밖에 없다고 했습니다. 그 이유는 세효의 화극금으로 응은 극 당할 수밖에 없기 때문이며 응효 신금이 휴수하여서 잘못한 게 많아 보입니다.

남편은 어려서부터 당뇨, 맨날 혈당 체크 등 일하다가 말고도 가서 체크해야 하며, 쓰러질 때도 있다고 합니다. 그러면서도 다른 여자와 스캔들이 많았기 때문에 이 부인 화극금으로 남편을 무시하는 마음이 생깁니다.

　이 후배 처녀 때(한참 결혼하려할 때) 내가 육효로 점 봐주면서 이 남자 네 짝 아니다. 40대 초에 네 짝 만난다고 했다고 합니다. 검사는 속으로 미쳤지 내가 왜 그랬다니? 언령(言靈)이 작동했구나, 혹은 애초 점단에서 세효에 손 잡았나보다 하고 생각합니다. 참 미안하였습니다.

10) 직장상사 땜에 힘들어요 (택화혁 상효동)

　몇 달 만에 투 선생(40대)가 왔습니다. 투 선생은 운 안 좋을 때 육효 두어 달 배웠답니다. 투 선생이 무슨 뜻이냐구요? 사주에서 금을 필요로 하는데 사오미 세운 맞이해서 맨 날 투덜거려서 투덜이의 준말 입니다. 한 3년 고생 많았고 병신년에 취직 되었습니다.

　내가 얼굴에서 감자 큰 것 빠져나가서 제법 각이 나온다고 직장 생활 좋으냐고 하니 매일 다시 이력서 쓴다고 해서 왜냐고 하니 직장 상사 때문이라고 합니다.
　자신이 점 좀 보러 오려고 하면 겸사가 서산가 있거나 자신이 이젠 회사 다녀서 평일엔 못 들르고 하다가 오늘 드디어 왔다고 합니다.
　일단 괴롭히는 그가 어찌 생각 하냐고 점단 하였습니다.

```
▶ 택화혁 (감水궁) 상효동
..................
官 未 -//- (官 戌)
父 酉 ─                    午月
兄 亥 ─ 世
兄 亥 ─
官 丑 - -                  戌일(오미공망)
孫 卯 ─應
```

　세효 형효 해수이며 월일 대입하니 휴수합니다.
　응효는 그 직장 상사인데 내가 응효를 수생목하니 내 힘을 빼는 격이며 응효도 휴수이고 이럴 땐 우리에게 큰 관심 없다. 인격이 그저 그렇다 도 됩니다.
　이 괘에서 동효는 상효 관이 발동하여 토극수로 날 때리는 격입니다.

　그러니까 저 묘목 상사는 우리 투 선생에게 이것저것 관을 동하게 시켜서 극 받고 있습니다. 극 받는 문제로 인해 저 인간 때문에 힘들어 못 살겠다고 합니다.

내가 머리를 막 돌려서 저 관을 막고 응효 죽이는 게 뭔가 생각하니 부효 문서가 동해서 저 손효 응효 묘목을 때려야 우릴 극하지 못합니다.

그러니까 부효는 직장인 입장에서 생각해 볼 때 보고서로 보았습니다.

투 선생 저 사람은 자신이 지시한 업무보고서를 갖다 주어야 아무리 소리 못할 것 같으니까 지시한 사항을 이렇게 저렇게 했더니 이런 결과가 나왔다고 종이로 문서화 시켜서 갖다 주면 끝이라고 하니 끄덕이면서 남에게 보여주는 것 폼나는 것을 좋아하는 사람 같다고 합니다.

내가 리액션이 그게 뭐냐고 탁월한 견해라고 해야지 않느냐고 쳐다보니 이미 다른 점을 보려고 주사위를 들고 기도하면서 품품 거립니다.

(결과 : 투 선생님이 보고서 갖다주니 덜 괴롭혔다고 합니다)

11) 이상한 사업 중개인 (수지비 초효동)

　단골 40대 리모델링 사업체 남자 사장.
　지금 독립하여서 사업을 하는데 어떤 중개인이 업체와 계약을 알선해주겠다고 하는데 좀 이상하다고 합니다.
　계약을 알선하면 수입금액 중 얼마를 달라고 하던지 하면 속이 편한데 계약도 체결되지 않았는데 어음을 할인해달라는 등 잿밥에만 관심 있어 한다고 합니다.

　하루도 빼놓지 않고 전화 와서 생각해 봤냐고 만 묻는다고 해서 그 사람이 어떤 맘인지 보고 싶다고 합니다.

```
▶ 곤土궁 (수지비) 초효동
................................
財 子° - - 應
兄 戌 ―                    午月
孫 申 - -
官 卯 - -   世
父 巳 - -                  酉日 (자축공망)
兄 未 -//- (財 子)
```

　세응 심리 급소 통변으론 이미 응이 공망이면 진실하지 못한 사람으로 판명이 납니다. 그래도 자세히 볼까요?

　세효 관효를 잡아 나는 의심스럽고 휴수하니 별로 믿음이 안 가는 사람이라 생각합니다.
　응효는 공망 진실이 아니라고 딱 걸립니다.
　이렇게 심리점에서 공망은 그 분 진실하지 못한 사람이며 뭔가 감추고 있는 사람이니 절교 하셔요 라고 말해줘야 합니다.

형변재는 먼저 돈을 달라고 하고 나중에 돈이 된다 입니다.
변효로 공망 재이니 이것도 문제 있습니다.
내가 선생님이 의심하고 있는 것이 맞으니까 그분과 같이 일하지 말라고 했더니 주위사람도 좀 이상하다고 했다고 합니다.

이게 부부사이나 부모사이라면 잠깐 뭔가를 숨기는 일 거짓말일 수 있지만
이렇게 계약 건으로 만난 사람이라면 거짓말쟁이 사기꾼으로 의심해도 됩니다.

12) 멱살은 시아버지가 딴 사람 잡았는데 시어머니가 쓰러짐 (택산함 4효동)

병원에서 근무하는 미0(40)이가 결혼할 남자의 엄마 아버지 얘기 해줍니다.

서울 00동에 사는 미래의 시어머니 시아버지가 재개발 문제에 대하여 절대 안 된다고 동네 아저씨 멱살을 아버지가 잡았는데 기절은 엄마가 해서 지금 병원서 일주일 치료중이라고 해서 한 바탕 웃습니다.
문제는 시아버지와 멱살잡이 한 아저씨가 경찰서에서 합의가 되어야 퇴원도 하고 하는데 결혼할 남자가 이 문제로 뛰어다니느냐고 힘들다고 합니다.

계속 듣다보니 합의가 잘 될 거냐는 질문입니다.

```
▶ 택산함 (태금궁) 4효동
.............................
父 未° - - 應
兄 酉 —                    未월
孫 亥 —/ (兄 申)
兄 申 — 世
官 午 - -                   巳일(오미공망)
父 辰 - -
```

세효 신금 시아버지 측, 응효 미토 상대 합의해줘야 하는 사람 측이 되는데 공망입니다.

응효 공망은 그 상대방이 빨리 송사를 없애고자 하는 마음이며 문서가 내일 공망 풀린다로 보입니다.
세효와 응효의 생극으로 보면 응효가 세효에게 토생금 한다는 것이니까 알았어 니가 하고자 하는 대로 도와줄게라는 것을 알 수 있습니다.

내가 내일 공망 풀리면 되는데, 문서도 들어가야 되냐고 했더니 진술서가 아직 작성 안 되었다고 합니다.

관효 오화 공망, 응효 부효 문서 모두 풀려서 내일부터 잘 해결 될 거라고 했습니다.

이 아이가 듣고 싶어 하는 것은 합의가 되느냐 마느냐니까 내일 공망 풀리면 받아준다고 했습니다. 손효 동한 것은 이 아들이 이쪽 저쪽 움직이는 것이 되며 세와 응 사이를 변화시키지 않습니다. 그러므로 이 동효는 큰 작용을 안 합니다.

13) 오라고 해서 갔더니 폰이 꺼져 있어요 (천택리 3효동)

청범 선생님 점사.

엊그제 노스님께서 사천에 한 번 와보라고 하셔서 갔는데 그분이 약속장소에 나와 있지 않아서 전화를 해 보았더니 폰이 꺼져 있어 안 받기에 무슨 일 때문인지 괘를 냈는데 어찌 풀이 하는 건지 검산 차 겸사에게 전화 했었는데 오늘 결과 나와서 올립니다.

```
▶ 간土궁 (천택리)
..........................
兄 戌 —
孫 申 — 世              未月
父 午 —
兄 丑 -//-(兄 辰)
官 卯 —應              酉日(진사 공망)
父 巳 —
```

응효가 가택효에 있는데 월에 입고되어 있습니다. 그렇다면 그 분은 주무시고 계시고 형동하여 6충을 만드니 곧 이 분위기가 깨집니다.

더 기다리시면 된다고 했더니 오늘 오셔서 어찌 되었냐고 물었더니 여자 노스님이 40분 전에 깜빡 잊고 잠잤다고 하시며 왔다고 합니다.

형효가 왜 동했을까? 내심 생각했었는데 동료를 데리고 나오셨고 점심 잘 사주시고 그 동료라는 분이 뭔가 물으셨고 3만원 주셨고 택시비는 청범 선생님이 3만원 내셨더니 노스님이 봉투에 10만원 넣어 주셨다고 합니다.

14) 보스와 나 (화지진 3효동)

어제 늦은 밤 저 먼 나라에서 근무하시는 선생님이 카톡 왔길래 질문하라고 했더니 1 2 3 순으로 질문 그 중 한 개입니다.
보스와의 관계를 알고 싶다고 합니다.

```
▶ 건金궁 (화지진)
.........................
官 巳 ―
父 未 - -                              未月
兄 酉 ―世
財 卯 -//-  (兄 申)
官 巳 - -                              辰日(자축공망)
父 未 - - 應
```

항상 심리는 세응으로 본다 입니다.
세효 유금, 응효 미토
이 둘 관계는 응이 날 좋아하고 믿어주고 입니다.
근데 저 재효 동효가 우리 둘 사이를 방해합니다.
특히 응효를 방해했습니다.
동한 재효 또한 조금 있음 회두극 당하니까 이 또한 지나가리라입니다.

내가 카톡으로 답하길 상대는 날 좋아하는데 여직원인지가 그 보스에게 선생님을 뭐라하여 그 보스가 선뜻 다가오지 못하는 것 같다고 하니 여직원들은 자신과 친한데 혹시 사모님이냐고? 답변 옵니다.
그럼 재가 사모님인 가봐 했더니 자신에게 뭔가를 부탁했는데 거절해서 좀 삐지셨을 것이라고 합니다.
와아 저 재가 사모님이었다니?
재는 여직원 여자 사모님도 있다는 것을 오늘 또 하나 배웠습니다.

15) 누가 거짓말을 하고 있나요? (산화비 5효동)

 외국 가서 공부하는 딸이 돈 보내달라고 그리 요청해도 남편분이 시큰둥 하는 남편에게 부인은 왜 딸의 돈을 안 부치냐고 몰아 부치고 남편은 줬다고 한다고 합니다.
 부인은 객지에 있는 딸이 돈을 안주면 얼마나 불편하겠느냐 말 못할 고민 땜에 돈을 더 달라고 할 수도 있지 않으냐 계속 부쳐라 나중에 부친다로 싸우시다가 검사에게 전화하셨답니다.
 딸이 요게 아무래도 저번에 받았는데 혹시 거짓말 하는 건 아닌지 의심 간다고 하십니다. 남편의 계산법은 맞다하고 하고 딸은 자꾸 돈 부치라고 하고 도대체 누가 거짓말을 하는 것이냐고 묻습니다.

```
▶ 산화비 (간土궁) 5효
.............................
官 寅 ―
財 子 -//-  (父巳)         午월
兄 戌° - -  應
財 亥 ―
兄 丑 - -                 寅일(술해공망)
官 卯 ―  世
```

 산화비괘 세효 묘목 남편 측으로 봤습니다.
 응효 딸인데 술토 공망 급소통변으로 답이 나옵니다.

 따님이 거짓말 하는 거 같아요 했더니 요년이 저번에 무슨 말을 하다가 의심 가는 부분이 있었는데 딱 걸렸다고 합니다.
 내가 남편에게 큰소리 치려해도 이 아이가 이런 식이면 곤란하다고 하시며 딸을 막 욕하십니다.
 딸아 참 미안하다 나는 네 엄마편이다.

16) 뒤통수 (천택리 초효동)

어제 전화로 온 점사입니다.

제가(40대 중반, 독립한 자영업 남자 사장) 함께 옛 직장에서 같이 온 동료와 회사를 함께 차려서 일하고 있는데, 그 동료가 이제 갓 신을 받은 무속인에게 다녀왔다며 내가 뒤통수를 때려서 배신한다고 빨리 나오라고 했다고 합니다. 뭐 여기까지는 좋습니다.

그런데 이 동료가 같이 일했던 옛 직장으로 가서 그 사장에게 그간 있었던 일들을 미주알고주알 했다고 합니다.

어떻게 그런 일이 있을 수 있는지 사실 옛 직장서 그 동료와 같이 한 일이 있는데 이런 일들이 회사 사장의 귀에 들어가면 그 사장이 기분이 좋을 리 없는 일이 있는데 별말을 다 했나봅니다.

그 사장님이 앞으로 절 어찌 생각할지 도통 손에 일이 안 잡히고 겸사 선생님께 며칠 후 가겠습니다.

하시면서 그 동료말만 들은 그 사장이 자신에게 어떻게 나오는지 점을 쳐달라고 합니다.

```
▶ 간土궁 (천택리)
...........................
兄 戌 —
孫 申°— 世            申月
父 午 —
兄 丑 --
官 卯 — 應           未日(신유공망)
父 巳 —/ (官 寅)
```

이 점사는 우려점입니다. 동효로부터 세효가 극 받지 말자입니다.
현재 동효 사화가 동하여 우리를 극하러 왔는데 일단 공망으로 피했습니다.

1회성 점사가 아니라 이건 앞으로 일어날 미래 상황으로 그 쪽에서 전화가 온다는 것입니다.

공망은 내일 풀릴 것이고 극을 받지 않으려면 형효를 인위적으로 동하게 하면 되기에 동료들과 입 잘 맞추고 지금 다시 간 동료 욕을 바가지로 하라고 했습니다.

조용한 목소리로 저도 그 사람 때문에 여기서도 머리가 무척 아팠습니다 하고 괴로운 척 하라고 일러 뒀습니다.

나는 속으로 아휴 이 나쁜 놈 둘이 같이 어두운 일을 해놓고 그걸 고자질 하냐?

그리고 그래 무속인 한마디에 냅다 튀냐?

의리도 모르는 너 언제부터 그렇게 무속인말이냐면 그렇게 성급하게 믿고 그러냐 뒤통수 칠거라면 일단 니가 뒤통수 맞을게 뭐가 있나를 점검해보고 의혹이 있으면 대화를 하면서 풀어야지 하고 생각합니다.

(결과 : 한 번 오라고 해서 사장과 단 둘이 저 뒤통수 동료 욕을 바가지로 했다고 합니다)

여러분 이 찌질이 태도 보셨지요? 누구 핑계를 대고 뒤통수 쳤나요? 자기가 불리하면 이렇게 상담자를 팔아버립니다. 그러니 여러분들도 고객들 단속 잘 하셔요. 저도 어떤 여자분 자기만 알라고 상담해주면 다 떠벌려서 오지 말라고 했답니다.

이렇게 아군에게 총 쏘는 사람이 있답니다.

물론 무속인도 좀 문제가 있습니다. 뒤통수친다고 그렇게 단언하다니 이 태도도 조심하시고요. 같은 상담자의 입장에서 참 씁쓸한 점사입니다.

17) 이 직원 써도 좋을지 (건위천 상효동)

커피전문점하는 여사장님 전화로 남자 직원 20대 이 사람 써도 좋을지 물었습니다.

육효점에선 항상 세치 혀에 따라 답이 달라집니다. 그래서 용신을 잘 선택하여야 합니다.
직원이라 하면 내가 부리는 사람임으로 재(財)로 볼 수 있습니다.
직원이 언제 구해질까요? 라고 물으면 재가 왕상 할 때 구해집니다.
직원이 지금 30분 늦는데 어디쯤 와 있을까요? 라고 물어도 재의 위치를 봅니다.
우리 직원이 심각한 여자가 있나요? 도 재(財)와 6합이 있는가?를 봅니다.
그런데 지금 그의 심리, 충성도, 능력을 알고자 물었습니다.

이럴 땐 세응으로 봐야 답이 풀립니다.
세와 응은 같은 토라 왕상 하여 언뜻 보면 좋을 듯합니다.

왕상 하다는 것은 실력이 있다는 뜻이 됩니다.
그러나 하늘의 비밀 (월파 고 공망 복신) 중 공망에 임하였습니다.
공망 공식 중 진실이 아니다. 이게 핵심입니다.

내가 예전에 동업관계에서 저런 응의 상태를 보고 그 사람 당신을 속이고 있다. 정보를 주었는데 2주일 후인가 돈을 왕창 가지고 외국으로 튀었습니다.

그래서 나는 그 사람 진실이 아니다로 봅니다.

내가 그 애는 조금 의심스럽다. 진실이 아니라고 한다고 하니 금방 주인이 알아듣고 안 쓰겠다고 합니다.

천금부에 왕상한 공망은 현재만 공망 일 뿐 공망으로 논하지 말라고 한 부분은 이렇게 대인점에선 아닙니다. 그냥 진실이 아니다로 봐야합니다.

위의 천금부 말은 사람 대 사람이 아닌 다른 사건 점사에서 봐야합니다.

저 사람이 공망이다. 이건 하늘의 힌트입니다.

이렇게 봐야 착하신 여러분들 혼동이 없습니다. 직원관계, 동업관계 응이 공망이면 그냥 속이는 사람이니 조심하시기 바랍니다.

18) 직원이 언제 구해지는지 (천수송 2효동)

예산 쪽 늘 전화로 상담해주시는 분.
직원 공고내면 언제쯤 구해질지를 물으십니다.

```
▶ 이火궁 (천수송) 2효동
..............................
孫 戌 —
財 申 —              申月
兄 午 — 世
兄 午 - -
孫 辰 —/ (兄  巳)    戌日(오미공망)
父 寅 - - 應
```

직원은 내가 돈 주고 부리니까 재로 봅니다.
저 월상 재가 나와 있으니 복신 찾지 않고 월에 재를 봅니다.
좋은 사람입니다. 왜? 월은 왕이며 월의 장수이기 때문입니다.

저 손효만 동해도 재가 구해지는데 월에 신금 재효가 떡하니 있으니 이 달 안에 구해지고 담달까지 유금 재가 오니 쭉 있으니까 금방 구해진다고 했습니다.

19) 집에 가면 숨 막히시는 분 (택화혁 2효동)

40대 남자 분 일단 부인과 떨어져서 일하다가 다시 집에 들어가 계신데 부부문제로 고민하시면서 전화 하셨다고 합니다.

이혼을 하는 것이 좋은지, 별거가 좋은 지, 그냥 이대로 살게 된다면 이 셋 중 이대로 살 면의 점사입니다.

```
▶ 택화혁 (감水궁) 2효동
..................................
官 未 - -
父 酉 ―                    亥月
兄 亥 ― 世
兄 亥 ―
官 丑 -//-(孫 寅)         巳일 (자축공망)
孫 卯 ―應
```

세효 형효를 잡았다는 것은 이미 부인으로 생각 치 않는 다는 심리입니다. 재를 파극하는 글자입니다. 부인은 응효 묘목으로 우리가 수생목하니 부인 본인은 싫지 않습니다. 강력한 동효 축토가 우리 해수를 극을 했다가 안했다가 하니 우리는 집에 가면 숨이 막힙니다.

저 동효가 1회성 점사면 축토가 회두극으로 죽을 수 있으나 일진에서 동효가 생조 받으며 강력하니 이럴 때는 토극수 했다가 변효에게 자신은 목극토 당했다가의 반복으로 계속되는 증상입니다.

내가 집에 들어가면 숨 막히죠? 했더니 그렇다고 병 날 것 같다고 하십니다.

저 가택효에 임한 동효의 극을 받으니 나는 이사를 하시던지, 별거를 하시던지, 푸닥거리를 어디 가서 하시던지 하셔야 할 것 같다고 말씀 드립니다.

그러냐고 하시기에 집터에서 저러니까 이사 가는 것도 큰 도움이 될 것도 같다고 거듭 말해줍니다.

20) 까탈스런 세입자 (화산려 초효동)

저번에 집 언제 나가냐고 물으신 심당 선생님 방문.

따님 취직운 맞춰줬다고 따님이 첫 급료 타서 겸사 갖다 주라서 겸사겸사 오셨다고 합니다.

이번 달에는 취직운 맞춰줬다고 이분 말고도 따님이 겸사 주라고 했다고 또 한 건 돈 받음 살다보니 이런 일들도 있습니다.

요즘 육효점단 과목에 대하여 대학진학은 전문컨설팅에서 다 잡아 먹고 어르신들 행방불명은 폰에서 위치추적이 다 잡아먹고 날씨점사는 기상대에서 다 잡아먹으니 우리들이 점쳐 줄 점사가 많이 줄어듭니다.

집 문제는 계약이 잘되셨는데 대출이 어떻고 저떻고 해서 재계약서 다시 어제 쓰고 오셨다고 합니다. 오히려 세입자가 이래라 저래라 어찌나 전화로 뭐라 뭐라 하는지 집주고도 힘들어 죽겠다고 하십니다.

심지어는 까만 나방 조그마한 것이 있음 안 된다고 했다고 합니다.
앞으로 이 세입자가 또 전화로 자기를 힘들게 할 건지 왕고민이시라기에 앞으로 그 세입자가 어떻게 나올지 점단하였습니다.

나는 집주인이 개도 털 날린다고 절대 기르지 말라고 해서 네 네하고 아무 소리도 못하고 사는데 세입자 참 부럽습니다.

▶ 화산려 (이火궁) 초효동

```
............................
兄 巳 ―
孫 未 - -                    辰월
財 酉 ― 應
財 申 ―
兄 午 - -                    午일(자축공망)
孫 辰 -//- (父 卯)世
```

세효가 우리 집 주인이고 응이 그 쪽 세입자 입니다.

세효가 움직이면 내가 움직인다, 내 맘이 바뀐다. 내가 갈등하다 중에서 만만한 게 뭘까? 생각해 봅니다.

타효가 동해서 날 극하면 문제를 또 야기하는데 내 스스로 동하여 걱정하니 내가 혼자 걱정할 뿐이다 입니다.

상대방은 조용히 정(靜)하고 있으니 우리 측이 자꾸만 걱정하는 것이라고 말해 줍니다.

21) 집지어 달라고 하더니 소식 없는 사람 (이위화 초효동)

집 지어달라고 해 놓고 말이 없다는 사람.
언제쯤 집을 짓게 되는지 건축하시는 분이 물었습니다.

```
▶ 이火궁 (이위화)
......................
兄 巳 —世
孫 未 - -                巳월
財 酉 —
官 亥 — 應
孫 丑 - -                巳일(오미공망)
父 卯 —/ (孫 辰)
```

집을 지으려면 일단 상대방이 돈이 있어야 합니다. 괘의 정보는 하늘이 우리의 사정을 다 아니까 응의 정보만 보여주는 것이 되니 여러분들도 잘 이해하셔야 합니다. 돈의 사정을 봅니다. 재가 酉금인데 사월 사일이니 미월이나 되어야 준비가 됩니다. 이번엔 응의 환경을 봅니다. 월파 일파 딱합니다.

저 동변효는 부효입니다. 나는 그 사정을 모르니 통변을 안 합니다.
그분 돈이 준비되지 않아서 7월부터 돈이 되기 때문에 두 달 더 기다리셔야 할 것 같아요 했더니 물으신 본인도 지금 할일이 많아서 늦으면 늦을수록 좋다고 하십니다. 그러시면서 저 동변효 이야기를 해줍니다.
그 사람도 아마 어떤 집을 팔아야 건축 들어간다고 했으니 그것이 나가면 지으려고 할 거라고 하십니다.

아하 부변손 문서가 바뀌어 돈의 엄마가 되다.
그 사람 사정이 저 부변손 이었습니다. 다음에 이런 거 걸리면 그분 부동산이 정리되어야 짓는다고 하네요 하고 질러야겠습니다.

22) 이혼을 요구하면 될까요? (건위천 5효동)

50대 후반 여자분, 겸사네 집에 오면 꼭 이런 말을 하고 싶었는데 못하고 가고 못하고 갔다면서 털어놓는 무서운 이야기입니다.

남편은 직장 다니시면서 부인에게 절대 용돈이나 필요한 돈을 줘 본적이 없다고 하시기에 내가 아이들 수업료는요? 그건 준다고 합니다.
아이들은 막내아들이 고3, 딸들은 대학생, 취업한 직장인도 있다고 합니다.
살면서 부인이 빚도 있어서 어떻게 할지 몰라 남편에게 말하면 남편은 그때마다 쌩 깠다고 합니다. 이 부인은 그런 것들이 차곡차곡 쌓여서 직장도 나가고 그러다가 소 점포 열어서 빚도 갚으시고 아이가 졸업만 하면 이혼하겠다고 다짐하고 있었다고 합니다.

남편과 각방 쓴지는 10년도 넘었고 말도 잘 안한다고 합니다.
가끔 남편이 애들에게 야 난 노후준비가 다 되었으니까 신경 쓰지 말고 니네 엄마만 니들이 맡으면 된다고 했다고 하는데 이 부인은 내색도 안하고 오로지 이혼만 계속 생각했다고 합니다.

그러다가 새로운 남자를 만나셨고 이 남자는 (홀로 되신 분) 가진 건 없지만 이 아주머니를 예뻐하고 깔끔하고 인간미가 넘친다고 함 그래서 이 남자와 노후를 함께 하려한다고 합니다.
대신 현재 남편에겐 도시락도 살뜰히 챙겨주고 있고 부인으로서 할 일은 잘 하고 있다고(물론 진심은 아니고 영혼 없이)합니다.
문제는 남편이 순순히 이혼해 줄 것인지 혼자서 하시는 말씀이 그 사람은 내가 돈만 달라고 안하면 이혼해줄 사람이라고 하시기에 주사위 드렸습니다.

```
▶ 건(金)궁 중천건
..........................
父 戌 ─ 世
兄 申 ─/ (父 未)        未월
官 午 ─
父 辰 ─ 應
財 寅 ─              亥일(진사공망)
孫 子 ─
```

세응 같이 비화 되지만 형이 동합니다. 부인에게 돈 달라고 하는 것으로 보시나요?

나는 저 둘 사이를 소통시켜 주는 형동은 이 부인이 여보 나 몸만 나갈 거야 돈 달라고 안 할 거야 하는 멘트로 보입니다. 그렇게 힘들 때 돈 조금만 주었다면 지금 은인으로 생각하고 잘 모실 거라고 합니다.

요즘 부인이 말수도 없고 하니 담배피우는 부인에게 담배 10개 피 정도도 줄때도 있고, 말을 걸려고 하는데 부인은 이미 차갑게 식었다고 합니다.
그러게 단점 없는 남편이 어디 있겠나요?
이런 일들을 보면 늦은 도움은 도움이 아니라는 격언이 생각납니다.
이 남편아 그래 단 한번이라도 부인 말을 들어줬어야지 소액이라도 좀 주던지 부인이 이렇게 한을 키울 때까지 무엇을 했나?

으흠 우리 직업이 되도록 가정을 잘 가꾸고 깨지 않게 도와주는 역할을 해야 하는데 이렇게 작정하고 오신 분에게 내가 뭐라 하면 공해입니다.
이분 새로운 분과 농촌에서 살고 싶다고 미래를 생각하면 좋다고
하지만 현재 둘이 열심히 벌어야 한다고 그러면서도 얼굴엔 화색이 돕니다.
저렇게 연세가 있지만 밝고 귀여운 여자를 이 남편은 무슨 배짱으로 그리 방치했는지 알 수 없어요. 알 수 없어요 입니다.

23) 병원에 계신 시어머니의 마음 (뢰풍항 2효동)

안보이면 안쓰럽고 병원으로 가서 뵈면 온갖 속을 다 뒤집어 놓는 시어머니.

그 시어머니(80대) 때문에 이혼까지 하고 싶을 정도로 요즘 속이 속이 아닌 며느님(50대 후반).

서울서 저 지방까지 4시간이나 차를 타고 그래도 아프신 시어머니 때문에 가시는데 거기만 다녀오시면 또 맘이 맘이 아닌 이 며느님이 도대체 시어머니 본 맘이 어떻길래 이러는지를 알고 싶다고 하십니다.

```
▶ 진木궁 (뢰풍항)
  ..........................
  財 戌 - - 應
  官 申 - -                    未月
  孫 午 —
  官 酉 — 世
  父 亥 —/ (孫 午)              卯日(진사공망)
  財 丑 - -
```

말씀만 들으면 시어머니가 이 며느님을 꽤 싫어하는 것 같지만 괘를 보면 달라집니다. 응의 시어머니가 토생금으로 우리를 좋아합니다. 좋아하지만 우리가 관을 잡아 스트레스 왕창 받습니다.

그럼 그 시어머니의 멘트는 습관성이고 우리는 상식적으로 도저히 받아들일 수 없는 말씀만 하시는 것으로 이쁜 우리가 이해를 잘 해야 합니다.

그럼 응석이면서 애정표현을 그리 밖에 못하는 분으로 봐야 합니다.

이 어머니는 그 멀리서 병문안 가면 다른 아들 며느리와 정상적으로 이야기하다가 근데 넌 누꼬? 하면서 잘 모르는 사람을 대하듯 멘트를 시작한다고 합니다.

내가 이분도 육효 점괘를 아는 분이라 토생금이니까 미워서 그러는 건 아니구 응석 같아요 했더니 그러냐고 이해하겠다고 하십니다.

그렇게 아프시다가 몇 달 후에 결국 돌아가셨다고 합니다.

24) 남편과 사이가 안 좋아요 (풍수환 상효동)

부인은 40대인데 핸드메이드로 집에서 뭔가 만들어 파는데 벌이가 시원치가 않다고 하십니다.
한편 남편은 광고업계 오너인데 남편도 돈이 돌지 않아 이번 달 월급도 시아버지께 꾸었다고 합니다.

주변 동갑 친구들 모두 이혼한다고 하는데 자신의 부부도 위험한지 평생 잘 살 수 있느냐고 해서 육효점으로 남편과 자신의 사이를 보기로 했습니다.
경제적으로 힘들면 이렇게 가정이 움찔 힘든 것을 종종 보게 됩니다.

```
▶ 이火궁 (풍수환) 상효동
..........................
父 卯 ―/ (官子)
兄 巳 ― 世              戌月
孫 未 - -
兄 午 - -
孫 辰 ― 應              酉日(술해공망)
父 寅 - -
```

심리는 세응
우리가 화생토로 남편을 좋아합니다.
남편은 진토로 월에서 월파에 일진 6합 보여서

이번 달 남편이 아팠거나 싸웠냐고 혹시 여자문제로 그랬냐고 하니 남편이 오는 여자를 막지 못하는 성격이고 딱 걸린 건 아니지만 좀 그렇다고 합니다.
이달에 대판 난리도 아니었다고 합니다.

저 상효 동효 부효 묘목이 남편이 때려서 남편이 나에게 큰 불만은 없는데 집,

문서, 부모 문제로 스트레스 받았다고 한다고 하니 집은 본인이 잘 치우지 않아서 좁다고 합니다. 남편은 늘 아내에게 집만 잘 치워도 좋을 것 같다고 말했다고 합니다.

내가 가장 집 잘 치우는 방법은 안 쓰는 물건 갖다가 버리는 거라고 하니 둘 다 못 버리는 성격이라고 해서 1-2년 안 쓴 물건들은 갖다가 버리라고 했습니다.

부효가 집도 되지만 문서도 되는데 남편이 계약될 것이 자꾸만 깨져서 그렇다고도 합니다.

저 동효의 뜻은 집의 정리 정도와 문서 때문으로 두개의 의미가 있었답니다. 문서야 우리가 어쩔 수 없지만 집만 잘 치우면 남편이 그나마 불만 없다고 하니 알았다고 잘 치우겠다고 했습니다.

25) 수제자로 삼겠다는데 (뢰택귀매 3효동)

황 선생님 점사입니다. 인맥이 여기저기 안 뻗친 데가 없는 황 선생님(50대 후반)이 유명 역학자 한분(70대)을 만났는데 황 선생님을 보더니 자네를 내 수제자로 삼고 싶다고 하시며 자네처럼 내 말을 잘 알아듣는 사람은 첨 본다고 하시며 사업계획을 말씀하셨다고 합니다.

내가 처음 만난 사람을 수제자 운운 한다는 게 말이 되냐고 했더니 그분의 마음을 보겠다고 하십니다.

```
▶ 태金궁 (뢰택귀매)
  ..........................
  父 戌 - - 應
  兄 申 - -                  申月
  官 午 ─
  父 丑 -//-(父 辰)世
  財 卯 ─                    酉일(오미공망)
  官 巳 ─
```

둘의 인간관계가 앞으로 어떤지도 같이 나오게 됩니다.

이봐 이봐 내 이럴 줄 알았어 하면서 괘를 풀이해 드립니다.

세효 응효 같은 맘이지만 휴수하니 이럴 때 통변은 같은 맘(서로 큰 믿음 생성되지 않음)이 됩니다.

누가 움직였나를 보니 세효 우리 측이 변화하여 6충 만드니 안하겠다. 해도 오래 못한다로 응한다고 그냥 그러냐고 알았다고 하고 마셔요 했습니다.

무슨 일이든지 재효가 좀 있어줘야 무슨 일이든지 추진하는데 재효 보면 휴수하기에 그 분 돈도 없지요? 하고 물으니 없다고 합니다.

그럼 부동산 부효라도 있던지 하고 부효를 보니 이것도 휴수합니다.

그럼 결론은 저 유명 역학 어르신이 금사빠로 판명이 납니다.

다들 아시지요? 금방 사랑에 빠지는 사람을 줄여서 금사빠라고 하는 것

26) 잡고 싶은 종업원 (수택절 5효동)

작은 공장 운영 하시는 분이 종업원 하나가 퇴직금 정산해달라고 했다고 합니다.

```
▶ 감水궁 (수택절)
............................
兄 子 - -
官 戌 ―/ (兄 亥)         寅월
父 申° - -    應
官 丑 - -
孫 卯 ―                   子일(신유공망)
財 巳 ― 世
```

이 아이가 일을 잘해서 나가면 안 되는데 우리 집에 그냥 더 머물지는 않을까요? 문자로 왔습니다.

종업원이 재이만 우리와의 심리를 보려고 응의 동태를 봐봅니다.

재의 이동점이냐, 상대 그를 용신으로 잡을 것이냐를 하늘에 나는 이것으로 보겠다고 점단하면 됩니다. 저는 응으로 용신을 봤습니다.

응은 월파에 공망에 이달에 문제가 있습니다.

관이 동하니 이 사람 돈이 좀 나갔습니다.

이 사람이 나가려면 육충 되던지, 동효가 이 사람을 때려서 그 문제로 나가던지 스스로 동하던지 해야 합니다.

내 보기엔 돈만 급하게 필요한듯합니다. 라고 문자를 보냅니다.

이분도 중간정산해 주고 붙들려고 한다고 답이 옵니다.

일주일 정도 되면 맘이 좀 잡힐 것이고 (공망 풀림)

3월 4일 지나면(월파 벗어남) 더 환경이 좋아질 것이기에 나가진 않을 것 같다고 답장 또 보냅니다.

이젠 관이 동하면 재의 힘을 빼니까 관동, 형동은 돈 나감이 유추되어야 합니다.

27) 그 쪽에서 날 받아주나요? (천뢰무망 2효동)

외삼촌이 회사에 넣어준다고 하는데 상식적으로 납득이 안 가는데 자신 있어 하는 삼촌을 믿어야 하는지 고민 때리다가 겸사에게 묻습니다.

그쪽에서 정말 나를 받아주느냐고 백수 일 때 투 선생님 질문입니다.

```
▶ 천뢰무망 (손木궁)
..........................
財 戌 ―
官 申 ―                    寅월
孫 午° ― 世
財 辰 - -
兄 寅 -//- (兄 卯)           酉일(오미공망)
父 子 ― 應
```

나는 요청점사로 보고 통관이 되어 된다고 했는데 뻭살이 제대로 낸 점사입니다. 지금 이 점사를 보면 이미 세효에 공망으로 안 한다로 끝내야 하는데 사심이 들어가서(투 선생님을 가족처럼 아끼는 맘이 있어서 어떻게든 희망 주고 싶었던 듯)

세효의 공망을 나는 의심스럽다로 읽었고, 형효가 동하여 삼촌이 돈 좀 쓰라고 할 것이라고 하고 돈을 쓰면 되는 줄 알았습니다.

지금 차갑게 저 점사를 보면 세효 공망은 안하겠다고, 직장점에 손효라니 거부하는 맘을 읽었어야 하는데 결과는 그 때 삼촌에게서 연락 오기 전에 다른 곳에 취업해버렸습니다.

알고 보니 삼촌이 소개한 회사는 시험을 보고 들어가는 공기업 수준이었고, 투 선생님은 삼촌이 조카에게 개 뺑, 개구라가 웬 말이냐고 외삼촌은 그 이후로 전화도 없다고 합니다. 그러므로 여기에 기댔으면 아직도 자신은 놀고 있을 거라고 합니다.

28) 막말하는 부인 무서워요 (지화명이 2효동)

아기 둘 둔 부부 30대 초반.

남편이 내게 문자로 아내가 막말을 하고 도대체 언제까지 그렇게 나오는지 한바탕 해버릴까요? 하고 왔습니다.

```
▶ 감水궁 지화명이 2효동
............................
父 酉 - -
兄 亥 - -                   申월
官 丑 - - 世
兄 亥 —
官 丑 -//- (孫 寅)          寅日 (오미공망)
孫 卯 —應
```

세응을 봅니다. 응 묘목이 우리 남편을 목극토하고 동효 축토가 우리를 생하지만 묘목을 이길 수는 없습니다.

한바탕 하기는 응효에게 혼 날려고 생각합니다.

월일의 왕쇠는 누가 잘못했는지 정황을 판별됩니다.

세가 휴수함으로 세가 잘못한 게 많아 보입니다.

저 응과 세효 사이의 통관 혹은 응을 극하는 방법을 생각하면 통관이 더 나을 듯 합니다.

응 목과 세효 토 사이의 통관은 火 재효 입니다.

재는 선물 음식 돈 화니까 따뜻한 말이 필요함으로 햇볕정책으로 위의 것을 행하는 게 답이라고 보냅니다.

우려(무탈) 점사 실관사례

『야학노인점복전서』에서 근심하는 점에서 세효 손효를 잡거나 손효가 동하면 무탈하다고 읽으신 분들은 제가 친 점사와 비교하면 헷갈립니다.

저는 이 이야기가 너무 포괄적이어서 압축했습니다. 그러니까 저 위의 글귀에 익숙한 분들은 그렇게 하시고, 바꾸실 분들은 저처럼 쓰시기 바랍니다.

본인점사에서는 무탈, 우려하는 점에서는 동효가 세효를 극하지 않으면 무탈합니다. 그런데 세효에 관을 잡고 손효가 동하면 이것은 근심이 먼지처럼 날아가는 것이라 예외입니다.

타인(자부재관형제 응)에 해당하는 점에서는 우리가 보고자 하는 글자(용신)가 동효로부터 극 당하지 않으면 무탈합니다.

이렇게 단순하게 지정해 놓고 점단하면 됩니다. 동효가 용신을 극하지 않으면 되는데 자꾸 동효가 안 때리는데 이게 뭘까? 하여서 소설 쓰지 마시고 그냥 이렇게만 단순히 보셔야 합니다.

1) 부인이 직장에서 무탈한지 (산뢰이 초효동)

2년 전쯤 울 집 왔었는데 명함 잃어버려 몇 번씩 돌다가 오늘 드디어 찾으셨다고 합니다.

이것저것 물으시고 부인의 회사가 지금 술렁거리는데 2년간 이직수가 없는지 즉 부인이 현재의 직장에서 나와야 하는지를 묻는 점사입니다.

```
▶ 손木궁 (산뢰이) 초효동
..........................
兄 寅 ―
父 子 - -                    午月
財 戌 - - 世
財 辰 - -
兄 寅 - -                    未日(신유공망)
父 子 ―/ (財 未) 應
```

부인 재의 우려점 혹은 재의 이동점입니다.

부인이 이동되려면 형이 동하면 떠 밀어 내니까 가야하고, 재가 스스로 움직여도 가야합니다.

부효 초효가 움직이니 내부이동만 있을 뿐 우려하는 잘림 혹은 이직 수는
없다고 하니 좋아하십니다.

여러분들은 이동이 되려면 동효가 되어야 움직인다는 것 즉 동은 한자로 움직일 동(動)이기 때문에 반드시 염두에 두어야 합니다.

참 쉬운데 간과하기 쉽답니다.

2) 5년간 이 직장 계속 다닐 수 있을까요? (수지비 상효동)

모 수협 다니시는 여자 분의 왕고민은 직장을 오래 다닐 수 있는가라고 입니다. 내가 몇 년 정도 다니고 싶냐고 물으니 5년간 근무를 잘 할 수 있는지 물으십니다.

```
▶ 간土궁 (수지비)
..........................
財 子 -//-(官 卯)應
兄 戌 —                      子月
孫 申 - -
官 卯 - -世
父 巳 - -                    寅日(신유공망)
兄 未 - -
```

우려점사의 일종입니다. 세효가 극을 받지 않으면 문제가 없습니다.
세효에 관효 잡고 긴 점사는 일진이 중요하여 일진을 빨리 봐야합니다.

세효 인목관이 계속 5년간 붙어주니 왕상하고 좋습니다.
 자수가 동하여 세효를 생조하여 내가 5년간 잘 다니시고 문제가 없으며 승진수도 있고 승진이 되면 급료도 같이 올라간다고 하니 이번에 승진해서 급료도 올랐어요 합니다.

나는 으흠흠 저 동효가 과거형이었음을 느낍니다.
쩝쩝 그래도 내가 뭐 뒷북쳤지만 기분 좋아하십니다.

나는 담부턴 이런 점사 나오면 엊그제 승진 하셨나 봅니다 하고 선수 치렵니다.

3) 세무조사 이런 걸로 고발하지 않을까요? (곤위지 상효동)

저 지방 대형점포(가구) 여사장님 질문입니다.
같이 근무하는 직원들이 오히려 갑질 한다고 합니다.
이 사람들 무서워서 함부로 자르지도 못한다고 합니다.
급료도 부부가 세금 한 푼 안내고 9백만원 가지고 가신다고 하십니다.

정작 이 사장님은 7백만원 가져가는데 이들의 눈에는 2천만원 가져가는 줄 안다고 합니다. 혹시라도 2년간 이 부부가 세무조사 이런 걸로 자신을 고발하지 않겠느냐고 묻습니다.

세응 서로 육충괘가 먼저 나오니 그냥 상극이라고 봅니다.

우려점 공식은 동효가 날 때리지 말자입니다. 괘를 보니 동효가 세효를 안 때리는데 내가 스스로 동해서 편했다가 괴로웠다가를 반복합니다.
응효는 세효에게 그다지 관심 없음이 보이는데 그 이유는 응이 월일 휴수하기 때문입니다.
그런거 까지는 생각 안 한대요 했더니 그러냐고 다행이라고 안심하십니다.

4) 지금 하는 공사 잘 마무리 될건지 (천화동인 상효동)

지인이 어제 한 친구를 데리고 와서 자신의 점사는 다 묻고 그 옆에 40대 초반 건축 관련 회사 다닌다고 합니다.

지금 하는 공사를 잘 마무리 할 수 있는지를 묻습니다.

```
▶ 이火궁 (천화동인)
·······················
孫 戌 ―/ (孫 未) 應
財 申 ―                    辰월
兄 午 ―
官 亥 ― 世
孫 丑 - -                  辰일(자축공망)
父 卯 ―
```

세효 관효 잡고 있으니 불안하고 걱정스럽고 입묘되니 한 달 내내 우울 답답합니다.

무엇 때문에? 세효와 세효에 관효를 잡으니 그 일 즉 직장 공사 때문입니다.

손효 월일 동효 왕상하여 날 때립니다.
어엉? 손효가 월파 일파에 퇴신 이거 어떻게 읽지?
뭘 어떻게 읽나요?
그냥 이건 근심하지 말라는 것입니다.
근심이 먼지처럼 날라 간대요 하고 한마디로 끝냅니다.

그냥 단순하게 근심점에서 세효가 관효 잡을 때 손이 동하면 근심이 사라진다.

대부분의 육효점사 즉 본인점사에서는 동한 글자가 세효를 때리면 좋지 않지만 예외가 있다고 한 것 기억나시지요?

그 3가지는

① 내가 부효를 지세해도 재가 동하여 날 때리면 재래취아(재래극세)
 - 돈이 와서 안기는 것이고 (하긴 모든 점에서 재동하면 돈 들어옵니다)

② 기다리는 사람 점사에서
 - 용극세 인필귀 - 용신이 정해있어도 날 극하는 글자면 반드시 오고, 동하여 때려주면 합하는 날 옵니다.

③ 근심점에서 - 세효가 관효를 잡았는데 손효가 동하여 때리면 근심이 먼지같이 없어집니다.

5) 설 전날 남편 친구들이 닭 죽여 간 일로 찝찝해요. (뢰산소과 2효동)

청양 애기엄마 전화.
선생님 설 전날 남편친구가 하필이면 우리 집에서 닭 두 마리를 잡아 갔어요
참 토속적이지요? 김유정 소설에 점순이가 닭싸움 시키는 것 생각납니다.
으음 그랬남 합니다.

근데 전 기분이 안 좋았어요 그날부터 제가 많이 아팠어요.
남편에게 아프다고 하면 이 남편은 니가 안 아픈 적이 있느냐 너는 그렇게 골골대서 어떤 남자가 좋아하느냐 라고 하니까 너무해요

내가 그건 대부분의 남편들이 똑 같아 부인 아픈 거 젤 싫어 하니까 그냥 보통의 남편인 것이니 그냥 그러려니 해 했습니다.
이 애기 엄만 나에게 서운하다고 남편 고자질 중임을 느낍니다.

선생님 제가 잠이 든 것도 아니고 깨었는데요. 누가 절 잡아서 나 좀 놓으라고 하는데 간신히 남편에게 도움을 청 했어요 여보 나 좀 했더니 저 남편은 들은 척도 안 했구요 그러더니 막 나비가 날아다니고 그랬어요 그게 왜 그런 걸까요?
하고 묻습니다. 그 의미를 보려고 주사위를 던집니다.

```
▶ 뢰산소과 (태金궁)
............................
父 戌 - -
兄 申 - -                寅月
官 午 — 世
兄 申 —
官 午 -//- (孫 亥)        戌日(신유공망)
父 辰 - - 應
```

이런 점사는 동한 것을 통변합니다. 내가 이괘를 보니 가택효 2효에 관이 회두극 맞기에 그 닭 잡은 것이 찜찜했는데 그 기운이 싹 나가고 이젠 집에 없대 아 그래요? 하면서 목소리가 환해집니다.

전화 끊으면서 내가 있지 남편 서운하다고 하지 말고 잘해드려 했더니 네 하고 끊습니다.

6) 와인 양파즙이 효과가 있나요? (뢰풍항 5효동)

 풍보 셋 눈 안 보이는 윤 선생님과 강 선생님 겸사 셋이서 선생님들 차가 올 때까지 기다리며 이 얘기 저 얘기 하다가 윤 샘이 와인 양파즙을 먹고 있는데 겸사도 먹어보라고 건강상 참 좋다고 하기에 효과 있음 나도 점치겠다고 해서 주사위를 던집니다.

```
▶ 손木궁 (뢰풍항)
........................
財 戌 - - 應
官 申 -//- (官 酉)            丑月
孫 午 —
官 酉 —   世
父 亥 —                      辰日 (오미공망)
財 丑 - -
```

 눈이 안보이지만 주사위를 던지면 내가 무슨 괘라고 읽으면 세가 어디 붙으며 동효가 뭔지 금방 압니다. 그래서 내가 육효 기초반 선생님들 안대 준비하려고 합니다. 이렇게 안보이시니까 육효의 괘를 더 잘 암기하여 씁니다.

 뢰풍항 5효동 이란 말이 끝나자마자 강 선생님이 아 뭐에요 합니다.
 윤 선생님은 관 진신? 에잇 하고 나와 셋이서 함께 깔깔 웃습니다.
 효과는 손효로 용신을 잡고 동해야 관을 깨는데 손이 동하라고 했더니 관이 두 배로 진신 되어 꽝 났습니다.
 내가 그거 먹고 없던 병도 나겠다고 안 먹어요 했습니다.
 사람들은 건강식품에 관하여 이거 먹으면 좋은가요? 이렇게 막연히 뭐가 좋은지를 말하지 않음으로 우리는 건강식품이라 할지라도 자신의 비만, 혹은 어디가 좋아지는 지를 묻기에 그냥 손이 동하면 효험이 있다고 보고 손이 동하여만 관을 깨니까 모든 효험은 손동으로 약속합니다.

7) 영화관에서 (풍지관 상효동)

 말씀을 항상 온화하게 하시는 우중야 선생님 점사인데 단체 카톡으로 올린 점사입니다.
 추석 때인가 영화관에서 1920년대 배경 영화 밀정을 보시고 있는데 화재경보가 울려서 영화는 종결되고 화재가 난다면 혹시 문제가 있을지 우려점으로 점단하셨다고 합니다.

```
▶ 건숲궁(풍지관) 상효동
 ..........................
 財 卯 —/ (孫 子)
 官 巳° —                    酉月
 父 未 - - 世
 財 卯 - -
 官 巳° - -                  子日 (진사공망)
 父 未 - - 應
```

 급박한 상황에서의 우려점인데 괘는 이렇게 나왔답니다.
 재가 동하여 나를 극하는 상황이라면 문제가 있다는 점사입니다.
 이런 점사 나오면 누구나 당황하게 마련입니다.
 나를 동효가 극하다니 문제가 생긴다로 봅니다.

 그런데 경보기 오작동으로 관객들에게 모두 환불해주었다고 합니다.
 기가 막히고 코가 막힙니다.
 나를 극하면 나는 문제가 됩니다. 여기선 당신이 보고 있는 영화를 볼 수 없다로 응했고 그 대신 돈이 온 다로 응했습니다.

 점사는 엉뚱한 재래취아(財來取我)로 응했습니다. 재래취아가 뭐냐구요? 육효점에서 세효를 극하면 거의 안 좋은 데 딱 3개는 좋다고 했지요?

그 하나가 재물점에서 세효에 부효를 잡았는데 재가 동하는 것입니다. 재극인 이것인데 이는 재가 동하여 내게 안기는 현상입니다. (그런데 꼭 재래취아가 아니어도 재물점에 재동하면 다 돈 들어옵니다)

이 점사를 잘 보면 관효는 공망으로 가만히 있음이 보이지만 더 급한 것은 동효라 동효가 우려점에서 동해서 나를 극하면 모두 기겁하게 됩니다.

여러분들도 이런 점사 나오면 다시 한 번 점단하시길 바랍니다. 그래도 동효가 날 때리면 이것은 피해야 합니다. 실제로 극을 당할 수도 있기 때문입니다.
좋은 자료를 주신 우중야 선생님 고맙습니다.

8) 이게 바람의 소행인가요? (천수송 4효동)

겸사가 3월 밤에 자는데 어쨌든 눈이 떠졌는데 코앞에 바람이 솔솔 붑니다. 창문도 닫혔는데 이상했습니다.

아까 낮에 어젯밤을 곰곰이 생각하니 이게 사람이 획 부는 느낌이랑 비스무리해서 혹시 관귀가 그런지 의심나서 점단했습니다.

그 바람이 그냥 바람이면 형효가 동해주고 혹시라도 관귀라면 관이 동해달라고 하늘에 고하고 점단했습니다.

```
▶ 이火궁 (천수송) 4효동
......................
孫 戌 —
財 申 —                    卯月
兄 午 —/ (孫 未) 世
兄 午 - -
孫 辰 —                    午日(진사공망)
父 寅 - - 應
```

귀신은 개뿔 괘에 귀신 한 톨도 없습니다.
형동하니 그냥 바람이었습니다.

근데 왜 솔솔 이렇게 사람이 부는 것처럼 그것도 내 코를 스치냐구요?
내가 손으로 변화하여 오던 귀신도 다 없어지게 합니다.
역시 육효는 명쾌합니다. 괜히 뚱뚱한 게 민감해가지고선 하고 생각합니다.

9) 삼재 가족이라서 (지수사 상효동)

독실한 카톨릭 신자이신 지인, 하여간 삼재는 엄청 믿으십니다.

삼재 아닐 때 다리 부러지고, 뒤통수 맞고, 아프고 사기당하는 꼴 많이도 봤습니다.

현재 연구원 직업 아들이 원룸 살고 있는데 8월에 재계약이라 이번에 함께 아파트에 함께 거주하려고 맘먹고 있다고 합니다.

아파트에 거주하는 부부와 딸이 모두 삼재인데 이 아들만 삼재가 아닌데 8월에 모여 살아도 이 아들에게 문제가 없는지 고민이라고 하십니다.

```
▶ 지수사 (감水궁)
  ......................
  父 酉 -//- (孫 寅) 應
  兄 亥 - -                    巳月
  官 丑 - -
  財 午 - -  世
  官 辰 —                      卯日(오미공망)
  孫 寅 - -
```

그러니까 결국 삼재가족에게 이 아들이 와서 살면 아들이 혹시 안 좋냐는 아들의 우려점이니 자손의 무탈점이 됩니다. 동효 부효로부터 자손이 극받지 말자입니다. 뭐지? 부효 동하여 자손을 극합니다.

이럴 경우 답은 두개입니다.

한개는 동효 때문에 아이가 올 수 없다. 부효가 동하여 자손을 극하니까 자손은 부담됩니다.

두 번째는 오면 문제가 생긴다 입니다.

내가 잘 물어보니 아들은 오고 싶어 하지 않는다고 하십니다.

으흠 또 엄마 낚시질에 내가 걸렸습니다. 그러게 엄마 말만 믿으면 안 됩니다.

이런 점사 나오면 아들과는 잘 타협된 상태냐고 잘 물어보시고 대답 잘 하셔야 합니다. 이점은 자손이 엄마의 강제적 말씀으로 부담스럽다 엄마 때문에 오기 싫다 입니다. 부효로 인해 자손이 안 온다로 응했습니다.

10) 따님 해외여행 무탈할지 (천뢰무망 초효동)

수업이 끝나고 혜을당 선생님의 고객 따님이 해외여행 가는데 무탈할 건지 물었다 시며 시간점으로 봤다고 시간만 적어 오셔서 풀이했습니다.

```
▶ 천뢰무망 (손木궁) 초효동
················
財 戌 ―
官 申 ―                巳월
孫 午 ― 世
財 辰 - -
兄 寅 - -              午일(진사공망)
父 子 ―/ (財 未)  應
```

6충괘 자체도 한 번 갈 뻔 했다, 싸웠다 입니다.
손효 의지 월일에서 왕상하니 누가 말려도 갈 태세입니다.
여기서 부효동이 문제인데 자손의 무탈점에 부효 동하면 꽝입니다.

그런데 이상하다 왜 부효 동할까?
혹시 이 엄마가 가지 못하게 반대 했나요? 하고 물으니 그 엄마 네 몇 번이나 말렸다고 합니다. 또 동효가 과거형 입니다.
먼저는 부효가 때렸다가 변효는 때리지 않으니까 그럼 괜찮아요 했습니다.
육효는 미래만 알려주는 게 아니기 때문에 우리는 형사처럼 물어야 합니다.

11) 시어머니가 기독교 신자였는데 제사를 해도 되나요? (천풍구 5효동)

작년에 돌아가신 시어머니는 워낙 독실한 기독교인이시라 묘소에 가도 자손들은 이 시어머니에게는 절을 못한다고 합니다.

근데 며느리가 묘소 갔다 온 후에 자꾸 시어머니가 빨개 벗고 자신의 무릎에 앉아있질 않나? 각종 망측한 꿈만 꾼다고 하며 내게 전화로 묻습니다.

꿈 때문에 찝찝하다며 제사를 안지내주어도 어머니가 서운하다고 안할까요? 제사를 지내드려도 되나요? 를 묻기에 지내 줬을 때 어떤지를 먼저 점단하였습니다.

```
▶ 건金궁 (천풍구) 5효동
    ·····················
    父 戌 ─
    兄 申 ─/ (父 未)            酉月
    官 午 ─   應
    兄 酉 ─
    孫 亥 ─                   巳日 (인묘공망)
    父 丑 - - 世
```

시어머니를 응으로 놓고 응이 날 극하면 제사 거부로 읽으면 간단할 것 같습니다.

뭐지? 응의 시어머니가 화생토로 좋아라 합니다. 단지 걸리는 것은 형효가 동하기에 시어머니는 제사 지내줘도 되는데 니들 돈이 좀 나가서 미안하다고 하네요 했더니 아이 뭐 그런 거라면 상관없다고 그럼 시어머니만 빼고 제사 지내는 게 엄청나게 찝찝했는데 제사 하겠다고 하십니다.

나는 아이구 착한 며느리 같으니라고 생각합니다. 이렇게 글을 올렸더니 파란낙엽 제자 선생님이 답 글을 올리셨는데 저보다 더 분석 능력이 탁월하셔서 올립니다.

파란낙엽 : 재가 휴수한 것으로 보아 돌아가신 시어머니께서 배가 무척 고프신 모양입니다.

그도 그럴 것이 당신도 살아생전에 교회를 다닌다는 이유로 조상님들께 따뜻한 제삿밥 한 끼 올려드리지 못 하고 돌아가셨으니 아마 저승에 가셔서 배불리 얻어먹고 계시지는 못할 것으로 짐작이 됩니다.

그래서 그런지 몰라도 며느님께서 시어머니께 제사상 차려드리고 싶다고 하니까 화생토로 고마워하고 계신데, 이를 지켜보시는 조상님들께서 몹시 언짢아하고 계신 것 같습니다.

손효를 암동시켜 수극화 하고 있는데, 이것은 아마 조상님들께서 시어머니께 호통을 치고 계신 것을 의미하고 있는 것으로 생각이 됩니다.

12) 바스락거리는 소리가 귀신인가요? (건위천 초효동)

내가 몇 년 전에 새집으로 이사 가시면 첫날 가택 관털기를 셀프로 하시라고 했는데 오랜만에 그 분과 친구 분이 오셔서 말해주십니다.

그분은 첫날 고기도 몇 점 굽고 막걸리와 돈을 현관문 쪽에 놓고 이사를 왔으니 집 터 신께서는 우리 식구를 평안하게 해달라고 했다고 합니다.

근데 그렇게 차려놓고 한 참 있다가 현관 쪽에 가봤더니 아무것도 모르는 남편이 고기랑 술을 다 드셨었다고 화가 나서 뭐라 뭐라 했다고 하는데 우리도 모두 빵 터져 웃습니다.
이후 몇 번 새 집에서 바스락 거리는 소리가 들렸는데 혹시 귀신이 있느냐고 물으십니다.

```
▶ 건(金)궁 중천건
..........................
父 戌 ― 世
兄 申 ―              酉월
官 午 ―
父 辰 ― 應
財 寅 ―              午일(자축공망)
孫 子 ―/ (父 丑)
```

질문이 집(가택)에 귀신이 있느냐고 물었으니 2효 혹은 내괘에 관이 있으면 실제로 귀신인데 관은 4효 외부, 외부 대문 쪽에 있으니 없고, 초효 손효가 동하여 들어오지도 못합니다.
고기를 안주로 남편이 드셨다고 해서 점보다 얼마나 웃었던지 모릅니다.

13) 올해는 관재수가 없는지 (뢰수해 4효동)

매년 4-5월경에 공주대학교 대학원 논문지도 모임이 있습니다.
공주 주변에서 모이거나 지도교수님 댁에서 모임을 합니다.
겸사는 졸업을 했고, 소논문을 쓰면 냅다 지도교수님과 상의를 해야 맘이 편합니다.
논문 토론이 끝나고 차를 마실 때였습니다.

후배이지만 겸사보다 나이 많은 장 선생님이 겸사를 보더니 아잇 쒸이 겸사 선생님 나 작년에 벌금 몇 백만원 얻어맞았는데 올해는 그런 수가 없겠는지 좀 봐줘요 합니다.

나는 폰을 열어 시간점으로 괘를 내려는 찰라 정교수님이 저쪽에서 다른 일을 하시면서 장 선생님께 올해는 얼굴도 좋고 문제없어 이렇게 선수를 치십니다.
나는 큭 웃으면서 그래도 점괘를 냈습니다.

```
▶ 진木궁 (뢰수해)
..........................
財 戌 - -
官 申 - - 應           辰月
孫 午 —/ (財 丑)
孫 午 - -
財 辰 —世              午日(신유공망)
兄 寅 - -
```

우려점은 동효가 세효를 안 극하면 끝입니다.
뭐야 뭐야 손효가 동하여 세효를 생해주기까지 하니 재복이 몹시 좋습니다.
우려점은 저렇게 보면 됩니다.
『복서정종』이나 『야학노인 점복전서』에선 관효가 관재송사니까 손효가 임하던지 손효가 동하면 관재수는 없다고 나와 있는데 우리는 혼동되니까 일단 자신을 극하지만 않으면 좋다고 암기하여 씁니다.

저 괘는 고법(古法)과도 일치하고 우리끼리 쉽게 보는 법에도 부합합니다.
재물운이 정말 좋습니다.
정 교수님은 주역에서 말하는 미점유부(未占有孚)로 아직 점하지도 않았는데도 벌써 아십니다. 미점유부는 택화혁괘 5효 효사에 나온 말입니다.

교수님은 겸사에게도 겸사는 무리만 하지 않음 괜찮어 해주셨고 시각장애인 윤 선생님에게는 하나만 걱정이지 하십니다.
내가 슬쩍 그 하나만이란 뜻이 뭐냐고 윤 샘에게 물으니 에휴 겸사 선생님은 내가 걱정할게 뭐에요 지금 박사과정 논문 땜에 이 책 저책 타이핑해서 읽느라고 힘들어 죽겠다고 하기에 나는 아하 합니다.

점을 치지 않고서도 안다는 것 이게 젤 부럽지만 뭐 우린 점단하면 됩니다.
교수님은 우리들을 만나면 항상 혹세무민하면 안 된다. 사심이 들어가도 안 된다. 겸사도 항상 돈이나 명예를 따라가지 말아야 한다고 일러주십니다.

여러분들도 점칠 때 기본은 서필성심인데 이걸 너무 집착하면 점이 틀릴 수 있다고 하니 사심을 넣거나, 목욕재계 등 과욕 금지로 무심한 맘으로 잘 점단하시기 바랍니다.
(결과 : 장 선생님은 관재 수 없었고 연초에 어디 협회 짱 먹으셨다고 합니다)

14) 집이 팔렸다는데 연장이 될까요? (풍화가인 5효동)

고객이 전세 사는 집이 팔렸는데 새 집 주인과 계약이 연장되는지, 재개발도 무산되었다는 말도 들린다고 문자로 왔습니다.

연장이 되지 않아 나가야하는지를 묻는 점사입니다.
이 점은 우려점 혹은 이동점 요청점 다 해당됩니다.

```
▶ 손木궁 (풍화가인)
..........................
兄 卯 ─
孫 巳 ─/ (父 子) 應        未月
財 未 - -
父 亥 ─
財 丑 - - 世              戌일 (진사공망)
兄 卯 ─
```

상대 응이 우릴 극하던가, 동효가 우릴 극하면 나가야 합니다.
세는 가만히 정효로 있고, 응이 변하여 토극수 됩니다. 결국 우리가 극합니다.
그냥 사신 대요 해서 보냅니다.

쓰고 보니 너무 너무 짧네요.

요청점사는 응이 우릴 극하지 않으면 우리말을 들어줍니다.
이걸로 끝인데 더 무슨 얘길 할까요?
자축 6합 아니냐구요? 응도 하나라도 월일에서 생을 받아야 진정한 육합입니다.
세효 월파? 이 달에 그런 소식 들었으니 아이구 깜짝이야로 봅니다.

15) 이 사람이 꼭 올까요? (천뢰무망 초효동)

인천서 알바하시는 이(李) 선생님은 여자선생님으로 50대입니다.

손님에게 9만6천원 운동화를 96원 카드결제 잘못하여 카드회사에 전화를 했더니 그 카드회사에서는 이분께 전화해서 통화 되었고 다시 이 가게 오겠다고 했다는데 이 고객이 꼭 와야 할 텐데 오느냐고 겁나서

12시 1분으로 점단해 달라고 카톡으로 문자 왔습니다.

정말 이럴 때는 급하니까 점이 잘 나올 것 같은 예감이 듭니다.

기다리는 사람 오는 공식은 용극세 인필귀 입니다.
용신이 세효를 극하면 그 사람은 반드시 온다는 뜻입니다.
용신을 손님 재로 정하느냐, 응으로 정하는지를 하늘에 고해야 합니다.
응으로 용신을 잡았습니다.

응효가 월파에 일파에 극 당하여 꽝이고 변효는 월과 합주 되어 묶였다구요?
이론상은 그렇지만 동효는 동효라고 했습니다.
야학노인이 동효는 하방공파라고 했지요. 동효가 어찌 공망이나 파가 방해 되겠느냐고 했고 합주도 일진이 풀어주고 있습니다. 동효가 일을 저지르지 않으면 괘에서 굳이 동효를 일으킬 필요가 없답니다.

이렇게 용신이 동하여 우리를 극하면 금방 오게 됩니다.

부변재는 결국 돈 받는다도 되고 있습니다.

안 올 거면 용극세 안 할 것이고 동하지도 않을 것입니다.

답 글로 와요 했더니 전화 오셔선 겸사밖에 생각이 안 나서 얼른 카톡 보내셨다고 합니다.

언제 겸사네 놀러 오시라고 하니 겸사 선생님 보고 싶어 죽겠다고 하십니다.

 (결과 : 곧 왔다고 합니다)

실물(분실) 점사 실관사례

실물점은 돈 되는 것을 찾습니다. 그러므로 거의 용신은 재효입니다.
세효 재가 임하면 찾습니다.
월일 왕상하거나 내괘는 거의 찾습니다.
외괘로 나가면 찾기 힘듭니다.

그런데 도장이나 문서는 부효 입니다.
용신은 저 앞 장에서 말한 괘의 위치로 봅니다. 그러면 또 이것을 참고로 실관 사례를 봅니다.

1) 아드님 휴대폰 분실점 (뢰천대장 초효동)

운향 선생님 아드님이 폰 잃어버렸다고 본인이 괘를 내셔서 찾겠느냐고 물어보십니다.

```
▶ 곤土궁(뢰천대장) 초효동
......................................
兄 戌 - -
孫 申 - -                    卯월
父 午 —世
兄 辰 —
官 寅 —                      申日(오미공망)
財 子 —/ (兄 丑)應
```

실물점 점사입니다. 그런데 누구의 휴대폰? 내 것이 아니니까 세효 안 봅니다.
실물점사의 대부분 용신은 재효이니까 재를 중점적으로 봅니다.
찾는 공식은 재가 내부에 있어라, 왕상 하여라, 동하라 입니다. 그렇게 되면 금방 찾습니다.
재효가 몇 효에 있나 보니 초효에 있어 방바닥이나 첫 째 칸으로 봅니다.
자수는 까만색이니 물건 속에 있을 수도 있습니다.

문자로 선생님 아까 그 괘가 뭐였지요? 카페에 올릴 거라고 했더니 금방 전화와서 방바닥 가방에 있었다고 하시며 점사 잘 맞춘다고 합니다. 이 정도는 껌입니다.

2) 진주반지를 찾을 수 있나요? (풍산점 2효동)

60대 초반 여자분 오래된 고객이 어제 밤에 전화로 물으신 점사입니다.

이 분이 머리도 아프고 해서 대학생 따님과 교외 나가서 식당에서 밥 먹고 오다가 반지를 식당 테이블에 빼놓고 안 가지고 나와서 다시 찾으러 갈 건데 찾을 수 있느냐고 물으십니다.

```
▶ 풍산점 (간土궁)
……………………………
官 卯 ― 應
父 巳 ―                  辰월
兄 未 - -
孫 申 ― 世
父 午 -//-(財 亥°)        子일(술해공망)
兄 辰 - -
```

실물점에서 재효가 왕하면 찾습니다.

일진에 재효가 있고 부변재인데 공망이지만 경험상 왕상하면 공망이어도 찾았기에 오늘 지나면 못 찾으니까 찾을 수 있으니 가보시라고 하였습니다.

금방 전화 왔습니다.

어제 밤 10시 30분쯤 도착해서 직원에게 자초지종을 말하니 식당 사장이 CCTV라도 보여드리겠다고 했는데 모여 있는 직원하나의 얼굴이 사색이 되었다고 합니다. 그래서 그 직원이라 감 잡고 찾지 않겠다고 그냥 놔두라고 하고 왔다고 합니다.

그 직원 잡아서 뭐 하겠냐는 맘으로 이것으로 내 액땜하면 되지 했다고 하시네요. 세효를 오화가 동하여 극하면서 재효로 화하는 것은 그 오화가 CCTV 도 될 수 있고, 그 도둑도 될 수도 있습니다.

화극금 덕분에 세효는 포기하였고, 6충도 안 찾겠다로 응한 것 같습니다.

나는 재효가 왕하니까 얼른 가시라고만 했고 경험미숙으로 이 속 깊은 내용을 전달하지 못했습니다.

지금 배웠으니 저런 괘 나오면 찾을 수는 있는데 선생님이 아마 찾으시지 않고 입장이 곤란하셔서 그냥 나오실 것 같다고 말하겠습니다.

직원 하나가 가져간 것을 굳이 그 직원을 찾지 않은 저 고객 정말 존경스럽기도 합니다.

3) 돈을 찾을 수 있는지 (화지진 상효동)

교대 역 근처에서 식당하시는 여사장님이 식당에서 돈을 잃어버린 것 같다고 합니다.
그날 일 끝내고 알바, 파출부 하시는 분들 일당 5명은 주었던 생각이 나는데 그 다음은 생각이 안 나신다고 합니다.

밤에 춥다고 친척이 와서 태워다준다고 하기에 돈 통에서 돈을 꺼내지 않은 것 같다고 합니다. 사장님은 함께 일하는 여동생에게 문단속 맡기고 자신은 그 차 타고 왔고, 아침에 친정엄마가 식당에 들어가니 문도 안 잠가놓고 갔더라고 합니다.
지금 출근중인데 돈을 찾을 수 있겠느냐고 전화로 급히 나에게 물은 점사입니다.

```
▶ 건金궁 (화지진) 상효동
  ..............................
  官 巳 ─/ (父 戌)
  父 未 - -              子月
  兄 酉 ─ 世
  財 卯 - -
  官 巳 - -              寅日 (신유공망)
  父 未 - - 應
```

실물점에서 재가 내괘에 있음 찾을 수 있는데 3효 재효가 월일 빵빵하고 상효 관효가 동하여 나도 저걸 뭐라 말할지 몰랐습니다.

1. 찾을 수 있다 … 재가 왕하여 밖에 없고, 왕상 하였고 관이 동하는 것은 이미 돈 나가는 짓 (직원 일당 챙김)으로 볼 수 있습니다.
2. 찾지 못한다 … 재가 왕상 하던지 말든지 관효는 도적지상으로 돈을 가져간 사람이 있다.

그래도 나는 재가 워낙 강하여 피해가 없을 거라고 했더니 금방 전화 와서 어찌 되었냐고 하니 다 털렸다고 합니다.

관이 동하면 돈이 나가다. 도적이 들다로 응한 것이 맞는 통변이었습니다.
나는 저렇게 재가 왕하기에 좋게 봐주려다가 개망신 당하였습니다.
여러분들도 저것 잘 봐두시고 나처럼 되지 마시기 바랍니다.
항상 동효는 동효 짓을 하고 관동, 형동 돈 나간다는 것을 잊지 마시기 바랍니다.

4) 겸사 돈 찾기 (택수곤 2효동)

우리 집은 3층 옥상 입니다.

지난 월요일 물통 배달해주시는 아저씨가 저번에 돈을 안 가져 가셨기에 빈 물통 4개를 밖에 놓고 2만원을 물통 밑에 놓았습니다.

새로 두통을 시켜 놓은 상태인데 바람이 어찌나 불던지 나는 텔레비젼 시청 중인데 덜커덩 덜커덩 합니다.

나는 속으로 아저씨가 오셨나 부다 하고 그냥 밖에 나가지 않았는데 계속 심하게 덜커덩 소리 들려서 나가보니 물통이 여기 저기 굴러다니고 있고 돈이 없습니다. 귀신이 곡할 노릇입니다.

너무 싸한 바람과 기온에 나갈 염두가 안 나지만 3층에서 저 1층에 가보려고 조끼를 여미고 출동하려다가 찾을 수 있나? 주사위를 던졌습니다.

물론 못 찾음 안 나가려고 했습니다.

```
▶ 택수곤 (태금궁) 2효동
.............................
父 未 - -
兄 酉 ―                    丑월
孫 亥 ― 應
官 午 - -
父 辰 ―/ (官 巳)           辰일(진사공망)
財 寅 - - 世
```

주사위를 던지고 보니 택수곤 괘가 보이는 순간 튀어나갔습니다.
세효에 재효니까 반드시 찾습니다.
쌩한 바람 속에 인파도 거의 없습니다.

밑에 층엔 없고 건물을 따라 가는데 우리 측에서 왼쪽 두 번째 건물 계단 밑에 만원이 있습니다.

역시 점단이 맞습니다. 그럼 만원은 어딨지 하면서 주차해 놓은 차 밑을 쓱 앉아서 보는데 없습니다.

반만 찾은 게 어디야 하면서 그냥 포기하고 왔습니다.

다시 옥상에 와서 쭉 보는데 내 눈엔 안보입니다.

다시 물통 밑에 돈을 넣어 놨더니 아저씨가 물통도 새로 가져오셨고 돈도 잘 가져가셨습니다. 그렇게 포기하고 화요일 아침 나와서 보니 박스들이 또 저쪽에 가 있고 바람이 또 많이 불었나봅니다.

박스 작은 거 두개 둥글어져 있기에 너희들 왜 그랬니? 하면서 박스 두개를 들었더니 거기 만원이 있었습니다.

세효에 재효 잡으면 찾더라는 것만 아시면 될 것 같습니다. 이것도 급소 통변입니다.

5) 체크카드 분실 (택풍대과 3효동)

서산가는 금요일 버스 안, 심당 선생님 전화 휴대폰 케이스에 꼽고 다니는 체크카드가 없어져서 갔던 상점마다 물어보니 없다고 한다고 하시며 잘 기억이 안 난다고 도대체 어딨는지 찾아 달라고 하십니다.

```
▶ 택풍대과 (진木궁)
............................
財 未 - -
官 酉 ―                    寅月
父 亥 ― 世
官 酉 ―/ (孫 午)
父 亥 ―                    辰日(술해공망)
財 丑 - - 應
```

　재가 내괘 외괘 이렇게 있을 때도 왕하면 내괘의 재를 봅니다.
　초효 축토라서 황토색 혹은 첫째 칸을 중심으로 보라고 하니 없다고 합니다.
　남편에게도 전화해보시라고 (관이 동해서) 남편은 아니라고 한다고 합니다.
　나도 거기까지 밖에 모르니 미시쯤 열심히 찾으심 있을 거라고 하고 시골에서 결과를 기다리니 저녁에도 못 찾았다고 다시 점 좀 쳐보라고 하고 나는 그냥 답변을 안 하고 있었습니다. 점을 다시 치지 않은 것은 이미 괘가 나왔기 때문입니다.

　심당 선생님이 늦은 밤 소파(발을 올릴 수 있는 소파 엔틱 노란빛) 밑바닥에서 찾았다고 연락 왔습니다. 내가 뭐만 잃어버리면 나만 들들 볶기 좀 하지 말고 잘 좀 찾으라고 답장했습니다.
　파란낙엽 선생님 이 글에 답 글로 재가 왕상한 점, 관변손으로 걱정이 날아가다, 6합 괘로 좋은 징조가 3이 보인다고 하십니다.
　현금이라면 관이 동하면 이미 나간 것이 되는데 체크카드는 또 예외로 응합니다. 점에 의지하지 말고 자신의 기억을 잘 살려서 열심히 찾는 것이 상식입니다.

6) 안경 찾기 (수뢰둔 3효동)

어제 수요일 수업시간에 최고령 혜을당 선생님이 설 연휴에 안경 찾은 괘를 말해주셔서 복신의 예외에 대하여 함께 보자는 의미에서 글을 올립니다.

혜을당 선생님이 분명 집안에서 안경을 어디다 둔 것 같은데 없었다고 합니다. 자녀들은 영화관 가야하니까 빨리 준비하라고 하여서 찾아야만 했다고 합니다. 그래서 주사위로 괘를 내셨다고 합니다.

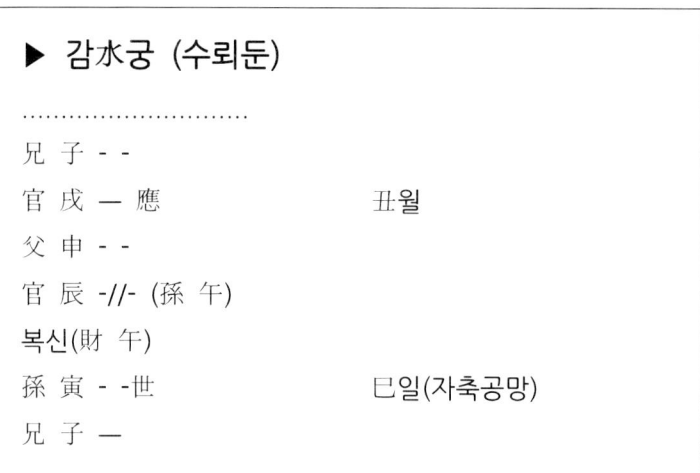

괘를 보아하니 일진에 재가 있어 오늘 중에 찾는 것은 알겠는데 비신에 재가 있어야 위치를 아는데 저렇게 일진에 떡하니 나와 있으니 어쩌지? 하시다가 그냥 복신을 찾아봤다고 합니다.

그래서 3효 관효 밑에 복신이 있어서 원래는 3효가 현관문인데 제가 말씀드리길 꼭 현관문만 응하지 않고 문 쪽을 주시하라고 했던 말이 떠올라 본인 방문을 열고 나와 문 주위를 찾았다고 합니다.

관효 밑이라고 하여 모셔놓은 불상 쪽도 보는데 텔레비젼 보시던 남편분이 뭘 찾냐고 하여 안경 찾는다고 하니 남편이 내가 찾아주까? 하시면서 금방 찾아주셨다고 합니다.

관(남편) 밑에 복신인데 남편이 안경을 찾아주었다고 합니다. 사시나 오시경이라고 합니다.

그래서 우리 수업시간에 오옹 이런 일도 다 있다고 막 웃었답니다.

복신은 월일, 변효에라도 있으면 원래 그 글자를 보고 통변하는데 실물점에서 저렇게 일진에 비켜서 임하면 복신을 찾아 그것으로 봐도 된다는 것을 공유하고자 합니다.

정공법으로 저 괘는 세효에 손효이니 동하여야 재를 불러옴으로 당신이 움직이면 일진에 재가 있어 오늘 사시쯤 찾는다 입니다.

7) 아드님 휴대폰 분실 (뢰지예 상효동)

아침에 잠에서 덜 깼을 때 카톡이 울립니다.

아드님이 폰을 분실했다고 괘 그림과 함께 도착했습니다.

내가 반드시 찾는다고 근데 누구시냐고 물었더니 지인이셨습니다. 아드님 시켜서 작괘 얻으셨다고 합니다.

```
▶ 진木궁 (뢰지예)
........................
財 戌 -//- (孫 巳)
官 申 - -                      午월
孫 午 —應
兄 卯 - -
孫 巳 - -                      卯일(술해공망)
財 未 - -世
```

실물점에서 세효에 재는 반드시 찾고 재동 빨리 찾습니다. 세효 재는 내가 잘못 두었다 입니다. 외괘에서 재가 동해서 누가 찾아 줄 수도 있다고 하니 그래도 초효이니 방바닥 가방 속(내가 비몽사몽이라 안방 거실 같다고 했습니다) 보라고 했습니다.

아까 술시쯤 부인 차에서 찾았다고 연락 왔습니다. 재변손이 그럼 부인이 찾아 줬다는 것이 됩니다. 내가 묻는 이의 속사정을 모르니 그냥 찾아요 하면 열심히 찾으셔야 합니다. 깊이 물으면 나도 잘 모릅니다.

여러분이 아셔야 할 것은 외괘에서 재동해오면 외부에서 찾는다 혹은 누가 찾아준다. 이건 다양한 사례가 있어서 경험해 봐야 압니다.

우리가 힘주어 말할 수 있는 것은 내괘 재, 혹은 세효 재는 늘 찾는다는 것입니다.

나는 동효로 답을 알지 않고 세효 재만 확실해서 말했더니 이렇게 응했습니다.

8) 지갑 실물점 (천풍구 5효동)

　방금 남 선생님 전화 내일 수업 하냐고 해서 그렇다고 하니 들르겠다고 하십니다. 그러라고 끊으려는 찰라 저어 선생님 우리 여 사장님이 셀프 주유소에서 지갑을 차 위에 두고 주유가 끝나고 냅다 차를 타고 달렸는데 그 지갑 찾을 수 있느냐고 묻습니다.

　내가 키득 키득 웃으면서 우리 나이 대에는 건망증이 다양하다고 남일 같지 않다고 생각하며 속으로 이미 외괘에 재가 있다는 것이니 희박하다는 맘을 갖고 주사위를 던졌습니다.

　재가 월 일 변효에 있으면 복신으로 찾지 않고 그냥 그 글자가 재가 용신입니다.
　월에 왕(王)급으로 재가 나와 있으니 지갑은 왕상합니다.
　그럼 이 달 안에 찾는다고 보고, 동효 신금이 회두생 되었습니다.

　그럼 점수가 깎입니다.
　내가 돈은 이미 다른 사람이 가진 것 같고, 빈 지갑으로 이 달 안에 올 수도 있다고 하였습니다.
　만일 이 점이 외부에서 잃어버리지 않았고 내부에 있다면 저 월의 재를 무시하고 복신으로 올려서 2효 인목으로도 볼 수 있어 서랍이든 책상이든 2번째 칸을 찾으라고 하면 됩니다.

외부로 나간 재는 대부분 찾기 어렵습니다. 점점 나이가 드니 이런 일이 그냥 웃어 넘길 일이 아닌 내 주변, 혹은 내 얘기로 들립니다.

결과 : 이 전화 끊고 3분 만에 경찰서에서 전화로 지갑 찾아가시라고 했답니다. 지갑 자체가 명품이라 지갑만 찾아도 다행이었다고 합니다.

그런데 현금도 다 찾았다고 합니다. 형효 동효가 재를 치려고 했는데 재효가 월로 피해 있어서 현금도 다 찾았다는 결과입니다. 그럼 형효 동효는 무슨 의미냐구요? 그건 뭐 주인공이 찾아준 사람 사례금으로 나갔다로 봅니다.

기타(승부, 연락, 이동, 꿈 등) 점사 실관사례

승부점사는 세가 응을 극하면 이깁니다. 대개 1회성 점사임으로 월일 왕상 무의미 합니다. 그만큼 세와 응의 생극관계가 관건입니다. 긴 점사는 세효가 응을 극해도 월일 휴수하다면 강할 때 이깁니다.

세효가 이기고 있는데 동효가 때리면 또 집니다. 윤곽이 거의 나타날 때 잘 응사합니다. 승부점사의 종류는 승부를 겨루는 점사들 입니다. 각종경기, 소송, 싸움, 심리점사에도 적용합니다.

이동점은 동하는 게 용신이거나 동효가 용신을 극하면 이동이 됩니다.

꿈해몽은 대부분 동변효에 있습니다.

1) 우리가 저쪽을 이길 수 있는가? (산수몽 상효동)

　낙엽이 곱게 진 토요일 남편과 차타고 이곳저곳 돌아다닐 때 운향(석사동기) 선생님이 전화로 물으신 점사 올립니다.

　대뜸 봉 통화 가능햐? 산수몽 상효동 해월 진일 인묘 공망인데 우리가 저쪽을 이길 수 있능겨? 하고 물으십니다.
　나도 운향 선생님에겐 봉하고 부르고, 운향선생님도 봉하고 부릅니다.

나는 차안이라 산수몽 괘를 머릿속으로 그립니다.
우리가 이기려면 세가 응을 극하자 입니다. 이기긴 개뿔
저쪽 응이 우릴 극하고 있고, 상효 부효 인목 오히려 동하여 우릴 또 극하니
게임 끝이에요 했더니

저 동효가 공망이면서 회두극하니까 괜찮지 않을까? 하십니다.
봉이 잘 봐주시려고 하는 착한 마음은 알겠는데…
내가 봉, 저 회두극은 한참 걸려요.
　일단 저런 사건에선 동효를 70퍼센트 비중이 있으니 인목부터 동하여 우리 때리고 나중에 회두극 되는데 부효가 동하였으니 아마 통지 다 받았나본데요.

음 그렇긴 한데 저 회두극이 하십니다.

회두극이 만일 일어난다고 해도 세를 응이 극하는 것은 어쩔건데요 그냥 포기하라고 해요 잘 봐줄 수가 없네요. 했더니 알았다고 하십니다.

떨렁 저 정도 정보만 주니 나는 샅샅이 살필 수 없고 정공법으로 해결합니다.

문서가 동하여 회두극으로 읽지 말고 문서 통지 보내고 훗날 돈 줄 거 같습니다.

그렇다면 저건 아마 응이 뭔가를 억지로 밀어 부친 내용 같습니다.

어떤 땐 회두극, 어떤 땐 동위시 변위종으로 문서 받고 돈 받다 입니다.

2) 모 후보와 모 후보(뢰천대장 3효동)

몇 년 전 점사입니다. 서울 시장 선거철 즈음하여 모 후보와 모 후보에 대하여 누가 승리할지 미리 점단해보았습니다.

이런 점사는 내가 진실로 궁금해야 응합니다.
저는 그다지 관심이 없지만 이번에는 관심이 좀 갔습니다.
어제 저녁 뉴스 보다가 친 점입니다.

```
▶ 곤土궁(뢰천대장) 3효동
  ┈┈┈┈┈┈┈┈┈
  兄 戌 - -
  孫 申 - -              巳월
  父 午 —世
  兄 辰 —/ (兄 丑)
  官 寅 —              未일(술해공망)
  財 子 —應
```

세효 월에 생조 받고 응효는 수극화로 세효를 이길거라 응이 생각하지만 동효 진토는 퇴신이라 읽지만 일진에서 생조 받아 안 퇴신 됩니다.
동효는 가운데 유권자로 봐야 할 것 같습니다. 응효가 집니다.
여러분들도 궁금하신 분들은 미리 각자 점단 해보시기 바랍니다.

모 후보와 모후 보가 누구냐구요?
이 점사는 14년 5월 14일 카페에 올렸던 점사입니다.
세효는 박, 응효는 정 후보 였습니다.
세효가 응효를 극하면 이기는 점사지만 이 점사는 동효에 의해 이겼습니다.
출현무정이란 동효가 우리를 도와주는 것이 아니라 응효를 도와주는 것인데 이 점사는 출현유정으로 봐야겠습니다. (세효 박원순 시장후보 였음)

3) 탄핵 가결 되는지 (화풍정 5효동, 풍화가인 3효동)

단체 카톡 방에 올라온 글 나는 이 점사 무서워서 못 쳤음 제자 선생님들이 쳤습니다.

▶ 이火궁 (화풍정)	▶ 손木궁 (풍화가인)
....	....
兄 巳 ─	兄 卯 ─
孫 未 -//-(財 申) 應 子月	孫 巳 ─ 應 子月
財 酉 ─	財 未 - -
財 酉 ─	父 亥 ─/ (財 辰)
官 亥 ─ 世 子日(술해공망)	財 丑 - - 世 丑일(술해공망)
孫 丑 - -	兄 卯 ─

왼쪽은 발표 전날 서천 봉 선생님이 저녁때 올린 글입니다.
요청점사처럼 혹은 승부점사로 봅니다.
세가 응을 극하던가, 저쪽이 우리를 생조하면 가능합니다.
그런데 상대가 먼저 극하고 생하는 게 걸리신지 걱정하시기에 결국 변효가 생조해서 될 것 같다고 하였습니다.

당일 오른쪽은 발표 전에 아산 문 선생님이 치신 점입니다.
세가 극을 안 받고 상대방이 극 받으니 확실하여 몇 시간 기다리니 되었습니다.
간혹 이런 점사는 관심이 없을 때는 잘 응하지 않으니까 관심 있는 사람들만 애용하시기 바랍니다.

4) 참 어려운 괘 (풍지관 2효동, 지풍승 상효동)

  대환 선생님이 내일 모 신문사 장급 결선 투표가 있는데 처음에는 관운을 점쳐서 단체 카톡 방에 올렸기에 내가 그러지 마시고 유력 경쟁자가 있으면 그냥 둘이 승부점으로 치시면 세응의 생극만 보면 되니 결과를 빠르게 볼 수 있다고 했습니다.

  선생님은 첫 점을 버리고 다시 점단해서 아래와 같은 점사를 얻었다고 합니다.

▶ 건金궁(풍지관)	▶ 진木궁 (지풍승)
....	....
財 卯 —	官 酉 -//-(兄 寅)
官 巳 — 寅月	父 亥 - - 寅월
父 未 - - 世	財 丑 - - 世
財 卯 - -	官 酉 —
官 巳 -//-(父 辰) 卯日(술해공망)	父 亥 — 卯日(인묘공망)
父 未 - - 應	財 丑 - - 應

  먼저 풍지관 괘 2효가 동하였다고 하시기에 내가 젠장 하필이면 풍지관 괘 했습니다.
  서로 같은 글자라 아무 것이나 동하여도 세와 응에게 영향이 똑 같습니다.
  조금 있다가 다시 쳐 보시라고 하니 또 오른쪽 지풍승 괘가 나와서 기가 막히고 코가 막힙니다.

  문 선생님도 이 괘들이 신기하다고 승부 나올 때까지 점쳐야 하는 것 아니냐고 하시고 하시기에 나는 이렇게 힘든 괘는 징조이론으로 힘들다로 지는 쪽으로 보고 기대하지 말라고 하라고 했습니다. 결과 꼭 알려 달라고 했더니 다음날 연락이 왔습니다. 득표수를 인증 샷으로 올리셨는데 떨렁 3표 차이로 우리 측이 이겼다고 합니다.

사실 상담 멘트로는 이런 점사 안 칠 수도 있습니다. 왜냐하면 내일이면 결과가 나오니까요. 그런데 우리는 공부입장에서 해 본 것이랍니다.

하늘이 니들도 공부니 학습용으로라도 내일 결과 나오는 것은 점하지 말라는 뜻으로 받아드립니다.

※ **이동점사 실관사례** : 이동이 되려면 묻는 용신이 스스로 동하든가, 동효가 그 용신을 극해줘야 합니다. 부효가 동해도 이동이 되는데 내괘는 내부이동 외괘에서 부효가 동하면 외부이동이 됩니다.

5) 감옥에서 남편이 언제 나올까요? (태위택 2 3효동)

먼 곳이라 오지 못하고 전화로 물으셨습니다.
　남편이 형사소송건, 공금횡령으로 되어 항소도 하였다고 하시기에 내가 항소해서 이기는 것이 궁금한 것인지 감옥에서 출소 하는게 궁금한 것인지 물으니 남편이 언제 나오냐는 것이 궁금하다고 합니다.

```
▶ 태위택 (태金궁)
..........................
父 未 - - 世
兄 酉 ―              卯월
孫 亥 ―
父 丑 -//- (孫 亥)應
財 卯 ―/ (父 丑)    辰일(인묘공망)
官 巳 ―
```

관효가 나오려면 관이 동하던지, 손이 동하여 관을 떠다밀던지 해야 합니다.
　내괘에서 두 개 동하였습니다. 두개가 동하면 서로 탐생망극의 관계를 적용하여 봅니다. 묘목이 동하여 축토를 때렸으니 힘은 묘목 재효에 있습니다.
　그런데 묘목은 관효 사화를 어찌지 못합니다.
　이대로 두면 길어질 것 같다고 11월 해월이나 와야 조금 기미가 비친다고 하니 7개월 받았다고 합니다.
　사화는 정효이니까 해월이 와서 사해 충을 억지로 적용해서 보기도 합니다.

항소에 대하여 자손이야기를 많이 언급하라고 합니다.
　왜? 사화를 움직이게 하려면 손효가 때려줘야 하기 때문입니다.
　너무 상세히 설명해주지 않아 그냥 횡령건으로만 나도 알고 있습니다.
　(결과 : 11월 말일인가 출소했다고 합니다)

6) 따님 직장 관두겠다고 한다고 (지택림 4효동)

방금 전화 직장 근무 잘하던 따님이 갑자기 직장을 관두고 공연관련 쪽에서 오라고 해서 거기 가고 싶다고 해서 가도 되느냐고 하기에 엄마가 안 된다고 했더니 그럼 그쪽은 안가고 현재 직장만 관두겠다고 했다고 해서 고민된다고 하십니다.

```
▶ 지택림 (곤土궁) 4효동
........................
孫 酉 - -
財 亥 - - 應              酉月
兄 丑 -//- (父 午)
兄 丑 - -
官 卯 —世                  酉日 (자축공망)
父 巳 —
```

결국 자손이 이동해서 이 직장을 나오겠느냐는 것을 물으신 것입니다.
자손 상효 유금 누가 말려도 그만 둘 태세로 보입니다. 이유는 월일 대입해서 왕상하기 때문입니다.
자손이 그만 두려면 스스로 동하던지, 부효가 동해서 극하던지, 변효로 6충을 만들어주든가 해야 움직입니다.

형효가 동하여 우리 자손을 생조 합니다.
그럼 형제 효가 동했으니 내 동료가 움직인다는 뜻도 됩니다.
형변부 형효가 동하여 부로 변화하기에
친구가 움직여서 친구는 장소를 옮겨도 따님은 안 옮긴다고 하니 친구랑 같이 관두고 같이 그 쪽에 가고 싶다고 했다고 합니다.

자손의 말은 곧 그만 둘 태세이지만 괘는 자손이 꼼짝 안하고 있으니 움직이지 않습니다. 그만 두지 않을 것이니 걱정하지 마시라고 했더니 그러냐고 하십니다.
 (결과 : 친구는 그만 두었고 따님은 그냥 다닌다고 합니다)

 ※ 연락점사의 관건은 부효가 동해야 진정한 연락이 오는 것임 이것 이외는 안 옵니다. 질문자가 너무 처량하고 희망주고 싶어서 어떻게 해서라도 잘 봐주려는 미련 없앨 것입니다. 지금은 연락이 안 오니 며칠 후에 다시 물으라고 해서 다시 그 때 점칩니다.
 암동의 부효가 동한다고 거기에 희망 걸지 말고 부효 동해야 진정한 연락이란 것을 아셔야 합니다.

7) 언제 연락이 오나요? (지풍승 2효동)

병인 선생님 문자로 연락이 언제 오나요? 해서 괘를 아래와 같이 얻었다고 합니다.

```
▶ 진木궁 (지풍승)
..........................
官 酉 - -
父 亥 - -                    寅월
財 丑 - - 世
官 酉 —
父 亥 —/(財 丑)              亥日 (자축공망)
財 丑 - - 應
```

병인 선생님은 나에게 해수 부효가 동했으니 오늘 오는 것 아니냐고 해서 부효 용신이 제대로 동했으니 응사는 합하는 인일, 혹은 인시인데 인일이 유력하다고 했습니다. 며칠 뒤 나에게 문자로 인일 날 연락 왔다고 합니다.

자신의 고객이 입사지원 했는데 연락을 3일까지 준다고 했다고 하는데 묻는 날이 5일이니 8일까지 연락을 준다는 뜻이었다고 합니다.

하여간 육하원칙(누가 언제 어디서 무엇을 어떻게 왜)를 써주셔야지 이렇게 핵심만 떨렁 물어보면 나는 환장합니다.

며칠 후 강남고속버스 호남선 캐시로비에서 내가 통장 정리하다가 저 멀리서 병인 선생님이 훅 보입니다. 그래서 반가워서 어떻게 이렇게 만나냐고 하니 저쪽에서 근무하신다고 합니다.

같이 걸어오면서 저 위의 점사를 말했습니다.

우리가 보고자 하는 글자가 제대로 동하면 항상 합할 때 응사가 된다는 것과, 용신 급은 아닌데 변효로 화출하면 하여간 조만간 된다고 딱 날짜를 잡지 마시라고 했더니 씨익 웃으시면서 그러겠다고 하셨습니다.

8) 10일 넘게 연락이 안 되어요 (천지비 초효동)

아침에 지방 교육사업 선생님 전화.
2명 아이를 둔 엄마가 수강료를 내어야 하는데 수업을 할 건지 말건지 답답해 미치겠다고 하십니다. 이럴 때 점이 잘 나옵니다.

16일부터 연락이 안 되어서 찾아가 볼까하는데 언제 연락이 올 런지 물으시며 그 엄마네 가족 중 누가 아프신 것 같다고 합합니다.

연락점사에서 부효 동해라 입니다.
부효 동합니다. 미토라 그럼 오시를 볼 수 있지만 내 느낌에는 미시까지 느낌이 와서 11시 30분부터 3시 30분까지 연락 올 것 같으니까 만약 찾아가더라도 3시 30분부터 가시라고 했습니다.

왜 연락을 안 할까요? 하기에 응이 저 멀리 지방에 있기에 멀리 있고 아마 부변손이 되어 어머니가 돌아가신 듯 하다고하니 전화를 끊고 있었더니 답변 문자가 왔습니다.

3시 20분쯤 연락이 왔고, 어머니가 돌아가신 것 같다고 합니다.
미토가 동하면 합하는 오시나 치 되는 미시입니다.

합주 잘 보시는 분들 미토가 동하면 일진 오시가 합을 해서 자시나 축시에 응한다고 해야 합주 용법에 맞습니다.

그러므로 제 생각에는 합주, 삼합 이런 말들은 용어의 이론은 있는데 어떤 땐 합주나 삼합이 되고 어떤 땐 동효 자체로 보아줘야 할 때가 있습니다.

제가 계속 실험 해봐도 그냥 동효에 답이 많아 90퍼센트는 동효에 중점을 맞춰줘야 할 듯 합니다.

9) 카톡으로 문자 보내면 연락 오나요? (수지비 2효동)

착한 우리 ○○이(40대초)가 좋아하는 남자가 있는데 이 남자에게 카톡 보내려고 하는데 씹으면 창피하여서 그러니까 연락하면 연락 오겠느냐고 자존심 상하지만 나에게 묻는다고 합니다.

```
▶ 곤土궁 (수지비) 2효동
..........................
財 子 - - 應
兄 戌 —              亥月
孫 申 - -
官 卯 - - 世
父 巳 -//- (兄 辰)    戌日(오미공망)
兄 未 - -
```

내가 문자로 ○○아
니가 아무 말이나 써도 답장 오니까 걱정 말고 문자 하렴 해서 보냈더니 답장이 왔다고 합니다. (부효가 동하면 연락 오는 것 아시지요?)

제가 이 점사를 왜 올렸냐면 저 동효 사화 월파 맞아도 작동하는 모습을 보라고 동한 글자 충 하면 사산되지 않음을 똑똑하게 보시라고 씁니다.
(천금부엔 동봉충이사산, 즉 동한 것에 충을 만나면 흩어진다고 되어 있고 야학노인은 동효에게 어찌 공(空)이나 파(破)가 방해 되겠는가? 170쪽)
옛글이 없었으면 우리는 캄캄 할 테지만 그래도 수정할 것은 수정해서 보자는 의미입니다.

※ **날씨점사** : 항상 언제 어디라는 것을 고할 것이고 관건은 부변뭐 뭐변부는 비나 눈이 옵니다. 세효 관효는 점칠 때의 그 상황과 같다는 뜻이며 관이 동해도 마찬가지 입니다.

10) 토요일 비가 올까요? (수뢰둔 초효동)

토요일 태백에 촬영 스텝만 20명이 있는데 야외라 그날 비가 오면 곤란한데 어떡하나 근심하신 대환 선생님이 점치시고 단체 카톡에 올리셨습니다.

```
▶ 감水궁 (수뢰둔)
..........................
兄 子 - -
官 戌 ― 應              戌월
父 申 - -
官 辰 - -
孫 寅 - - 世            午일(신유공망)
兄 子 ―/ (官 未)
```

날씨 점에서 항상 하늘에 고해야 할 것은 언제 어디서를 넣어야 합니다 왜냐하면 지역이 넓고 넓어서 그냥 막연히 그날 비 오냐고 하면 안 되기 때문입니다.
　비 오는 공식은 부변(뭐), 뭐변부 입니다. 부는 비나 눈이고, 관은 우레, 형효는 바람, 손은 쾌청, 재도 맑음 그런데 형동관이 나왔기에 비는 안 옵니다.
　바람 불고 우레가 치다로 보면 안 되고, 바람이 불고, 현재 점치는 상태이다로 응합니다.
　그래서 내가 카톡에 형은 바람이구요, 관은 지금 점친 날씨와 같다에요
　뭐변부나 부면뭐가 되어야 비가 옵니다했더니

　대환 샘은 아 네, 했는데 문 선생님이 얼른 검색하셨는지 일기예보엔 전국으로 그날 비 온다 했는데 그냥 20명 다 카지노로 go하면 되겠네 하고 농담 하셨습니다.
　대환 샘은 이모티 콘으로 우시는 것 보내셨고, 이날은 27이었고, 답은 토요일 29일 드디어 도착 했습니다.
　아침 9시까지 비가 왔고 지금은 흐리기만 하다고 하시며

카톡으로 사진으로 인증 샷 왔습니다.

여기서 중요한 것은 관효는 점칠 당시 그대로의 날씨라는 것입니다.

부동하거나 무엇이든지 변화하여 부가 되어야 진짜 비가 오는 것이 됩니다.

※ 분양권 당락 점사는 발표가 언제 인지도 염두에 둘 것이고 관건은 부효 점수와 관효 단체운 2개가 월일에서 하나라도 생조 받아야 합니다. 물론 재동 손동 둘 다 용신 때리니까 어렵습니다. 부효 관효 약해도 동하면 힘 있는 것이나 항상 이 두개가 생을 받아 강하여야 한다는 것을 숙지하시고 사례를 봅니다.

11) 아파트 분양 당락 (풍택중부 상효동)

심당선생님 오랜만에 전화 따님 명의로 M, L 두 곳 중 어디가 더 유리한지 물었습니다.

먼저 M이 좋은 곳인데 경쟁률이 심하지만 그래도 이곳부터 먼저 점단했습니다.

```
▶ 풍택중부 (간土궁)
.................
官 卯 —/ (財 子)
父 巳 —                     子월
兄 未 - - 世
兄 丑 - -
官 卯 —                     巳일 (술해공망)
父 巳 —應
```

분양권 당락 핵심 공식은 부관이 튼튼 하자 (월일에서 하나라도 생조 받자입니다)
부 사화는 일진과 병(나란)하니 패스
관은 강하게 동합니다. 내가 합격되고 꼭대기 층 같아요 했더니 알았다고 얼른 끊으라고 합니다.

저번 점사에서는 계속 부효가 공망으로 점수가 떨어졌던 과거사가 있으셨답니다. 그런데 이 점사는 참 깔끔합니다.
나도 이런 엄마가 있었음 좋겠다고 생각했습니다.
(결과 : 맨 꼭 대기 층이 되었다고 하시며 복채 왔습니다)

※ 꿈 해몽은 동변효에 답이 많습니다. 단순히 이것에 의지해도 잘 맞습니다.
※ 제사나 관털기 후에도 답을 얻을 때도 동변효 위주로 읽어 줍니다.
※ 아들 딸 감별은 손효가 양효면 아들, 음효는 딸 그런데 손효가 동하면 동위시 변위종 원칙에 의거하여 결국 양효로 변했는지 음효로 변했는지 보면 되며, 복

신 되면 하늘이 아직 알려주지 않는다고 며칠 후에 다시 치시기 바랍니다.

※ 주거용 집은 5효 식구효 2효는 가택효이니 가택효가 5효를 극하면 터가 쎈 것이니 2효를 5효가 생조해도 마찬가지 가택처방이라도 해서 가라고 할 것 나머지는 괜찮습니다. 그런데 그곳에서 돈이 되느냐고 하면 5효 2효 무시하고 재효를 위주로 봐주시기 바랍니다.

12) 참외만한 벚나무 열매 따는 겸사 꿈 (풍지관 3효동)

어제는 잠든 지 2시간 만에 이빨 통증에 깨어 일어나서 또 약 먹고 자고 또 통증에 깨어 뭐라도 먹어야 안 아파서 자다가 깨다가 했습니다.

꿈에 버스를 탔는데 여의도 쪽 이었습니다.
차창 밖으로 벚나무 열매가 검정색으로 익어 있는데 귤 만합니다.
차가 천천히 가기에 내가 차창을 스치는 벚나무 열매를 훅 땄는데 이건 참외만 하였습니다.
사람들은 모두 앉아 있고 나만 서서 몇 개를 따는 꿈이었습니다.
꿈에서 나 스스로가 대견하여 감격하였습니다.

아침에 아무래도 길몽이 아닌가? 해서 주사위를 던졌습니다.

```
▶ 건金궁(풍지관) 3효동
 ..........................
  財 卯 ―
  官 巳 ―           子月
  父 未 - - 世
  財 卯 -//- (兄 申)
  官 巳 - -          酉日(술해공망)
  父 未 - - 應
```

재동 합니다. 돈 들어온다는 뜻입니다.
세효에 부효를 잡았는데 재가 동하는 현상을 재래취아라고 하였지요?
재변형은 돈 들어오고 두 배 나간다. 당연히 결재할 것들 빠져나가야하니까 오지랖으로 여러분들은 재가 들어온다고만 고객들에게 말해야지 그 뒤 이야기는 오지랖이라고 말하지 말라고 했습니다.

꼭 내가 이렇게 가르쳐 놓으면 돈은 들어오는데 나간대요. 이렇게 끝까지 통변해서 고객의 마음에 불을 질러 놓고 복채를 기분 좋게 못 받곤 하는 특별한 제자들이 몇 있습니다.

오늘 일진이 酉 날이면 상효 재도 암동으로 몰래 몰래 겸사에게 다가옵니다. 나야 뭐 고맙지만 예약 전화도 없고 그냥 집에 이렇게 있는데 저 재가 언제 얼마나 올지 오늘 결과 나오면 사심 통변인지 진짜인지 알려드리겠습니다.

(결과 : 이 꿈을 꾼 게 금요일이었는데 월요일부터 관털기 부탁이 금요일까지 이어졌고, 그 담 주 월요일 날도 해드렸습니다)

13) 다이아몬드 반지 훔쳐가는 꿈 (풍천소축 2효동)

30대 초반 아기 엄마로부터 아침 8시 전에 문자가 왔습니다.
선생님 꿈에 다이아 반지를 가방에 넣어 놨는데 누가 훔쳐가는 꿈을 꾸어서 인터넷 찾아보니 배우자의 사별이나 이혼이라는데 걱정 되어서요.

내가 답 글로 너 아침부터 이러면 반칙이다 했더니 죄송하다고 너무 놀라서 그랬다고 하여 넘어갑니다.

꿈 해몽은 좋은 결과가 나오면 진실대로 말할 수 있지만 나쁜 꿈이라 해도 이렇게 아침부터 대놓고 말하기가 어렵습니다.
10시 근처에서 점단합니다.

```
▶ 손木궁 (풍천소축) 2효동
........................
兄 卯 ―
孫 巳 ―                   戌月
財 未 - - 應
財 辰 ―
兄 寅 ― /(財 丑)          辰日 (신유공망)
父 子 ― 世
```

꿈 해몽은 잘 알지 못하는 사람은 그냥 영혼 없이 동변효를 풀이하는데 교감이 된 사람이면 그 묻는 사람의 상황에 맞게 동변효 풀이합니다.

2효는 가택효이기도 하다고 귀에 모두 딱지 앉게 말했는데 기억이 나시는지요?
가택효의 형변재라 내가 전화하여 이 꿈은 니가 이사를 가야할 집에 대하여 대출을 받아야 하나 어쩌나 늘 고민하였기 때문에 응한 것으로 집 문제로 돈이 먼저 나가고 다시 회복되는 꿈이라고 말해줍니다.

그리고 왜 아침부터 꿈 해몽을 부탁하느냐 안 좋은 꿈이면 우리가 솔직하게 말해주면 괜히 물어본 꼴이 되는데 어떻게 감당하려고 그러느냐고 뭐라고 했더니 죄송하다는 그 말을 받아냅니다.

자신이 항상 고민하는 것이 응한 것이니 사별 이혼은 아니라고 안심시킵니다. 담에 꼭 와서 사례하겠다고 합니다. 그러라고 했습니다.

14) 부모님 합장하는 날 꿈 (화수미제 2효동)

45세 여자 분이 전화로 선생님 어머니와 아버지 합장하는 날 전 묘소를 참석하지 않았어요. 근데 그날 꿈을 꿨어요.
흰색 모래로 목욕하는 꿈이었어요.
이게 무슨 꿈일까요? 걱정이 되어요 하십니다.

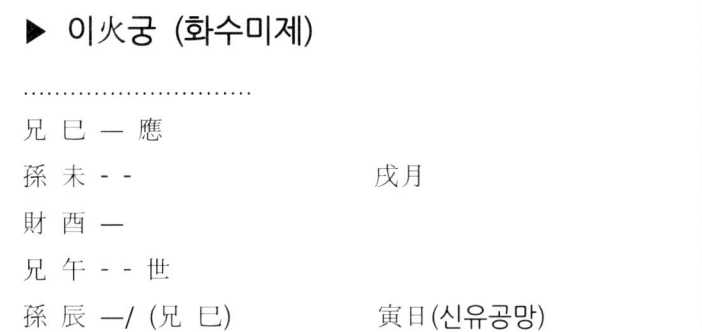

동변효 위주로 봐야하니 2효 손동하고 회두생하고 게다가 일진에서 변효를 생조하고 그 변효는 동효를 계속 생조함이 보입니다.
가택에 경사 있고 돈 들어온다는 꿈으로 길몽이며, 부모님이 합장해줘서 고맙다는 의미로 보인다고 하니 네 선생님 고맙습니다 하고 전화를 끊습니다.

15) 새 아기 (곤위지 상효동)

지인(40대)께서 겸사 먹으라고 간식 한 보따리 가지고 방문하십니다.
늦둥이 아기 가지셨다고 합니다. 얼굴도 작아지고 혈색은 나쁘지 않습니다.
아들인지 딸인지 알고 싶다고 하십니다.

```
▶ 곤위지 (곤土궁)
................................
孫 酉 -//- (官 寅)世
財 亥 - -                    未월
兄 丑 - -
官 卯 - - 應
父 巳 - -                    未일 (신유공망)
兄 未 - -
```

아들인지 딸인지는 어떻게 보라고 했나요?
관건은 ― 양효는 아들, 음효는 - - 딸입니다.
그런데 저 손효 상효 - -가 동하여 ― 효로 바뀌면 동위시 변위종(동한 것은 처음이고 변한 것은 결과)에 의하여 아들로 봐야 합니다. 아들이네요 했더니 주변에서도 그랬다고 합니다.
초음파 사진을 보여주는데 어찌나 토끼마냥 예쁜지 감동적입니다.
(결과 : 지금 잘 크고 있고 해맑게 잘 웃는데 눈에 아른거립니다. 질문이 정확하면 저리 쉽게 보입니다)

16) 3년 후 임신하면 딸을 낳을 수 있나요? (건위천 5효동)

아들 셋 둔 아기엄마 어젯밤 전화 와서 선생님 저 웃지 마시고 꼭 알려주셔요. 3년 후에 임신하면 딸을 낳을 수 있을까요?

몇 년 전에 3년 내리 점치니 계속 아들이었습니다.

```
▶ 건(金)궁 중천건
........................
父 戌 ─ 世
兄 申 ─ /(父 未)        子월
官 午 ─
父 辰 ─ 應
財 寅 ─                 午일(신유공망)
孫 子 ─
```

괘에서 자손 보니 양효 딱 보입니다.

아들이야 했습니다.

선생님 참 이상해요 제가 어렸을 때, 나같이 딸로 태어나면 모두 불행할 것 같아 저는 시집가면 꼭 아들 셋을 둘 거라고 결심했는데 딸은 못 낳나 봐요.

내가 키득 거리면서 그러게 왜 그랬어 했습니다.

자신의 신념이 이렇게 현실로 나타나니 여러분들도 항상 긍정적이고 좋은 생각으로 사시기 바랍니다.

저 괘에서 세효에 부효는 내가 아들이라고 하면 자손거부로 안 낳겠다는 마음으로 읽어도 됩니다.

17) 주거용 집으로 이 집이 어떤가요? (화풍정 2효동)

문 선생님 단체 카톡으로 주거용 집으로 괘를 올리시고 어떤지 물으셨습니다.

```
▶ 이火궁 (화풍정)
........................
兄 巳 ―
孫 未 - - 應 (식구)                    丑月
財 酉 ―
財 酉 ―
官 亥 ―/ (兄 午)世 (가택)           寅日 (자축공망)
孫 丑 - -
```

주거용 집에 대하여 가족 한 사람 한 사람을 못 보니까 대표로 식구효 5효로 보고, 가택효와 비교하여 5효가 2효를 극하면 우리가 터를 누르니까 좋고, 비화되어도 좋고, 저렇게 가택효에서 식구효를 생해도 편안합니다.
 반대로 2효가 5효를 극하거나, 5효가 2효를 생조해도 터가 쎄다고 봅니다.
 세응 병 걸려서 세응으로 놓지 마시고 5효 2효를 중점적으로 보는 게 핵심입니다.

홀로 사는 사람은 5효 2효를 보지 않고, 신수점처럼 세를 위주로 보고 동효가 날 때리지 않으면 됩니다. 주거용 집은 가족을 대표로 식구효 5효로 부여하고 2효와의 관계를 봅니다.

이미 집에 이사 간다고 확정하고 점쳐서 나쁠 땐 가택처방을 하고 가라고 하는 수밖에 없으니 이사 결정하기 전에 보면 좋은데 요즘은 흉가가 그리 많지 않기 때문에 효용성이 별로 없는 점단입니다.

18) 살고 있는 집이 어떤지 물어오라고 했다고 함 (뢰천대장 상효동)

우리 집에 점 보러 온다고 하니까 아는 분이 자기 집 좀 물어봐 달라고 했다며 물으신 점사입니다.

상가건물인데 아래는 본인이 경영하는 옷 집, 그 집 옥상에선 본인이 사는데 이 집이 돈이 되는 집이냐고 안 좋으면 이사 가겠다고 했다고 합니다.

```
▶ 뢰천대장 (곤土궁)
........................
兄 戌 -//- (父 巳)
孫 申 - -              辰월
父 午 — 世
兄 辰 —
官 寅 —                未일(술해공망)
財 子 —應
```

세효 부효 잡고 월과 일에서 휴수하니 이 집에 대하여 애정 떨어짐을 느낍니다.

형효 동해서 회두생 받고 일진에서도 계속 밀어주니 가만히 있어도 돈 나가는 신비한 집입니다.

다른 데로 이사 권한다고 했습니다.

가게의 재물점에서는 돈이 되어서 거주지만 바꾸시라고 했습니다.

19) 둘째 형님네서 제사를 지내고 있나요? (수화기제 상효동)

어제 늦은 밤 지방 지인의 언니가 전화.
제사 문제 땜에 전화 드렸다고 하십니다.

본인은 막내 아들네인데 서울에 거주하고 첫째는 딸만 있고 돌아가셨고, 둘째와 셋째 아드님이 다툼이 커서 지나쳐도 아는 척을 안 하는데 지방사는 둘째 네가 했다가 셋째 네가 했다가 결국 제사를 둘 다 지냈다고 합니다.

그런데 셋째 네서 안하니까 둘째 네는 하는지 안하는지 도통 알 수 가 없다고 하십니다. 소식도 끊은 지 오래되어서 연락처, 집도 모른다고 합니다.
그래서 내가 그쪽에서 제사를 지내는가 안 지내는가를 알면 되느냐고 하니 그래야 자신이 지낼지 안 지낼지가 선택된다고 합니다.

```
▶ 감水궁 (수화기제)
  ............................
  兄 子 -//- (孫 卯) 應
  官 戌 —                    寅월
  父 申 - -
  兄 亥° — 世
  官 丑 - -                   寅일(술해공망)
  孫 卯 —
```

제사, 기도, 굿, 부적, 천도재 등등 손의 동태를 보려고 하였습니다.
형변손을 통변하면 형이 제사를 지냄의 뜻입니다.
거기서 계속 지냈다고 해요.
아 그러냐고 하시며 그럼 둘째 집도 모르고 하니 본인들은 묘소에 갈 때도 있는데 어떻게 하면 좋으냐고 하여서 묘소에 가서 알리시면 된다고 했습니다.

둘째 네서 제사를 지내기 때문에 우리가 지내려 해도 못 지내니까 이렇게 가끔 찾아뵙겠다고 혹시 그쪽에서 안 지내면 우리가 지내드리겠다고 하시라고 하니 알겠다고 하십니다.

용신이 모호할 때는 하늘에 이것을 동하게 해달라고 하던지 이것 위주로 보겠다고 하고 점단 하면 됩니다. 이 분 이 점사 치고 나서 맘이 무척 평온해지셨다는 것을 이분의 여동생이 전화해주셨습니다.

20) 이 버섯을 먹어도 문제가 없을까요? (택산함 초효동)

제가 2주 주말마다 가는 서산 고향집에서 땔감 나무하다가 오래전에 죽은 벚나무에 난 느타리버섯 같은데 이것 이따 요리해서 먹어보려는데 문제가 없는지 점단했습니다.

```
▶ 태金궁 (택산함)
...........................
父 未 - - 應
兄 酉 —              戌月
孫 亥 —
兄 申 —世
官 午 - -            子日(술해공망)
父 辰 -//- (財卯)
```

점사의 종류는 우려점입니다. 세효에 신금 형제효 잡았고, 동효를 봅니다.

진토 부효가 동하여 세효를 생합니다. 안전합니다.

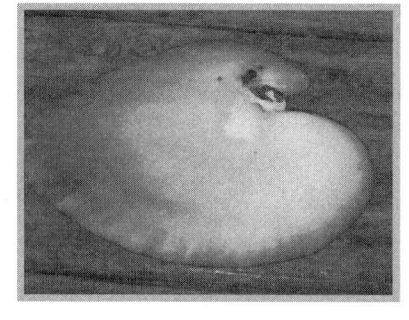

요리 실력이 없어서 주꾸미 무국에서 찢어서 넣어 먹었습니다.

맛은 그저 그랬습니다. 된장찌개나 다른 것에 해먹을 걸 그랬습니다.

몇 년 지나서 이 버섯을 보니 느타리가 확실합니다.

21) 자살한 아는 형이 제게 해줄 말 (뢰택귀매 2효동)

필리핀에서 아는 형이 건물에서 뛰어내려 죽었는데 자꾸 형이 생각이 나요 해서 어떻게 형에게 해줄 수 있는 일이 있냐고 해서 무속인 제자 선생님들에게 물어보니 이렇게 저렇게 하라고 해서 그렇게 해 놓고 이 동생에게 해줄 말이 있냐고 주사위로 물어 보았습니다.

```
▶ 태金궁 (뢰택귀매)
..........................
父 戌 - - 應
兄 申 - -                    辰월
官 午 —
父 丑 - - 世
財 卯 —/ (財 寅)             戌日 (인묘공망)
官 巳 —
```

이런 대답은 항상 동변효에 답이 있습니다.
재가 휴수한데 퇴신이라 그러면서 6충이 됩니다.

재동이니까 돈 때문에 여자 때문에 죽었다는 것으로 보입니다.
물론 세응은 같은 글자니까 친구처럼 자기가 형이지만 친구처럼 생각했다는 것으로 보입니다.

다음 날 국제전화가 와서 해줄 말이 뭐냐고 물어보니 자신은 돈 때문에 여자 때문에 죽었다고 하던데요 했더니 돈도 없었고 여자 때문의 답은 그 형이 여자가 되고 싶어 했습니다.
그럼 돈이 퇴신 된 것은 돈이 없어서 여자도 될 수 없었다는 절망감에 그랬다는 것이 됩니다.

난 돈이 없어지자 여자 친구가 배신해서 그런 줄 알았답니다.

육효점은 각색하면 안 되고 그냥 보이는 대로 읽으면 그게 답이니까 여러분들도 동효를 잘 읽으시기 바랍니다.

결국 저 사람은 돈 때문에 죽었다 맘 쓰지 말라는 뜻으로 읽으면 됩니다.

그리고 응이 왕상하니 죽었어도 편하다고 보시면 됩니다.

22) 돌아가신 아버지 (풍지관 상효동)

오랜만에 전화오신 겸사 동갑 여자분.
머뭇머뭇 하시기에 난 정신없이 바쁘지만 기다려드리니 몇 달 전에 부모님이 돌아가셨다고 하십니다. 자식들 신경 쓰지 말라고 자살하셨다고 하십니다.

절에서 49제도 하였지만 자꾸 맘이 안 좋다고 합니다.
돌아가시면 조상들도 만나는지와 새로 태어난다고 하는데 무엇이 되었는지를 묻기에 육효로 거기까지 안 나온다고 하니
그러면 아버지께서 생전에 자신을 참 사랑하시다가 결혼문제로 사위가 몹시 맘에 안 들어 하시다가 시간이 지나고 화해했지만 그래도 아버진 이 따님을 서운해 하셨다고 합니다.

지금도 아버지가 자신을 서운해 하시는지 혹시 알 수 있겠느냐고 물어보기에
알았다고 기도하고 주사위를 던집니다.

```
▶ 건金궁(풍지관) 상효동
..........................
財 卯 —/ (父 子)
官 巳 —                        亥月
父 未° - - 世
財 卯 - -
官 巳 - -                      戌日(오미공망)
父 未° - - 應
```

세효는 나이고 응은 아버지로 읽습니다. 심리 점사로 보았습니다.
세효 응효 공망에 비화되니 같은 마음이라는 것을 알 수 있습니다.
동효는 읽지 않았습니다. 왜냐하면 동효가 둘의 마음을 바꾸진 않으니까요 아버지는 선생님과 같은 맘이래요 했더니 그게 무슨 말씀인지 물으시기에 선생님이

아버지를 좋게 생각하면 아버지도 좋게 생각하시구요 선생님이 아버지가 원망스러우면 똑 같은 마음이니까

  이걸 다시 해석하면 딸아 난 네 마음과 같다. 네가 잘 되면 나도 좋고, 네가 슬퍼하면 나도 슬프다 이런 마음 이래요 선생님도 현재는 마음이 쓸쓸하고 아버지도 그렇대요 했더니 좋은 데는 가셨냐고 하시기에 『복서정종』에 돌아가신 분이 편하면 왕상 하다고 하였기에 공망 임으로 아직 자리를 못 잡으신 것 같다고 말씀드렸습니다.

23) 할머니 묘소에 있는 석물 (지산겸 초효동)

돌아가신 아버지가 생전에 풍수지리에 관심도 많으셨고 당신의 자리도 봐 놓고 돌아가셔서 그 곳에서 모셨다고 합니다.

그런데 몇 대조 할머니 묘소에 석물이 있는데 생전에 아버진 이곳이 학의 심장인데 석물을 꽂으면 문제가 많다고 하여 아버지 돌아가실 땐 없었는데 큰 아버지가 다시 원상태로 놓고 큰아버지는 병에 걸려서 목에 구멍 몇 개 뚫고 돌아가시고, 재산 싸움에 집안이 난리도 아니라고 합니다.

문의하신 분이 아무도 모르게 사람들 불러서 석물을 획 뽑아버리면 안 들키겠냐고 점단 하였습니다.

```
▶ 지산겸 (태금궁)
......................
兄 酉 - -
孫 亥 - - 世           申月
父 丑 - -
兄 申 ―
官 午 - - 應          戌日 (오미공망)
父 辰 -//- (財 卯)
```

우려점에선 동효에게 세효 극 당하지 말자고 했는데 딱 걸립니다.
초효 어르신들에게 딱 들켜 세효 해수 극 당하니까 들켜서 못한다고 했습니다.

어디서 들은 것은 있어서 석물 같은 것 무조건 좋은 줄 알고 막 놓으시면 문제 많이 생깁니다.
그러니까 전문가에게 묻고 하시거나 아님 우리에게 묻고 해야 합니다.
저 어르신들의 극을 피하려면 재물로써 어르신들을 재극인 시켜야 합니다.

24) 나쁜 예감 (천뢰무망 5효동)

나쁜 예감 때문에 괴롭다는 40대 중반 여자 분이 안 좋은 느낌이 모두 맞았다고 하시며 앞으로도 그러한지 알려달라고 하십니다.

```
▶ 천뢰무망 (손木궁)
.........................
財 戌 ―
官 申 ―/ (財 未)        亥월
孫 午° ― 世
財 辰 - -
兄 寅 - -              戌일(오미공망)
父 子 ― 應
```

세효 오화 공망 손효 월일 휴수하니 이럴 때 통변은 나 무서워요
겁 먹었어요를 상징합니다.

나의 대답은 세효에 공망 일지라도 손효가 임하여 자신은 피해가 없지만 자신 이외의 일에 대한 나쁜 예감은 관효 동하고 회두생 받으니 그런 일이 실제로 일어납니다.

없애는 방법은 손효를 움직여야 함으로 당신이 적극적으로 그런 맘을 갖지 않던가 기도 하시라고 할 수 밖에 없습니다.

나도 예전에 우리 셋째오빠가 자꾸 안 좋은 상상이 되어서 많이 찜찜했는데 다리를 다쳤습니다.
이후로 이번에는 막내오빠가 자꾸 또 안 좋은 생각이 떠올라서 이번엔 전화로 오빠에게 전화 했습니다.
오빠 잠잘 때 동전 3백 원 만 옆에 놔두었다가 담날 으슥한데 가서 버려줘

했더니 알겠다고 하고 아무 일 없었습니다.

저번에는 중학교 동창 집에 갔을 때, 친구 딸의 방에서 잠을 자는데 침대가 철재로 된 프레임이라 내가 조용한 정적 속에 한숨을 쉬면 그 프레임을 따라 누군가가 나와 똑같이 흉내 내곤 하기에 잠자리에서 벌떡 일어나서 5만원을 꺼내서 옆 탁자에 놓고 합장하여 누구신지 모르겠으나 이 노자를 가지고 좋은 곳에 가시라고 했더니 잠이 잘 왔던 적이 있었습니다.

귀신은 적선하는 사람을 무서워 한다는 소강절의 글을 읽었기에 안 보이는 사람에게 돈을 주는 것도 적선이라 생각하여 돈으로 처방했는데 무척 잘 듣습니다.
친구 딸이 그 방에서 언제부터인가 잠을 안 잤는데 내가 다녀가고 나서 잘 잔다고 합니다.

여러분들도 이런 현상이 있으면 빨리 적선하시기 바랍니다. 아침에 돈은 그대로 가지면 되니까 아주 쉽습니다.

25) 해코지 하고 싶어요 (뢰지예 상효동)

 금방 전화로 선생님 해코지 하고 싶어요 방법이 없나요? 하고 저 옆 가게 부동산 여사장님(겸사랑 나이 비슷)이 묻습니다.

 묘족들인가 저주 거는 방법이 나오던데 벌레 백 마리 잡아다가 접시에 놓고 하루 묵히면 한 마리가 살아남는데 그 벌레에게 저주를 걸면 그게 바람타고 날아가서 직빵이래요 했더니 어 그래요? 하고 진심으로 열심히 듣습니다.

 내가 누가 우리 사장님을 이렇게 아프게 하길래 그래요? 누구에요 했더니 세 사람이 있는데요. 선생님이 그 사람들 저주 좀 걸어주세요. 아주 죽여 버리고 싶어요. 제가 돈은 많이 드릴게요 합니다.

 무엇 때문에 그렇게 죽여 버리고 싶나요?

 1억 4천 빌려가 놓고 주지 않아요 돈 도 많으면서요

 아하 그래요? 또 한 사람은요?

 없는 돈 있는 돈 다 털어서 700빌려간 사람이요 인간도 아니에요

 아하 그랬군요. 그건 뭐 저주까지 갈 필요 없을 것 같네요. 그 나쁜 사람 1억 4천 주인공이 성씨가 뭐에요? 한씨요

 음 그래요 그 사람이 언제 돈 주는지 하늘에게 물어보면 되지요? 했더니 안준다니까요. 합니다. 내가 그래도 하늘에게 물어보자구요 했더니 네에 합니다.

▶ 진木궁 (뢰지예)

....

財 戌 -//-(孫 巳)
官 申 - -　　　　　　　子월
孫 午 —應
兄 卯 - -
孫 巳 - -　　　　　　　亥일(술해공망)
財 未 --世

세효에 재효를 잡으면 기간이 늦더라도 반드시 받습니다.

월일에 세효를 대입하면 휴수함을 봅니다. 이 여사장님은 거의 포기 상태입니다. 응효를 보니 월파에 일진이 극하고 있으니 응위조상 불리타인지사 (상대가 월과 일로부터 제극을 받으면 상대방 때문에 일을 이루기 힘들다)

그래도 항상 길흉은 동변효에 있으니 동효 술토재효는 지금은 약하지만 동하였기에 일부를 받았다는 것을 알 수 있으며 저 변효 사화가 생조를 받으면 그 사람의 재물 형편이 나아집니다.

그렇다면 저 응효는 1월 6일 절기 바뀌면서 축월이 오면 또 재물운이 향상됩니다. 내가 음 이 사람 아주 저주를 걸어주려고 했더니 상황이 몹시 안 좋고 돈은 반드시 1월 6일 지나면 돈 상황은 풀리니까 받습니다. 했더니 그가 1차 재판에서 졌는데도 저런다고 합니다.

월일이 부효로 되어 있으면 그가 부동산은 많으나 현재 현금이 없어서 그러니까 담 주까지 기다리라고 하니 그러냐고 하십니다.

우리 집에 와서 더 보고 싶다고 지금 오겠다고 하기에 내가 오히려 돈줄 테니 제발 오지 말라고 했습니다. 너무 바빠서 그랬답니다.

저 위의 분은 독실한 기독교 신자인데 얼마나 화가 났으면 나에게 저주를 해달라고 했을까를 생각했습니다. 시라카와시즈카의 『한자의 기원』을 보면 저주에 대하여 자세히 나와 있습니다.

벌레 고(蠱)가 저주 거는 벌레에서 연유했다고 했습니다. 무속인들이 고(蠱)를 푼다고 천을 매듭지어 풀어주던데 사실은 저주를 푸는 의식이었음을 알 수 있습니다.

나는 세상에서 제일 징그러운 게 꿈틀대는 벌레입니다.

저주를 알아차리는 것이 개였고, 왕들은 4대문에 저주를 막기 위해 개가죽을 벗겨서 걸어 놓고 제사를 지내곤 하였습니다. 이 얘기는 『예기』에 나와 있습니다.

물론 전쟁 때에는 무당들이 앞에서 저주를 막 퍼 부었고, 장수들은 맨 먼저 저주 거는 무당을 죽였습니다. 황산벌이라는 영화에서는 남자 병사 둘이 막 욕하던데 그게 저주의 기원입니다. 이를 설전(舌戰)이라고도 합니다.

무고(巫蠱)는 우리 『조선왕조실록』 또는 중국의 역사서에도 인형이나 죽은 짐승을 궁궐에 묻어 저주를 했다가 발각되는 사건이 많습니다.

이글을 읽고 고객이 원한다고 진짜 무고 또는 저주 하시면 안 됩니다. 그냥 그 마음만 잘 받아서 위로해주시면 됩니다.

26) 내일 무슨 색깔 옷을 입고 가야 시험에 합격하는지 (화택규 초효동)

지방 스님이 문자로 임신생 학생이 낼 실기시험 보는데 무슨 색 옷을 입고 가야하냐고 물으셔서 나 참 별걸 다 묻는다고 문자온 시간으로 점단했습니다.

물론 물음은 낼 이 학생 시험 잘 치냐고 물었습니다.

우리의 욕망 즉 맺힌 마음은 시험이니 부효를 봅니다.

초효 용신 부가 동하고 회두생 받으며, 일진이 저 변효 밀어줘서 탐생망극으로 흐름을 잘 타고 있습니다.

일진부터 수생목 목생화 하여 부효가 좋습니다. 합격지상입니다.

내가 답 글로 아무거나 입어도 낼 시험 잘 본답니다.

부효 사화 빨강, 변효 인목 파랑, 일진 자수 검정색도 좋다고 보냅니다.

신도님들 우리 스님 귀찮게 별걸 다 묻습니다. 이런 걸 보면 자손 잘 되게 뭐든 해주려는 부모의 마음이 엿보입니다.

27) 민 형사 소송 (택천쾌 상효동)

제가 20세 때 면사무소 다닐 적 다른 읍사무소에서 근무하던 친구에게서 전화 왔습니다. 너는 잘 있느냐고 하니 민사송사 형사송사 송사에 휘말려 죽을 지경이라고 합니다.

그럼 그것이 잘 해결되는지 봐줄까? 했더니 그러라고 합니다. 나는 곧 수업도 있고 해서 종합적으로 봤습니다.

```
▶ 곤土궁(택천쾌) 상효동
..........................
兄 未 -//-(兄 戌)
孫 酉 ― 世            卯월
財 亥 ―
兄 辰 ―
官 寅 ― 應            酉日(오미공망)
財 子 ―
```

선생님들에겐 분점 치라고 그렇게 말해 놓고 이거 반칙 아니냐구요?
그건 손님이 와서 돈 내고 심각한 점사이고, 이건 친구점이고 어차피 우려하는 것이니 그냥 친 것이니 봐주시기 바랍니다.

세효 유금 손효를 잡았으니 감옥 가지 않습니다.
세응으로 보면 내가 극하니 이깁니다.
우리가 월파는 맞았어도 이 달 지나면 윤곽이 나올 것입니다.
형효 동하여 6충 되니 오래 안가고 금방 끝날 것이고 돈 조금 나가면 됩니다.
내가 그리 말했더니 고맙다고 합니다.

28) 도박점 (화천대유 2효동)

지방 제자 선생님 밤 몇 시부터 도박? 비스무리 한 게임에 가는데 이기는지 괘를 내고 단체 카톡 방에 올리셨습니다.

여러분들은 고객들이 이런 것을 물으면 점단해주시면 안됩니다.
이 점사는 우리 제자 선생님이 그냥 재미로 물으신 것입니다.
열 번 맞춰주고 한 번 틀리면 선생님들을 원수로 압니다.

```
▶ 건金궁 (화천대유)
  ..........................
  官 巳 ―   應
  父 未 - -              未月
  兄 酉 ―
  父 辰 ―世
  財 寅 ―/ (父 丑)       丑日 (인묘공망)
  孫 子 ―
```

도박 승부점도 세효가 응효를 극해야 이깁니다.
응효를 이럴 땐 경쟁자들로 묶어서 봅니다.
이 공식만 암기하였다면 변함없이 그대로 밀고 가야합니다.

세효가 응을 극하면 완벽한 것이고 세효를 응효가 생조해도 이깁니다.
그럼 세트메뉴처럼 응이 세를 생조 하자도 이기는 것입니다.

이 점사에서 세효에 진토 부효를 잡았고, 응의 사화가 화생토해서 동효를 보지 않은 상태라면 이깁니다. 그런데 재효가 동하여 출현무정이 되었습니다.

그런데 재물점사에서 부효를 잡더라도 재가 동하면 재래취아라 하여 이 점사

공식과 재물점 공식을 섞어서 통변하면 안 된다는 것 때문에 이 문제를 풉니다.

　이 동효는 우릴 극하므로 지는 것인데 우와 대박이다 돈 들어 온다 이렇게 보면 안 됩니다.
　이 점사를 보시고 선생님은 재가 동하여 들어온다고 좋아하셨는데 결과는 졌다고 합니다.

　재미로 하는 게임이었으나 공식에 충실히 적용하여 점단해야 합니다.
　대개는 재가 동하면 일단 들어옵니다.
　이 선생님도 처음에는 이기다가 지셨다고 합니다.

29) 누가 돈을 가져갔나요? (진위뢰 2효동)

금요일인지 제자 선생님께서 전화 옴.
친구 분네 얘기라고 하십니다.

통장에서 300만원이 인출되었는데 누구 소행인지 알려달라고 친구 분이 울면서 직접 던지셨다고 합니다.

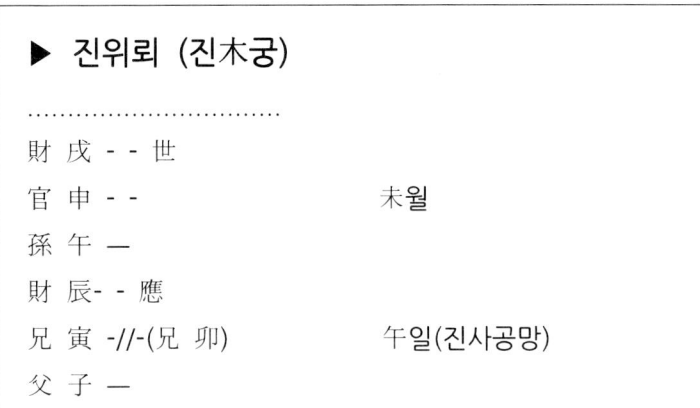

길흉은 어디라고 했나요? 동효입니다. 이괘에선 형효가 동합니다.
형효는 형제 동료 친구 등인데 형제가 더 친하니까 형제 중에 그랬는데 물어보시라고 했습니다.

오늘 오셔서 얘기 해주셨는데 형제 한 명이 카드 가져가서 3번에 걸쳐 인출했다고 합니다.
이와 비슷한 점이 있어 또 소개합니다.

30) 금덩이를 누가 가져갔나요? (천수송 상효동)

수업시간에 ㅎ 선생님 친구 분이 금덩어리를 베개 속에 넣어 두었는데 없어졌고 이걸 아는 사람이 없다고 하시며 혹시 누가 가져갔는지 점으로 나오냐고 물으셨고 ㅎ 선생님은 친구 분에게 주사위를 드렸다고 합니다.

```
▶ 이火궁 (천수송) 상효동
..................................
孫 戌 ―/ (孫 未)
財 申 ―              戌月
兄 午 ― 世
兄 午 - -
孫 辰 ―              酉日 (자축공망)
父 寅 - - 應
```

이 괘가 나오자마자 ㅎ 선생님이 자손이 가져갔고 여자 친구 갖다 줬구먼 했다고 하니 그제서야 아마 그런 것 같다고 하셨다며 두 분이 막 웃으셨다고 합니다.

그냥 동효만 보시고 손효가 동하여 재를 생하니 그러셨다고 합니다.
예전에 이화선생님도 목걸이가 없어져서 어디 갔지? 했더니 아드님 여친 목에 떡 걸려 있어서 환장하셨다고 합니다.

31) 남편이 외박하는 이유 (지화명이 3효동)

식당을 부부가 운영하는 애기 엄마 30대가 전화로 이혼을 하네 마네 갈등 중인데 이혼의 원인은 시댁 불화 그리고 남편의 무관심 등이라고 합니다.
내가 달래고 달랩니다.

요즘 자주 외박하는데도 참아야 하냐고 겸사에게 묻습니다.
첫 점에서 여자 없음이 나온 상태라 자신 있게 이 집 남편이 외박하는 이유를 동효로 알려달라고 했습니다.

내가 동효로써 답을 달라는 조건을 넣었음으로 동효가 뭔지 그것부터 봅니다.
해수 형제효 하나가 동하였습니다.

그런데 동한 형제 해수는 비신 5효에 또 있습니다. 일진이 때려 암동칩니다.
해월에 해수가 또 있습니다. 그럼 해수는 일단 3명이나 있다고 생각합니다.
그러나 3효 동효랑 5효가 암동하기에 그 둘을 중점적으로 물어봅니다.

내가 남편 친구가 불러내는데 돼지 같은 친구들 두 명이 그러지?
했더니 깜짝 놀라서 그렇다고 쯩쯩하다고 합니다.

어떻게 그 외모가 나오느냐고 연신 놀랍니다.
언제까지 그러냐고 묻기에 이달까지 그렇다고 합니다.

부인이 시댁불평하면 남편이 쟤 또 저런다고 맘먹고 있는데 친구가 불러내면 잘됐다고 하고 나가는 것이니까 시댁 얘긴 아예 말하지 말라고 했습니다.

원래 해수는 3명이니 실제로 이 남편과 합해서 친구모임은 4명이 될 것이나 월상 해수는 동하지 않아 그냥 두 명으로 찍었는데 그게 잘 맞아 떨어졌습니다.

무엇을 하는지는 모르겠습니다. 해수니까 물 종류로 술을 먹는 것인지 형제 효들은 돈 나가는 것을 불러일으키니 고스톱을 치는 것인지는 모르나 술 쪽으로 봅니다.
술을 많이 먹고 왔다고 합니다. 그렇다고 새벽에 온다는 것은 문제입니다.

32) 신(神)타령 그녀 (건위천 5효동)

소논문 명과학에 내려고 『복서정종』 귀신점 파트를 파고 있는데 사명(司命)신 오도(五道)전륜, 월하정인, 하백신, 관우, 악비 등 듣지 못한 귀신들이 걸립니다.

꼭 이 타임에 귀신이 목 조르고 아기들이 매달린다는 이런 고객들을 만나게 됩니다.
조선족이신데 자꾸 귀신이 보인다고 하여 관털기 처방 한방으로 몸도 좋아지시고 목소리가 밝아지셨습니다.
몇 몇 조선족 여자 분들은 무속인들이 편하고 입만 떼면 돈을 떼로 번다고 잘못 인식하는 분들이 있었습니다.

겸사 아는 무속인이 말해주길 저절로 신이 들어도 먹고 살기 힘든 세상인데 그게 뭐 그리 좋은 것이라고 신이 들리기를 바라고 그러는지 모르겠다고 하십니다.
본인도 요즘은 손님이 들지 않아 아울렛 백화점에 청소부로 나간다고 합니다.

오늘 저분이 본인 사진 보내오고 귀신에 시달리지 않는다고 합니다.
내가 누가 신 받으라고 말해도 흔들리지 말고 주체를 튼튼히 하라고 형식이 중요한 것이 아니라 본인 맘이 중요하며 신은 당신 위에 있는 게 아니며 내 맘이 신 인거라고 지금 네 주변사람들 잘 대해주고 돈이 신이라고 생각하고 뭔가 보이고 들려도 남들이 모르게 하고 소박하게 열심히 살라고 하니 자기 귀로 들리는 말이 좋은 상황을 엮어가고 백조처럼 조용하게 살라고 했다고 합니다. 처방 이후로 안 그랬는데 요즘 밥이 목에 걸려 밥이 넘어가지 않는다고 왜 그런지 물으십니다.
나는 속으로 또 시작인 것인가? 의심이 듭니다.

```
▶ 건(金)궁 중천건
..........................
父 戌 — 世
兄 申 —/ (父 未)         酉월
官 午°—
父 辰 — 應
財 寅 —                  丑일(오미공망)
孫 子 —
```

내 이럴 줄 알았습니다.
귀신의 소행이라면 관이 동하여 나를 극하면 그렇게 볼 수 있습니다.

겸사가 위에서 돈이 신이라고 생각하고 지금은 생활하여 열심히 저축하고 생활하라는 것은 신 타령을 이젠 그만하라는 뜻이었는데 이 분은 약간의 문제만 있으면 귀신들림으로 혹은 귀신의 작란(作亂)으로 아는 것 같습니다.

전체적으로 살펴봅니다.
세효 부효 걱정합니다.
왜일까요? 형이 동하여 내 힘 빼니 돈 나가는 것이 신경 쓰기 때문입니다.
오화 관효는 병원에 가도 지금 병명 안 나옵니다.

그럼 심리적으로 돈 나가야할 일로 걱정하니까 형효가 재효 음식을 때렸습니다. 그냥 돈 병이라고 해도 됩니다.
이 심리만 잡아주면 됩니다.
지금 병원가도 병명 안 나오고 아마 돈 나가는 것 신경 쓰신 듯한데 토요일부터 괜찮아지는데 맘을 편히 가지라고 했더니 모든 것은 마음인가 봐요 겸사님 고맙습니다 라고 합니다.

귀신점 파트 하면서 좋은 사례 걸렸습니다.

겸사 생각으론 신 타령 하는 사람들은 애정으로 따뜻하게 대해줌으로써 이 양반이 주변에서 애정결핍 못 느끼게 해야 할 것 같습니다.

신 타령에 상담자가 같이 미치면 같이 미친 역학자 됩니다.

그렇다고 개 무시하면 미친 역학자보다도 못한 역학자가 될 것입니다.

다 받아주고 이해해주고 다독여주고 바른 길을 인도해줘야 할 것 같습니다.

이현세 선생님의 『천국의 신화』라는 장편 만화에도 네가 신이다 인간은 모두 자신이 신이라는 장면이 있습니다. 또한 돌아가신 서정범 교수님 책에도 결코 신이 네 위에 있지 않다고 되어 있습니다.

종합하면 열심히 사는 길이 신의 길입니다.

33) 오빠가 자살이었을까요? (풍택중부 3효동)

　백중날마다 영가들 옷 20여벌 접어서 절에서 기도하시는 혜을당 선생님이 꿈에 오빠가 보여서 가만히 보니 영가 명단에 그 오빠 것이 빠졌기에 급히 다시 지어서 보내줬다고 합니다.

　오래 전 그 오빠가 가래가 많이 끓었고 오래도록 아팠는데 죽은 후 보니 목 속에 휴지가 가득 들어 있어 혹시 올케가 지겨워서 일부러 그랬는지 아님 동생 스스로 그런 건지 육효로 이게 나올까요? 하시기에 점단 전에 형효를 용신 잡고 관이 동한다면 명백한 타살이라고 단정하면 되고 형변관이라면 회두극이니 스스로 그랬다고 하겠지요?
　하고 주사위 점단하시라고 하고 우리는 괘가 나오길 숨죽이며 기다렸습니다.

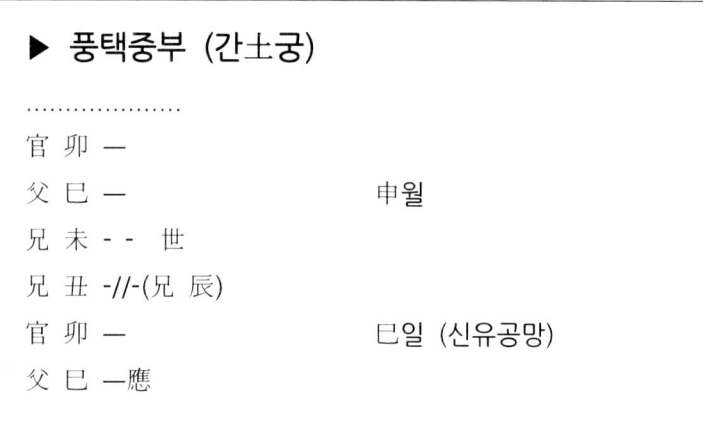

뭐가 동했나요? 형효라 다행입니다.
나는 타살이면 이 비극을 어떻게 하지 걱정했답니다.
여러분들은 뭐라 읽어 주실 건가요?

일단 관효가 안 동해서 타살은 아닙니다.
형효가 스스로 동했으니 그 오빠가 이렇게 말하고 있습니다.

동생아 네 올케 그런 사람 아니란다.
나다 내가 그랬어

그럼 유추해보면 가래가 너무 끓으니까 휴지를 한 번 삼켜 보았겠지요.
휴지는 가래를 흡수하니까 좀 편했겠지요.
그러니까 스스로 자꾸 그러다가 그만 숨을 못 쉬었을 것입니다.
본인의 실수인 것입니다. 진신이니까 자꾸 그랬다는 것이 보입니다.

만일 회두극 이라면 작정하고 죽으려고 한 것이겠지요?
또한 타살이라면 관효가 동하여 형제효를 극했을 것입니다.

하여간 선생님이 기도를 마치고 아침 무렵 주변 사람들이 와아 박수 쳐서 왜 그런가 했더니 잠자리 한마리가 머리에 앉더니 원을 그리더니 혜을당 선생님 어깨에 앉았다가 다시 날아갔다고 하십니다.
그래서 기도는 이렇게 효험이 있다는 것을 느끼게 해준다고 하셨습니다.

34) 외부 소행인가요? (뢰천대장 5효동)

국제전화입니다. 하고 울리는 전화벨.

자영업 하시는 분이 사이트상에서 누군가 장난질 쳐서 돈도 빼가고 또 빼간다고 외부소행인지 아님 내부소행인지 알고 싶다고 합니다.

내가 하늘에 이것이 외부소행이면 외괘에서 동해주고, 내부소행이라면 내괘에서 동해달라는 주문을 넣고 주사위를 던졌습니다.

```
▶ 뢰천대장 (곤土궁)
.................
兄 戌 - -
孫 申 -//-(孫 酉)        戌월
父 午° ― 世
兄 辰 ―
官 寅 ―                  亥일(오미공망)
財 子 ―應
```

세효 공망이며 술월의 고장지에 빠져서 자신 묻는 사람의 고민이 그대로 보입니다.

공망은 나는 의심스럽다. 고장지에 빠져서 한 달 내내 돈 나가는 것, 혹은 나로 인해 한 달 내내 우울 답답합니다.

외괘 5효에서 동하니 외부소행이며 손이니 후배 즉 나보다 어린 연령으로 보이고 진신은 승세이진 즉 현재 술월이니 이 술월이 가야 그 기세가 꺾일 것 같아 본인 보다 어린사람들 같고 입동 7일오기전까지 이 사람들의 행동이 이어질 테니 빨리 방비를 하라고 했더니 지금 방비해두고 있다고 합니다.

이게 내부소행이었다면 우리 질문자 아마 돌아버렸을 것인데 다행입니다.

(결과 : 어젯밤 1월 23일 전화 와서 범인을 알았다고 합니다. 외부업체에서 예전에 컴 고칠 때 부른 사람인데 비밀번호 다 알아가서 그랬다고 합니다)

35) 범인 (지뢰복 2효동)

　매주 수요일 반 수업은 실관사례 20문제 풀고, 선생님들이 점단한 것을 같이 풀어보곤 하는데, 이 선생님(60대)이 짓고 있는 건물이 거의 완성 되어 가는 중이고 유리를 끼우고 있는데 현장 소장님이 우리 선생님에게 대형 유리를 자꾸 누군가 깬다고 하여서 이 선생님은 이게 외부소행인지 내부소행인지를 점단하였고, 외부소행으로 나왔기에 더 정밀하게 점단하려고 선생님네 건물을 기준으로 왼쪽과 오른쪽 그리고 의심 가는 곳을 점단했다고 하시며 우리에게 4개의 점사를 불러주셨습니다.

　그 중에서 이 점사가 범인이었습니다.

　관효가 2효에서 동하여 이 사람이 범인 같다고 했는데 곧 연락이 와서 잡았다고 연락이 왔습니다.
　이 선생님 건물에는 무인 카메라가 없고, 옆에 건물에는 있어서 신고 받은 경찰관들이 옆에 건물에 가서 유리를 깬 사람을 잡겠다고 하니 그 건물 주인이 스스로 자신이 했다고 자수했다고 합니다.

　질투의 여신이었습니다. 참 인심 고약하다고 우리가 막 욕했습니다.

36) 점수가 안 오릅니다. (산지박 초효동)

지방에 사시는 지인의 따님이 1년간 수학과외 선생님을 초빙하여 공부시켰는데도 점수가 오르지 않아 고민이라면서 선생님과 따님의 사이는 어떠하며 점수는 언제 오르냐고 답답해서 묻는다고 하십니다.

```
▶ 건金궁 (산지박)
..........................
財 寅 ―
孫 子 - - 世                寅月
父 戌 - -
財 卯 - -
官 巳 - - 應                申日(오미공망)
父 未 -//-(孫 子)
```

세효를 따님으로 놓고, 응효를 과외선생님으로 봅니다.
세효가 수극화를 하니 이 따님은 이 선생님을 무시하는 경향이 있습니다.
그렇냐고 물으니 그렇다고 합니다.
과외 선생님은 그런 느낌을 받으면 초효 부효를 동하게 하여 극하니 어려운 문제를 내서 따님의 기를 죽입니다. 진월이 와야 성적이 오를 거라고 하면서 선생님을 바꾸면 되지 않냐고 하니 그것도 쉽지가 않다고 합니다.

세효 우리 딸도, 그 과외 선생님도 월일에 왕상을 대입해보면 하나씩 생조를 받고 있어 인품이 서로 나쁘지 않습니다. 또한 실력도 있습니다.
그런데 저 점수 토가 휴수합니다.

이게 누구의 탓이라고 할 수 없다고 수요일 선생님들에게 말씀드리니 박 선생님이 그러면 둘 다 문제가 없고, 그냥 엄마 잘못인 걸로 하자고 해서 우리 모두 빵 터져서 웃었답니다.

37) 남편이 차만 타면 아프다고 해요 (풍뢰익 2효동)

강원도 아는 분 40대 부인 전화.

선생님 남편이 차만 타면 머리가 아프다고 하고 집에 와선 이상해요.

말 수도 없고 갑자기 화도 내고 무속인 집에 가서 물어보니 집터가 이상하다고 하고 굿해야 한다고 해요.

그래서 남편의 상태를 일단 봅니다.

```
▶ 손木궁 (풍뢰익)
............................
兄 卯 ―應
孫 巳 ―                    午月
財 未 - -
財 辰 - - 世
 (복신 官 酉)
兄 寅 -//- (兄 卯)          子日(술해공망)
父 子 ―
```

관효 유금 남편은 귀혼에 임하여 오로지 부인 밑에 복신으로 숨어 있습니다.

단서가 귀혼에 임하였다는 것을 의심해 봅니다.

가택효에 형효가 동하여 복신을 숨기고 있는 진토를 극하니 이 남편은 진토의 생조를 받지 못해 힘이 듭니다.

아무래도 집터도 문제가 있습니다. 무속인 집에서 들은 말과 겸사의 진단이 같으니 이제 처방만 남았습니다.

나는 일단 가택처방을 셀프로 하고 나는 나대로 처방해주었습니다.

처방 후 주사위로 답을 물으니 부효가 동하여 집을 옮기라는 메세지를 받았습니다.

며칠 후 전화가 와서 말수도 늘었고, 머리도 안 아프다고 웃고 다닌다고 합니다. 이사도 할 예정이라고 했습니다.

38) 제가 이상해요. 왜 그런가요? (산뢰이 4효동)

밤에 전화 40대 독자라고 하시는 남자 분.
술을 많이 드셔선 병원에 있다고 하시면서 자신이 왜 그런지 알려달라고 하십니다.

```
▶ 손木궁 (산뢰이) 4효동
..............................
兄 寅 ―
父 子 - -                    午月
財 戌 -//-(官 酉°)世
財 辰 - -
兄 寅 - -                    子日(신유공망)
父 子 ―應
```

내가 묻는 사람과 교감이 되어야 그 상황에 잘 적용하여 설명 드리는데 이렇게 떨렁 말하면 대략 난감합니다.

지금 정보는 40대 남자 분이고, 술을 많이 먹어서 병원에 있다는 것 밖에 없습니다. 하는 일, 가정 사, 요즘 고민 등 더 물을 것이 많지만 그냥 괘를 보고 통변할 수밖에 없습니다.

세효가 유혼에 있으면서 재변 관으로 변화하는데 변효가 또 공망이니 이는 사실 귀신을 좀 의심해 봐야합니다. 그런데 독자라고 하시는 분에게 냅다 그런 말을 하긴 곤란합니다. 유혼에 임하면 넋 빠지고, 얼빠집니다.

세효가 재변관이니 좋았다가 아팠다가 반복. 기분도 좋았다가 불안 했다가 의 연속입니다.

누가?
자신 스스로가 그러합니다.
자신이 유혼이니 관효로 바뀌면 혼이 나가니까 아프고 돈 나가고 이상한 짓? 을 하시게 됩니다.

선생님은 술 드시면 안 되는데요.
누가 먹인 것도 아니고 자신이 먹잖아요.
선생님 술 드시면 이상한 짓하시니까 참으셔야 한다고만 합니다.

지금 관이 공망이니 병명 안 잡히고 금방 낫는 병입니다.
그러므로 본인이 스스로 아는 병이면서 자신 병입니다.
그걸 아시고 술을 좀 참아 보셔요만 했습니다.

다행히 누가 극하면 더 큰일인데 이 점사는 자신이 변화하여 생기기에 자신이 맘을 잘 잡아야 합니다. 겸사네 집으로 와서 좀 심도 있게 말해 봐야하는데 저 전화로 그냥 끝입니다. 재변관은 부인 때문에 그럴 수도 있는데 그냥 이정도로 말하고 맙니다.

39) 수입이 많이 줄어서 왔어요 (택산함 3효동)

지난봄에 오셨던 여자분 40대, 공부방 하시는데 갑자기 아이들이 많이 빠져서 우울증 생길 것 같다고 합니다.

```
▶ 택산함 (태금궁) 3효동
.........................
父 未 - - 應
兄 酉 ―                    午월
孫 亥 ―
兄 申 ―/(財 卯)世
官 午 - -                   未일(술해공망)
父 辰 - -
```

태금궁이라 재는 세효 변효로 묘목 나왔지만 월일 보면 해월이나 되어야 형변 손으로 채워집니다.

이분에게 11월 기다리라고 하면 지금 6월이니 7 8 9 10 4개월 환장하실 듯합니다.

가만히 저 괘를 빤히 보니 가택효에 관귀가 왕상합니다.
화 관귀 불타죽은 귀신, 혹은 고장 난 가전제품을 버리지 않았습니다.

가택 처방 시키고 담 주에 인묘일 학생들 안 오면 겸사에게 전화해 달라고 했습니다.
이 분의 동생이 와서 학생들이 다시 오기 시작했다고 전해 주었습니다.

이 점사를 올리는 이유는 오행 도표 상 재와 관의 상관관계를 잘 알아 두시기 바라는 마음에서 입니다.

사람들이 돈이 안 들어온다고 돈 돈 하는 사람들은 관귀를 의심해봐야 합니다. 관이 대부분 가택효에 임해서 재를 빨대로 빨아들이고 있습니다.

다음은 여기 저기 아프시다는 분들이 있습니다. 말은 아프다고 하여 질병관을 보아야 하는데 사실은 원신 재를 보면 재가 약하다면 이분은 돈병입니다.

다시 정리하면 돈이 요즘 안 들어온다고 하면 가택효 관귀를 의심하시고 여기 저기 아프다고 하면 재의 동태 돈병을 의심해야 합니다.

이것을 잘 아시고 적용해 보시면 좋습니다.

40) 시어머니가 주당살에 맞았다고 해요 (화수미제 5효동)

아침에 50대 후반 여자 지인 전화.
겸사 선생님 주당살 이라고 아셔요?
그런 살이 있다는 말만 알아요.

연로한 시어머니께서 갈비살도 부러진 적이 있고 밥도 많이 못 드시는데 어디서 물어보니까 주당살을 맞았다고 해요.
하여간 그래서 시어머니가 돌아가신다거나 문제가 있느냐고 묻고 싶은 거지요?

주당살을 맞았다면 부모효가 재효로 인해 극을 당하면 거의 확실합니다.
살이 관이 아니냐구요? 부모 점사에선 그 살이 라는 것이 오히려 원신이 되어 관이 부모효를 생조하는 역할 합니다.

부모에게 살은 육친 비틀기 하면 재효가 됩니다.
부효가 어디 있는지 먼저 살펴봅니다.
초효에 인목 부효 공망으로 있습니다.

옹? 공망이라 하면 근병은 곧바로 낫고 (공즉생), 구병은 공즉사 입니다.
판단은 월일 대입하여 부효를 봅니다.

일진에서 도와주고 있고, 지금 식물인간도 아니고 공즉사 같진 않습니다.

동효를 봅니다. 손효가 동합니다.
손효 동하면 관도 때리고 원신도 때리는데 원신 관효는 일진으로 피해 있으니 재만 생조 합니다.

선생님 시어머니 주당살 안 맞았어요.
약을 잘 쓰셔서 음식도 잘 드시고 곧 괜찮아지시니까 아무 걱정 마시고 지켜보셔요.

그래요? 무속인이 주당살을 맞았네 죽네 하기에 걱정스러웠어요.
아니라고 하니 고맙습니다 하시고 끊습니다.
이분은 앞에서 몇 번 점사 나왔는데 천주교 신자이시면서 삼재 혹은 이런 살을 엄청 잘 믿으십니다. 하여간 무속인 집만 갔다 오시면 제게 검산 받는 분입니다.

41) 마당으로 들어온 뱀을 죽였어요 (감위수 초효동)

충남 아기 셋을 둔 아기엄마 전화로 저어 선생님 주홍색 점이 있는 뱀이 작은데 제가 때려서 죽였어요. 그런데 혹시 그것으로 문제가 되지 않을까요? 하고 묻습니다. 이 엄마는 30대입니다.

예전에 돌아가신 어머니가 무속인이셨는데 집안에서 크고 작은 문제를 제게 잘 묻습니다.

앞에서 주당살이니 삼재를 묻는 사람도 있고, 지방 사시는 분들은 이런 금기 사항 들을 잘 묻습니다.

주홍색 뱀이라면 유혈목이 같습니다.
화사(花蛇)라고도 하고 독이 없는 뱀입니다. 저도 서산가면 잘 마주칩니다. 저번에는 개구리가 펄쩍 펄쩍 뛰어서 왜 저러지? 했더니 뱀이 막 따라오고 있어서였답니다.

아마도 이 엄마는 꼬마아이들이 뱀에게 물릴까봐 모성애가 먼저 발휘되었고
다 죽이고 나니 뱀에게 미안한 마음과 함께 혹시 벌을 받는지 무서워서 겸사에게 물은 것 같습니다.

이점의 종류는 우려점 입니다.

동효로부터 세가 극 받지 말자입니다.
초효가 동하였는데 세효를 극 받지 않았습니다.

내가 으음 아무 일 없대 했더니 네 선생님 고맙습니다.
합니다. 역시 무서운 모성애 승리입니다.

뱀은 아주 고대에는 사람을 자주 물었습니다. 그래서 무탈 하느냐는 말이 여기서 나왔습니다. 별탈, 무탈 같은 말입니다.

뱀 사(蛇)를 이무기를 나타낼 때는 뱀 사가 아닌 타(蛇)로 읽어야 한다는 글은 조금 뒤에 참고 자료로 보겠습니다.

뱀의 위험에 처해 있지 않았느냐의 즉 안녕 하느냐의 말에서 무타, 별타 인데 우리는 무탈 별탈이라고 합니다.

"한편 유적지 명칭도 이런 오류를 범하고 있는 경우가 많이 있다. 경주에 보존된 박혁거세의 능인 타릉(蛇陵)을 한결같이 '사릉'으로 표기하고 있다. 『삼국유사』에는 "왕이 승천한 지 7일 뒤에 유체가 흩어져 땅에 떨어졌다. 왕후도 또한 그랬다. 나라 사람들이 유체를 합해 장사지내려 하자, 큰 뱀이 쫓아와 금지해서 오체를 각각 장사지내 오릉이라고 불렀으며, 또한 타릉이라고도 했다.[王升于天 七日後 遺體散落于地 后亦云亡 國人欲合而葬之 有大蛇逐禁 各葬五體爲五陵 亦名蛇陵]"는 기록이 있다.

원문의 축금(逐禁)은 문맥으로 보아 "방해했다"는 나쁜 뜻이 아니요 "막았다"는 좋은 뜻을 지니고 있을 것이다. '큰 뱀'은 용이 못된 이무기로 보아야 하니 뱀이 아닌 이무기의 의미를 따서 발음해야 한다. 같은 글자이기는 하나 음가가 '사'일 때는 뱀, '타'일 때는 이무기를 나타낸다. '타릉'이라 부른다면 전설에 나타난 이무기의 의미를 새겨볼 수도 있을 것이다."(2013년 3, 27일 한국고전번역원 고전 칼럼 이이화, 인명 지명의 표기를 바르게 해야, 에서 발췌)

42) 옷가게 점사에서 날씨를 예측함 (지산겸 5효동)

작년 점사입니다. 50대 여자분 등산복 판매하시다가 숙녀복, 영캐주얼 쪽 어떤 품목 어떤 곳을 점단하니 재가 부실해서 거기 아니라고 아니라고 하다가 소식이 끊겼다가 어제 찾아 오신 분.

안양 쪽 어디에서 영캐주얼 ○○○이란 브랜드로 입점 시 500만원 보증금에 월세도 없고 판매수익에서 퍼센트로 그쪽 준다고 합니다.

요즘 발가락이 아파서 서있지도 못하고 장사도 안 되고 해서 왔다고 하십니다.

어디 다른 곳은 정해놨냐고 하니 저 야탑 쪽으로 가서 알바하면서 정보알고 다시 매장 선택해서 가고 싶다고 했습니다. 내가 얼마나 장사가 안 되냐고 200은 가지고 가냐고 하니 3개월쨋데 그 정도는 된다고 합니다.

이제 3개월 해보고 지금 같은 불황에 200이면 나쁘지 않은 것이지 않느냐 정확하게 어디를 봐 놓고 와야 그곳이 좋은지를 점칠 수 있는데 했더니 그만둬야할지 딴 곳으로 가야할지를 모르겠다고 고백합니다. 그냥 이곳에 더 있을 때 재물운을 보았습니다.

```
▶ 지산겸 (태금궁)
.........................
兄 酉 - -
孫 亥 -//-(父 戌)世        亥月
父 丑 - -
兄 申 —
官 午 - - 應              亥日 (진사공망)
父 辰 - -
```

영 캐주얼인데 다운 점퍼류는 없고 코트 종류의 겨울옷만 있어 본인은 25만원 팔 때 앞 집 다운 점퍼 집은 260을 판다고 합니다. 이분은 거기서 허탈하다고 합니다. 지금은 겨울 초입이고 11월입니다.

긴 재물점사는 항상 급소가 일진입니다. 이제 여러분들도 지겨울 정도로 귀에 딱지 앉았을 것입니다. 일진에 손효나 재효 유리합니다.

  단골 혹은 고정적 수입이 되어 이 점이 끝날 때까지 따라 다니기 때문입니다. 일진은 해일 해수 손효 좋습니다. 일단 합격 통과입니다.

  재는 오화 밑에 인목 복신이지만 상관없습니다.

  일진 손효가 알아서 채워주기 때문입니다.

  급한 재물부터 살폈으니 세효 봅니다. 손효가 회두극을 하고 있습니다.

  세효가 동하면 내가 맘 바꾼다. 회두극은 이것을 그만두겠다, 갈등한다. 편했다가 우울했다가를 반복 한다입니다.

  종합해보면 손효가 일진에서 대기하고 있기에 즉 고정적인 재물, 단골이 이어져 재물운 좋은데 내가 결국 술토로 그 손효의 맘을 극하여 이일을 접겠다는 맘이 보입니다. 내가 겨울옷은 그렇다고 쳐도 또 긴 여름날의 여름옷들은 어떻더냐고 하니 다양했다고 합니다. 그렇다면 다운점퍼가 없어도 재물운이 확보된다는 뜻이 됩니다.

  다운점퍼가 사람들이 갑자기 저번에 추웠을 때 말고는 더 안 산다는 얘기고 이집에는 코트종류니까 그럼 날씨가 그리 춥지 않다는 얘기도 될 수 있습니다.

  저번에 왕 초보 내 친구가 커피숍 아무 장소나 잡아도 장사 잘되는 점이 나오던데 그 이치가 지난여름에 더워서 아이스커피 잘 나간 것과 연결되는 점사가 아닐까? 생각해 봅니다.

  본인 맘만 잡으면, 술토로 변화하지 않고 계속 손효만 동한다면 혹은 내가 움직이기만 하면 돈 된다고 달랬더니 그럼 더 해보겠다고 하십니다.

  이 점사로 날씨를 정확히 예측한다고 장담은 못하지만 한 번 날씨 지켜보자고 카페에 이글을 올렸습니다.

  16년 겨울 11월 초에 반짝 추웠다가 1월 정도에 좀 추었던 기억이 있습니다. 눈도 서울에는 그다지 많이 오지 않았습니다. 이 점사가 겨울 기온을 잘 표현해 주었다고 봅니다. 이분 장사운은 아무소리 안하고 있는 걸 보니 잘 된 것 같습니다.

43) 변동금리, 고정금리 (풍뢰익 2효동, 산뢰이 2효동)

대출을 받고자 하시는 분이 변동, 고정 금리 중 어떤 게 나을지 고민이시라고 전화 주셨습니다.

내가 몇 년간 쓰실 예정이냐고 하니 3년 이라고 하십니다. 나도 이런 점사 처음이라 그냥 물음에 충실해서 재의 동태를 보려고 점단했습니다.

▶ 손木궁 (풍뢰익)	▶ 손木궁 (산뢰이)
....	....
兄 卯 —應	兄 寅 —
孫 巳 — 寅月	父 子 - - 寅月
財 未 - -	財 戌 - -世
財 辰 - -世	財 辰 - -
兄 寅 -//-(兄 卯) 酉日(오미공망)	兄 寅 -//-(兄 卯) 酉日(오미공망)
父 子 —	父 子 —應

괘는 다르지만 왼쪽 오른쪽 둘 다 같은 의미로 나옵니다.

둘 다 세효에 재효를 잡았고, 형이 동하지만 월에서 생 받아 계속 돈 나가지는 않습니다. 희안해서 그냥 둘 다 별 차이 없대요 했습니다.

그래서 내가 연수를 더 길게 해라고 했더니 5년씩을 또 점단하니 고정금리가 조금 더 낫습니다.

뭐지? 그럼 후임 대통령이 금리는 큰 변동 없이 잘 잡는다는 것으로 추측할 수 있단 얘기 아닌가요? 했더니 그분도 그런 것 같다고 하십니다.

괘는 저렇게 나왔으니 실험점사이면서 잘 기억했다가 지켜봐야겠습니다.

앞의 괘는 날씨를 이 점사는 대출 금리를 반영하는 건 아닌지 이런 점사를 많이 쳐 봄으로써 미래를 잘 예측하는 겸사가 되려고 합니다.

이 점사는 실험점사인데 이 점사가 맞는다면 집값의 변동이 3년간은 잘 유지된다고 볼 수도 있지 않을까? 생각해 봅니다.

44) 정신병원에 간 그 애 상태 (천풍구 3효동)

50대 후반 여자 분은 지금은 남편도 잘 만나셨고, 부유하게 살고 있으며 자녀는 유학도 보냈고, 스카이 대학도 보냈다고 합니다.

그런데 어려서 오빠가 성폭행을 당해서 그 상처는 아무데도 말 못하고 우리 집에서는 제게 말씀해 주셨습니다.

그 오빠 분이 지금은 어느 당에 공천 받겠느냐고 점단해서 이번에는 안 된다고 했던 점을 쳐드린 적이 있습니다.

그런데 아는 후배도 이런 상처가 있다고 하시며 그분 이야기를 묻습니다.

후배는 어려서 아버지에게 지속적인 성폭행 당하였다고 합니다.

그 아버지 직업 교수님이라고 하는데 저는 속으로 환장하였습니다.

첫 결혼 아이 하나 낳고 이혼 당하고 아이는 또 뺏기고 그런 일을 3번째 반복한다고 합니다.

너무나 불쌍하여 안지 오래된 아이라고 하시며 엊그제 전화로 긴급전화로 체포되었다고 하는데 정신병원에 가 있다는 뜻이라고 하시며 그 아이 상태가 어떠냐고 묻습니다.

```
▶ 건金궁 (천풍구)
..........................
父 戌 ―
兄 申 ―                酉月
官 午 ― 世
兄 酉 ―/(官 午)
孫 亥 ―                酉日(진사공망)
父 丑 - - 應
```

용신이 후배로 놓느냐 아니면 응으로 놓느냐로 갈등되면 하늘에게 나는 무엇으로 정하고 보겠다고 하면 됩니다.

저는 응효로 용신을 보기로 했습니다.
응효 그녀 4효에 유혼 넋 빠짐 얼빠짐 정신적 식물인간 혹은 거동불편입니다.
이상한 소리만 했다고 하니 넋 빠짐이나 얼빠짐으로 봐야 됩니다.

남편이 병원에 보낸 것 같은데 어떻게 해줄 수가 없다고 합니다.
응효 월일 환경 모두 안 좋습니다.
이대로라면 내년 인월이나 되어야 나아질 듯하다고 했습니다.

한사람의 인생이 이렇게 망가지게 된 것은 아버지 탓 같습니다.
아버지가 용돈 안주고 어쩔 수 없이 참고 살았다고 합니다.
그냥 나 혼자만 이 기막힌 사연을 혼자 알긴 그래서 올립니다.
여러분들도 상담하시면서 이래도 되나? 하는 사연들을 많이 만나실 것이며 우리 역학자들은 밝은 내용도 만나지만 음습하고 어두운 사연도 마주치게 됨으로 열심히 공부하고 잘 들어주는 마음을 가져야 할 것 같습니다.

45) 겸사 개망신 점사 (화풍정 3, 상효동)

전화 주시고 상담실에 오신 61세 여자분 입니다.
아담한 몸매, 머리는 파마 하시고 전형적인 어머니 상입니다.
신수점부터 보기로 했습니다.

```
▶ 이火궁 (화풍정)
.........................
兄 巳 ― / (孫 戌)
孫 未 - - 應              午月
財 酉 ―
財 酉 ― /(兄 午)
官 亥 ― 世              酉日 (자축공망)
孫 丑 - -
```

본인 신수점은 세효부터 봅니다. 세효 관효 왕상하니 통과합니다.
저 괘에서 모든 비신 왕상하니 거론하면 안 됩니다. 문제가 없습니다.
없는 글자를 찾아보니 목 부효가 나와 있지 않습니다.

복신 찾는 법은 이화궁이니 이화궁의 납지를 그대로 올리면 이화기묘 이니까 이화기묘 묘축해 유미사가 붙으니까 초효에 묘목 부효만 없으니 이 분의 관심사는 부효입니다.

부효는 저 연세에 해당하는 것은 문서 집 부모가 떠오릅니다.
문서에 해당하는 것을 다시 한 번 떠 올려봅니다.
부모, 웃어른, 선생, 집, 문서, 소식, 연락, 학문과 연관 된 모든 것(공부, 시험, 학원, 학교, 점수 등) 도장, 비, 장소를 옮기다, 고치다 등입니다.

내가 부모, 문서, 집 이것 물어보시러 왔냐고 했다가 헐 공부 즉, 육효 배우고 싶어서 왔다고 합니다.

저 연세에 무슨 육효 공부를 물어보시려고 왔냐고 생각이나 했냐구요.

와아 아이구 목타... 이렇게 헛발질 제대로 했습니다.

저 그래서 오늘 개망신 당하였습니다.

수업에 합류하겠다고 하셨는데 안 오셨습니다.

저 괘를 잘 보면 부효가 너무 약합니다. 기본기가 너무 없으신 분입니다.

하여간 평범하신 저 어르신의 질문은 대부분 집 안 나가는 문제로 오시는 분들이 대부분이라 저렇게 들이댔다가 이 꼴을 당하였답니다.

저 동효들은 돈의 지출 관계라 내가 거론을 하지 않았습니다.

육효인들은 어떤 분들은 기도하러 다니는 분들도 있다고 하는데 우리의 직관은 저 많은 부효 중에서 어떤 것을 제대로 찍는지 그 직관이 필요합니다.

지금도 저 때를 생각하면 아찔합니다.

46) 게임 중독 아들 혼냈더니 집 나감 (지화명이 상효동)

늦게 일어나서 머리감다 튀어나와서 전화 받음.
청범 선생님 전화.

친구 아들이 게임중독에 빠져 컴만 하기에 냅다 혼냈더니 집 나갔고 부인은 그런 남편 뭐라 뭐라 하고 아들이 어디서 무얼 하며 언제 오는지를 청범 선생님이 괘를 냈다고 하십니다.

```
▶ 감水궁 지화명이 상효동
   ............................
   父 酉 -//- (孫 寅)
   兄 亥 - -                    寅월
   官 丑 - - 世
   兄 亥 —
   官 丑 - -                    寅日 (오미공망)
   孫 卯 — 應
```

용신 초효 손효 묘목을 지하 피씨방으로 봤고 용극세 인필귀(용신이 세효를 극하면 반드시 돌아온다)로 곧 오고 부효 동하니 연락 된다고 하니 폰 안 받더니 곧 돌아왔다고 합니다.

47) 남편이 이혼하재요 (뢰지예 5효동)

컴으로 한 참 검색하고 있는데 고객 중 여자분 40대 전화, 남편은 전문직 개인 병원 운영(형편이 그리 좋지 않음)합니다.

흑흑 울면서 남편이 집안 물품 다 때려 부수고 나갔는데 이혼을 진짜 원하는지와 남편이 언제 진정되느냐고 묻습니다.

```
▶ 진木궁 (뢰지예)
........................
財 戌 - -
官 申 -//-(官 酉)              卯월
孫 午° ―應
兄 卯 - -
孫 巳 - -                    寅일(오미공망)
財 未° --世
```

내가 그렇게 얌전한 분이 그런 짓도 해요? 했더니 눈이 획 돌면 다 때려 부순다고 이혼하자고 하며 다 부수면서 남편이 울더라는 것과 지금은 밖에 나간상태라고 합니다.

남편 단독으로 보면 관이 용신이고 이혼하자고 한 말이 진심인지를 물으니 이 점에서는 세효와 응효로 나누어 봅니다.

세효 월일 휴수하니 힘들고 공망이 정신이 나갔습니다.
응효 남편 또한 공망에 유혼 제정신 아니고 관이 동하여 도로를 뜻하기에 내가 혹시 차로 돈이 들어가는 문제로 싸웠나요?
했더니 애초의 싸움 발단이 차 보험 아는 사람 카드로 긁고 자신이 분납하는데 남편에게 돈 좀 달라고 했더니 거기서부터 싸움이 났다고 합니다.
돈은 월일 비교하니 씨가 말랐습니다.

내가 화요일부터 돈이 또 돌 테니까 괜찮아요

저 양반 이혼하자고 한 것은 공망 거짓말이니까 염두에 두지 말라고 했습니다.

하여간 돈 떨어지면 부부싸움 작렬입니다.

남편이 사고치진 않느냐고 하길래 아무 관이 진신되었지만 힘이 없어서 문제없다고 하였습니다.

48) 삼형살이 걸리는데 괜찮은지 (택지췌 3효동)

40대 사주공부 하셨다는 여자분 경기도 고객.
미용실 운영하신다고 합니다.
본인 사주에서 이달 인월에 삼형살이 걸리는데 큰 문제가 생기는지 걱정된다고 하시며 괜찮을지 물으십니다.

```
▶ 택지췌 (태金궁) 3효동
    ............................
    父 未 - -
    兄 酉 —  應              寅월
    孫 亥 —
    財 卯 -//-(兄申)
    官 巳 - - 世             亥일(자축공망)
    父 未 - -
```

세효에 관효 임해서 불안하고 걱정하는 마음이 읽힙니다.
우려점이니 동효가 날 때리지 말자입니다.

재가 동하니 돈 만 잘 들어오는데 무슨 삼형살로 고민 하냐고 했더니 그러면 되었다고 하십니다.

일진에 해수 손효가 재를 잘 밀어주고 회두극은 지출로 보면 들어왔다가 나갔다 인데 일진의 힘이 강해서 저런 회두극은 변효를 통변하지 않습니다.
(결과 : 문제는 없었습니다)

이제 점사가 끝났습니다.

지금까지 점사를 종합해보면 육효점의 진짜 질문은 자신이 위협을 느끼거나 우려할 때 딱 걸리고 이런 것을 잘 묻습니다.

그러므로 진정한 점사들은 이런 우려하는 점이 진짜입니다. 공식은 본인점이라면 동효가 세효를 안 때리면 무사합니다. 그래서 왕홍서나 야학노인은 남을 끌어들여서 점단하지 말고 자기 점은 자기가 치라고 하였습니다. 세효가 가장 중요하기 때문입니다.

점을 쳐 놓고 이게 뭐지? 하고 잘 안 읽히는 것들은 절박하고 위급한 사항이 아닐 수 있습니다. 점을 한 번 쳐 주었더니 모든 것을 역학자에게 의지하는 사람들이 있는데 이것도 별로 좋은 현상이 아닙니다. 저도 고객이 자꾸 전화주시면 점이 모든 것을 해결해 주지 않는다고 나를 냉철하고 무심한 마음을 갖게 해야 하니까 빈번히 찾아오거나 전화하지 말라고 당부합니다.

저는 전화 오는 고객에게 첫 질문이 지금 무엇이 미치고 환장하는 문제냐고 묻고 시작합니다.

부족한 제 상담사례를 끝까지 읽어주셔서 감사드립니다.

앞으로 더 열심히 공부하고 수양하여 3탄 혹은 4탄 실관사례집을 내도록 하고 또 점치면서 발견하는 좋은 정보를 공유하겠습니다.

육효의 신

2017년 6월 20일 초판 발행
2018년 6월 15일 재판 발행
2021년 6월 20일 삼판 발행

글쓴이   이 시 송
펴낸이   류 래 웅
펴낸곳   도서출판 태을
경기도 성남시 수정구 산성대로 331 한신프라자 1517호
전화 031) 730-2490, 730-1255   팩스 031) 730-2470
제 작   청솔디자인 Tel 02) 966-1495

출판등록 2002년 9월 5일 / 등록번호 129-91-16233
ISBN 978-89-955565-6-6

정가 35,000원

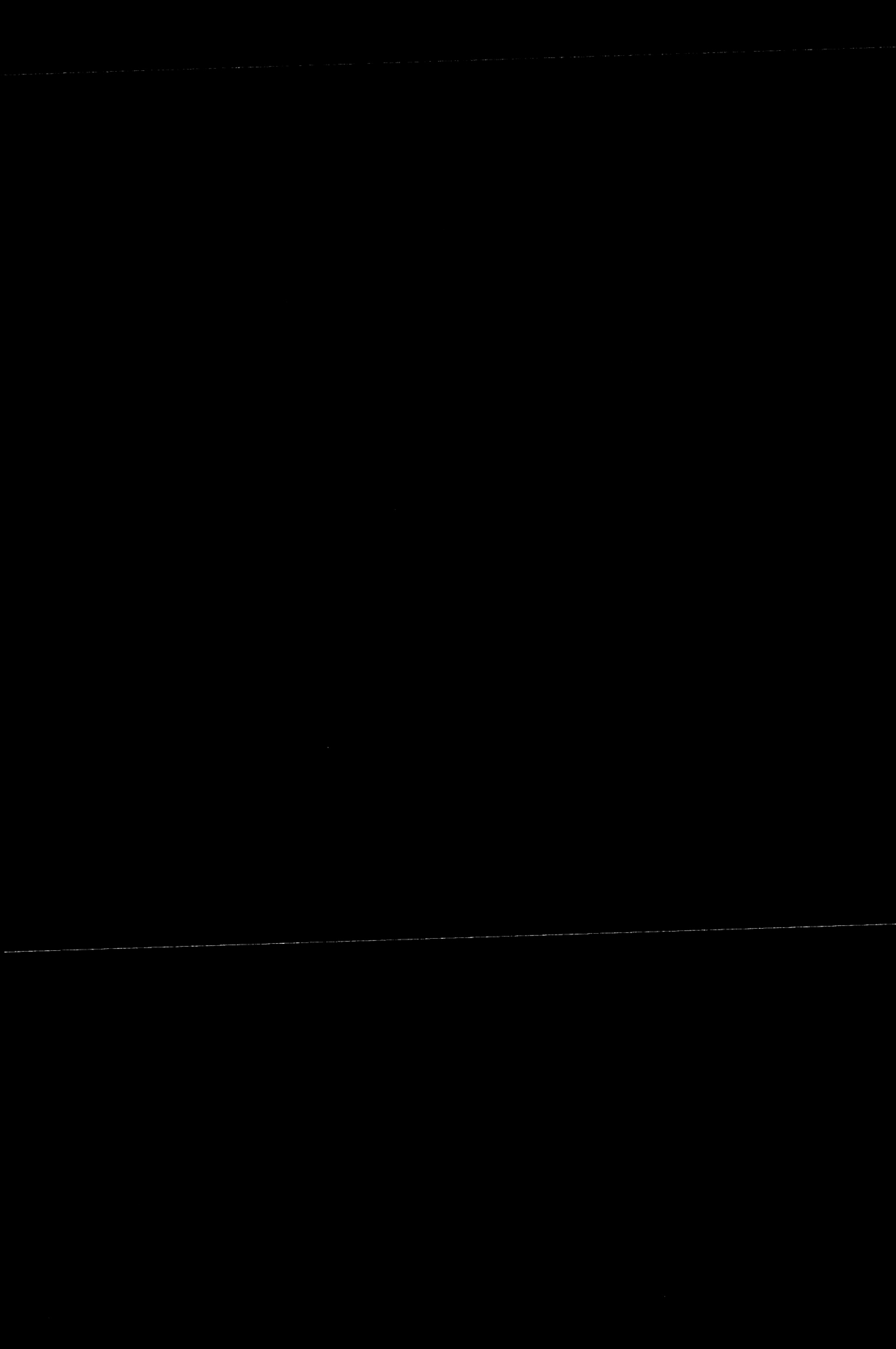

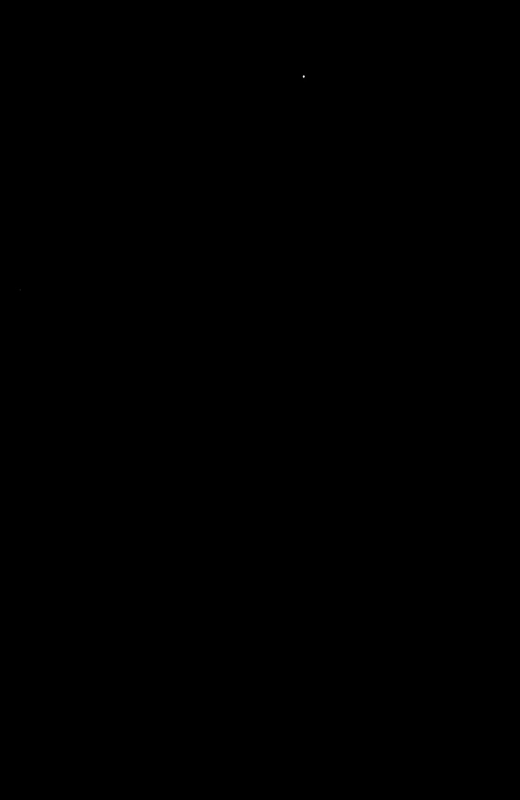